連皇帝都在看的
善惡練習題
跟著太上老君打造好命提款機

太上老君 / 著
柿子文化 / 企劃
黃健原（淼上源）、吳書香 / 白話撰寫

Image 7

連皇帝都在看的善惡練習題
：跟著太上老君打造好命提款機

作　　者　太上老君
企　　劃　柿子文化
白話撰寫　黃健原（森上源）、吳書香
封面設計　林淑慧
主　　編　劉信宏
總 編 輯　林許文二

出　　版　柿子文化事業有限公司
地　　址　11677 臺北市羅斯福路五段 158 號 2 樓
業務專線　（02）89314903#15
讀者專線　（02）89314903#9
傳　　真　（02）29319207
郵撥帳號　19822651 柿子文化事業有限公司
投稿信箱　editor@persimmonbooks.com.tw
服務信箱　service@persimmonbooks.com.tw

業務行政　鄭淑娟、陳顯中

初版一刷　2021 年 4 月
定　　價　新臺幣 499 元
ISBN　978-986-99768-9-3

國家圖書館出版品預行編目（CIP）資料

連皇帝都在看的善惡練習題：跟著太上老君打造好命提款機 / 太上老君著；柿子文化企劃；黃健原（森上源），吳書香白話撰寫．
-- 一版．-- 臺北市：柿子文化事業有限公司，2021.04
面；　公分．--（Image；7）

ISBN 978-986-99768-9-3(平裝)
1. 太清部　2. 注釋

231.8　　110003229

《太上感應篇》全文

太上曰。禍福無門。惟人自召。善惡之報。如影隨形。是以天地有司過之神。依人所犯輕重。以奪人算。算減則貧耗。多逢憂患。人皆惡之。刑禍隨之。吉慶避之。惡星災之。算盡則死。又有三台北斗神君。在人頭上。錄人罪惡。奪其紀算。又有三尸神。在人身中。每到庚申日。輒上詣天曹。言人罪過。月晦之日。灶神亦然。凡人有過。大則奪紀。小則奪算。其過大小。有數百事。欲求長生者。先須避之。是道則進。非道則退。不履邪徑。不欺暗室。積德累功。慈心於物。忠孝友悌。正己化人。矜孤恤寡。敬老懷幼。昆蟲草木。猶不可傷。宜憫人之凶。樂人之善。濟人之急。救人之危。見人之得。如己之得。見人之失。如己之失。不彰人短。不炫己長。遏惡揚善。推多取少。受辱不怨。受寵若驚。施恩不求報。與人不追悔。所謂善人。人皆敬之。天道佑之。福祿隨之。眾邪遠之。神靈衛之。所作必成。神仙可冀。欲求天仙者。當立一千三百善。欲求地仙者。當立三百善。苟或非義而動。背理而行。以惡為能。忍作殘害。陰賊良善。暗侮君親。慢其先生。叛其所事。誑諸無識。謗諸同學。虛誣詐偽。攻訐宗親。剛強不仁。狠戾自用。是非不當。向背乖宜。虐下取功。諂上希旨。受恩不感。念怨不休。輕蔑天民。擾亂國政。賞及非義。刑及無辜。殺人取財。傾人取位。誅降戮服。貶正排賢。凌孤逼寡。棄法受賂。以直為曲。以曲為直。入輕為重。見殺加怒。知過不改。知善不為。自罪引他。壅塞方術。訕謗聖賢。侵凌道德。射飛逐走。發蟄驚棲。填穴覆巢。傷胎破卵。願人有失。毀人成功。危人自安。減人自益。以惡易好。以私廢公。竊人之能。蔽人之善。形人之醜。訐人之私。耗人貨財。離人骨肉。侵人所愛。助人為非。逞志作威。辱人求勝。敗人苗稼。破人婚姻。苟富而驕。苟免無恥。認恩推過。嫁禍賣惡。沽買虛譽。包貯險心。挫人所長。護己所短。乘威迫脅。

縱暴殺傷。無故剪裁。非禮烹宰。散棄五穀。勞擾眾生。破人之家。取其財寶。決水放火。以害民居。紊亂規模。以敗人功。損人器物。以窮人用。見他榮貴。願他流貶。見他富有。願他破散。見他色美。起心私之。負他貨財。願他身死。干求不遂。便生咒恨。見他失便。便說他過。見他體相不具而笑之。見他才能可稱而抑之。埋蠱厭人。用藥殺樹。恚怒師傅。抵觸父兄。強取強求。好侵好奪。擄掠致富。巧詐求遷。賞罰不平。逸樂過節。苛虐其下。恐嚇於他。怨天尤人。呵風罵雨。鬥合爭訟。妄逐朋黨。用妻妾語。違父母訓。得新忘故。口是心非。貪冒於財。欺罔其上。造作惡語。讒毀平人。毀人稱直。罵神稱正。棄順效逆。背親向疏。指天地以證鄙懷。引神明而鑑猥事。施與後悔。假借不還。分外營求。力上施設。淫欲過度。心毒貌慈。穢食餧人。左道惑眾。短尺狹度。輕秤小升。以偽雜真。採取姦利。壓良為賤。謾驀愚人。貪婪無厭。咒詛求直。嗜酒悖亂。骨肉忿爭。男不忠良。女不柔順。不和其室。不敬其夫。每好矜誇。常行妒忌。無行於妻子。失禮於舅姑。輕慢先靈。違逆上命。作為無益。懷挾外心。自咒咒他。偏憎偏愛。越井越灶。跳食跳人。損子墮胎。行多隱僻。晦臘歌舞。朔旦號怒。對北涕唾及溺。對灶吟詠及哭。又以灶火燒香。穢柴作食。夜起裸露。八節行刑。唾流星。指虹霓。輒指三光。久視日月。春月燎獵。對北惡罵。無故殺龜打蛇。如是等罪。司命隨其輕重。奪其紀算。算盡則死。死有餘責。乃殃及子孫。又諸橫取人財者。乃計其妻子家口以當之。漸至死喪。若不死喪。則有水火盜賊。遺亡器物。疾病口舌諸事。以當妄取之值。又枉殺人者。是易刀兵而相殺也。取非義之財者。譬如漏脯救饑。鴆酒止渴。非不暫飽。死亦及之。夫心起於善。善雖未為。而吉神已隨之。或心起於惡。惡雖未為。而凶神已隨之。其有曾行惡事。後自改悔。諸惡莫作。眾善奉行。久久必獲吉慶。所謂轉禍為福也。故吉人語善。視善。行善。一日有三善。三年天必降之福。凶人語惡。視惡。行惡。一日有三惡。三年天必降之禍。胡不勉而行之。

序言

神明該如何「感應」？人又該如何「造命」？

自古，人常求神、問卦、算命，人的命運為何不同？「命」到底誰能算得準？神明又該如何求感應呢？

《太上感應篇》「感應」二字為立名主旨，所謂「感」，就是能召感所有事物發生的因素，包括了無形的心念，乃至於有形的言語與行為等等，由於種種造作，而產生了相對應的作用力；所謂「應」，就是在回應我們所做的一切，而得到的相對應結果，它不斷形成宇宙能量之間的互動，這種互動循環便是一種宇宙法則，也就是因果法則。

然而，影響這命運鎖鍊的關鍵是什麼呢？

元代仇遠《太上感應篇圖說序》：「感應一理。所以感應者，皆自心出。言者，心之聲；行者，心之跡。言行實感應之樞機也。善則明理，不善則昧理。人以善為感應，則感應同乎天；故曰：動天地。」這裡說明了「心」正是感應天地的最基本根源。

綜觀全書，以心念善惡為端，由此引發言語與行為之造作。心如同田地，能生福禍的果實，果實又成為種子，由此召感與相應，相續不斷，而形成命運的鎖鍊。

我們又該如何轉禍為福？改造命運呢？

《太上感應篇》鉅細靡遺地詳述了人與人之間，乃至人與天地之間，一切互動的法則，鞭辟入裡，深細至微，這些一切都來自於人的心念、言語、行為，所產生的關連性與影響力。

另外，《太上感應篇》是融合了儒釋道三教的「造命之學」，以明白因果感應為基礎，而能通達宇宙天地至理，一旦深研此書，便可深入淺出地明瞭人生奧秘。

為何稱為「第一善書」？

《太上感應篇》簡稱《感應篇》，有「古今第一善書」之稱，日本學者更稱之為「通俗通教」之聖典。上至帝王的推崇，如宋理宗曾親書：「諸惡莫作，眾善奉行。」明世宗序言：「不但扶翼聖經，直能補助王化。」清順治皇帝曾欽諭刊印頒賜群臣，上行下效，風行草偃。

其對教化人心、匡正社會風氣，尤具功效，宋理學家真德秀便贊之：「可以扶助正道，啟發良心。」宋陳奐子序稱：「推本道德之旨，發明禍福之端，究諳天下之證，嚴於訓戒，以警悟人心者矣。」清人惠棟說：「勸善之書，稱為最古，自此以下無譏焉。」因此民間傳播流通極為廣泛，明清時代刊印版本註釋者眾多，可見其影響深遠。

《太上感應篇》最初見於《宋史．藝文志》，部分內容與葛洪所著《抱朴子》相近，但作者與起源時代皆不詳。北宋後收錄於《道藏》中。然而，雖出道藏，註釋之書常多引證儒家修身養性之言，並貫穿佛理因果業感思想。

印光大師說：「此書究極而論，止乎成仙，若以大菩薩心行之，則可以超凡入聖，了脫生死，斷三惑，以證法身，圓福慧以成佛道，況區區成仙之人天小果而已乎。」可見《太上感應篇》融合了儒釋道三教之精義，理事圓融並俱。可以說，名家學者，乃至大師無不極力推崇，因此不愧為「古今第一善書」。

太上老君降授的傳說

太上老君降傳教授的說法，是根據南宋謝守灝《混元聖紀．卷七》所紀載：「（葛）玄勤奉齋科，善治病劾鬼，兼吐納導引，精思念道，故感老君親降，授之經法；又示以天府所定世人罪福條目，即《太上感應篇》。」

葛玄因為守教規，善治病驅鬼，通於修身之術，所以太上老君親自下凡，教授他這一部《太上感應篇》，並勸勉他說：「功滿三千，白日昇天；修善有餘，坐降雲車；弘道不已，自致不死。」於是葛玄恭敬禮敬太上老君的教授。

這是太上老君在三國時期傳授葛玄的傳說來源。

在李昌齡傳，鄭清之贊《太上感應篇》卷二十一中，也提到神明降旨而著此篇：「張守真曰：真君之下，從來止供養四位，不知君是何神，願顯名字……此太上所以著之於篇，而真君所以收錄王叟也。」

事實上，於《道藏》中有百餘篇章，皆托名「太上」之降旨，如《太上老君說常清靜經》。所以本篇名為「太上」，亦指太上老君所授。「太上」引申為至上之理、萬法之尊，這是因為太上老君為道教信仰的教主，亦稱「道德天尊」，相傳他曾化身為思想家老子，並以《道德經》顯揚宇宙真理。

註釋與史料典故

《太上感應篇》之註解史料達數百種之多，皆是歷代先賢所作，影響較深廣的，包括以說理為主的《太上感應篇匯編》，或以證案為主的《太上感應篇圖說》。其中《太上感應篇圖說》將圖文配合，首創於清朝許鶴沙，後又經王繼文、郝玉麟等諸先賢增補，遂成鴻篇，蔚為大觀。

在文本流傳的過程中，後人不斷增添各朝代史料或寓言故事，作為事證的案例與圖說，以輔佐其文。雖時代已遠，風俗觀念或有變遷，但現代人們仍然遭遇著類似情境，有著一樣的困境與迷惘，可知前人之睿智遠見，雖是古書之文，跨越千年後，其義理仍恆古至今。

而本書就古文新解，賦予新意，藉以權衡時代觀點，並精選其例證，配合圖說，提供古今之閱覽對照，以做為現代人靜思之檢視與借鏡。

＊＊＊

由於古籍圖稿因為逐年的轉載刊印，以致某些線條或圖塊有缺損或虛化現象，本書的刊印，對此做了嚴謹審慎的整修，但缺損過劇之處，仍尊重原始版畫而保留原貌，以期能給讀者最好的古典韻味。

讚譽與推薦

「諸惡莫作，眾善奉行。」——宋理宗

「推本道德之旨，發明禍福之端，究諳天下之證，嚴於訓戒，以警悟人心者矣。」——宋陳奐子

「可以扶助正道，啟發良心。」——宋理學家真德秀

「不但扶翼聖經，直能補助王化。」——明世宗

「勸善之書，稱為最古，自此以下無譏焉。」——清朝經學家惠棟

「此書究極而論，止乎成仙，若以大菩薩心行之，則可以超凡入聖，了脫生死，斷三惑，以證法身，圓福慧以成佛道，況區區成仙之人天小果而已乎。」——印光大師

「《感應篇》全文只有一千二百多字，不算很長，是從聖賢立心發願，一直落實到生活處事待人接物。古德云：其功用可做為超凡入聖的階梯，轉禍為福的關鍵。」——淨空法師

日本學者稱之為「通俗通教」之聖典！

＊＊＊

明毓法師／世界佛教聯盟署理事長

眾印法師／中華品德教育推廣協會理事長

上官昭儀／療癒科學教育督導、美力系統創辦人

宇　色／「我在人間系列」作家、靈修、瑜伽士

江昇翰／覺無憂藝術公司總監

林建德／慈濟大學宗教與人文研究所所長

呂應鐘／國際華人超心理學會理事長

孟庭葦／著名經典歌手

涂政源／《52個覺醒的練習》作者

曾文昌／《做鐵工的人》作者

陳恬儀／輔仁大學中文系副教授

陳姵君／台北市南湖高中國文老師

張瑜純／台北市明倫高中國文老師

簡宏志／生命樹校園教育基金會秘書長

陳蔡慶／慈濟大學英語中心講師

嚴愛群／國立東華大學英美文學系副教授

目次

《太上感應篇》全文　3
序言　5
讚譽與推薦　8

宗義章——15
・太上曰：禍福無門，惟人自召。　16
・善惡之報，如影隨形。　19

警世章——23
・是以天地有司過之神，依人所犯輕重，以奪人算。　24
・算減則貧耗，多逢憂患。　27
・人皆惡之。　30
・刑禍隨之。　33
・吉慶避之。　36
・惡星災之。　38
・算盡則死。　40

鑑審章——43
・又有三台北斗神君，在人頭上，錄人罪惡，奪其紀算。　44
・又有三尸神，在人身中，每到庚申日，輒上詣天曹，言人罪過。　47
・月晦之日，灶神亦然。　49
・凡人有過，大則奪紀，小則奪算。　52
・其過大小有數百事，欲求長生者，先須避之。　56

善行章——59
・是道則進，非道則退。　60
・不履邪徑。　62
・不欺暗室。　65
・積德累功。　68
・慈心於物。　72
・忠孝友悌。　75
・正己化人。　78
・矜孤恤寡。　81
・敬老懷幼。　84
・昆蟲草木，猶不可傷。　87

・宜憫人之凶。 90
・樂人之善。 93
・濟人之急。 95
・救人之危。 98
・見人之得，如己之得；見人之失，如己之失。 102
・不彰人短。 104
・不衒己長。 106
・遏惡揚善。 108
・推多取少。 111
・受辱不怨。 114
・受寵若驚。 117
・施恩不求報。 119
・與人不追悔。 122

善果章——125

・所謂善人。 126
・人皆敬之。 129
・天道祐之。 131
・福祿隨之。 134
・眾邪遠之。 137
・神靈衛之。 140
・所做必成，神仙可冀。 143
・欲求天仙者，當立一千三百善；欲求地仙者，當立三百善。 146

惡行章——149

・苟或非義而動，背理而行。 150
・以惡為能，忍作殘害。 153
・陰賊良善，暗侮君親。 156
・慢其先生，叛其所事。 159
・誑諸無識，謗諸同學。 162
・虛誣詐偽，攻訐宗親。 165
・剛強不仁，狠戾自用。 168
・是非不當，向背乖宜。 170
・虐下取功，諂上希旨。 173
・受恩不感，念怨不休。 176
・輕蔑天民，擾亂國政。 179
・賞及非義，刑及無辜。 182
・殺人取財，傾人取位。 185
・誅降戮服，貶正排賢。 188
・凌孤逼寡，棄法受賂。 191

・以直為曲，以曲為直。194
・入輕為重，見殺加怒。197
・知過不改，見善不為。201
・自罪引他，壅塞方術。204
・訕謗聖賢，侵凌道德。207
・射飛逐走，發蟄驚棲；
填穴覆巢，傷胎破卵。210
・願人有失，毀人成功。213
・危人自安，減人自益。216
・以惡易好，以私廢公。219
・竊人之能，蔽人之善。222
・形人之醜，訐人之私。225
・耗人貨財，離人骨肉。228
・侵人所愛，助人為非。231
・逞志作威，辱人求勝。234
・敗人苗稼，破人婚姻。237
・苟富而驕，苟免無恥。240
・認恩推過，嫁禍賣惡。243
・沽買虛譽，包貯險心。246
・挫人所長，護己所短。249
・乘威迫脅，縱暴殺傷。252

・無故剪裁，非禮烹宰。255
・散棄五穀，勞擾眾生。259
・破人之家，取其財寶。262
・決水放火，以害民居。265
・紊亂規模，以敗人功。268
・損人器物，以窮人用。270
・見他榮貴，願他流貶。273
・見他富有，願他破散。276
・見他色美，起心私之。278
・負他貨財，願他身死。282
・干求不遂，便生咒恨。285
・見他失便，便說他過。287
・見他體相不具而笑之。290
・見他才能可稱而抑之。292
・埋蠱厭人，用藥殺樹。295
・恚怒師傅，抵觸父兄。298
・強取強求，好侵好奪。301
・擄掠致富，巧詐求遷。304
・賞罰不平，逸樂過節。307
・苛虐其下，恐嚇於他。310
・怨天尤人，呵風罵雨。313

· 鬥合爭訟，妄逐朋黨。316
· 用妻妾語，違父母訓。319
· 得新忘故，口是心非。321
· 貪冒於財，欺罔其上。325
· 造作惡語，讒毀平人。328
· 毀人稱直，罵神稱正。331
· 棄順效逆，背親向疏。334

褻瀆章——337

· 指天地以證鄙懷，引神明而鑑猥事。338
· 施與後悔，假借不還。340
· 分外營求，力上施設。343
· 淫欲過度。346
· 心毒貌慈。348
· 穢食餧人。350
· 左道惑眾。352
· 短尺狹度，輕秤小升；以偽雜真，採取姦利。356
· 壓良為賤，謾驀愚人。360
· 貪婪無厭，咒詛求直。363
· 嗜酒悖亂，骨肉忿爭。366
· 男不忠良，女不柔順；不和其室，不敬其夫。369
· 每好矜誇，常行妒忌；無行於妻子，失禮於舅姑。372
· 輕慢先靈，違逆上命。376
· 作為無益，懷挾外心。379
· 自咒咒他，偏憎偏愛。382
· 越井越灶，跳食跳人。385
· 損子墮胎，行多隱僻。388
· 晦臘歌舞，朔旦號怒。391
· 對北涕唾及溺，對灶吟詠及哭；又以灶火燒香，穢柴作食。393
· 夜起裸露，八節行刑。396
· 唾流星，指虹霓，輒指三光，久視日月。399
· 春月燎獵，對北惡罵，無故殺龜打蛇。401

惡報章——405

· 如是等罪，司命隨其輕重，奪其紀算；算盡則死，死有餘責，乃殃及子孫。406

・又諸橫取人財者，乃計其妻子家口以當之，漸至死喪；若不死喪，則有水火盜賊，遺亡器物，疾病口舌諸事，以當妄取之值。410

・又枉殺人者，是易刀兵而相殺也。414

・取非義之財者，譬如漏脯救飢，鴆酒止渴，非不暫飽，死亦及之。416

心應章——419

・夫心起於善，善雖未為，而吉神已隨之；或心起於惡，惡雖未為，而凶神已隨之。420

懺悔章——423

・其有曾行惡事，後自悔改，諸惡莫作，眾善奉行，久久必獲吉慶，所謂轉禍為福也。424

實踐章——427

・故吉人，語善，視善，行善，一日有三善，三年天必降之福；凶人，語惡，視惡，行惡，一日有三惡，三年天必降之禍，胡不勉而行之。428

宗義章

我們每個人的命運都不同，有人賤貧、有人富貴，或福德多、或災禍多，為什麼會有這些差別呢？

命運是別人給我們的嗎？是上天給的嗎？是無中生有的嗎？到底是怎麼召感而來的呢？這一切的結果，是被誰一絲一縷編織成的呢？

太上曰：禍福無門，惟人自召。

太上老君說：「人的禍福，本來就沒有一定的門路，全都是自己招來的！」

也許有人問：為什麼我們每個人一生的福德命運都不一樣呢？

其實，老天爺對待眾生並不會有任何的偏袒私心，人世間的一切功德福報，其實都離不開自己的內心，全都是自己的念頭所變化感應而來的，正如唐朝六祖慧能大師所說：「一切福田，不離方寸。從心而覓，感無不通。」

人在各種欲望念頭還沒有產生的時候，心就像是寂靜的宇宙一樣清淨明澈，直到心中開始有了各種的想法，動念之間有了善惡的偏執，「一念之差」所造成的懸殊差異，加上外在環境的各種影響，一個人的行事作風自然便有所不同，久而久之，福禍吉凶的因果報應也就逐漸天差地別了。

東漢時期，有位名叫楊震的太守，有一天有人拿著十兩黃金來賄賂他，他當下拒收。那個人說：「你收下沒關係的，反正沒有人知道啊！」楊震回答他說：「天知、地知、你知、我知，怎麼能說沒人知道呢？」這就是歷史上著名的「夜惕四知」的故事。一個人在面對金錢的誘惑時，能不動如山，謹慎護住自己的原則操守，這是多麼難能可貴啊！

人生苦長，沒有人不希望能夠趨吉避凶、諸事順遂，但現實生活中，不如意之事十有八九，但如果能明白「福因善生、禍緣惡至」的道理，從內心真正的生起善念，斷除惡行、惡言，說好話、做好事，自然能夠為自己招來好運。

孟子說：「禍福無不自己求之者。」積善得福，造惡招禍，福禍的由來之所以不同，完全在於自己的一念之間而已。就像《商書．太甲篇》中所說：「天作孽，猶可違；自作孽，不可活。」上天降下的災禍，或許還可以躲得掉；但自己做的壞事，就像是自取滅亡一樣，根本逃脫不了！

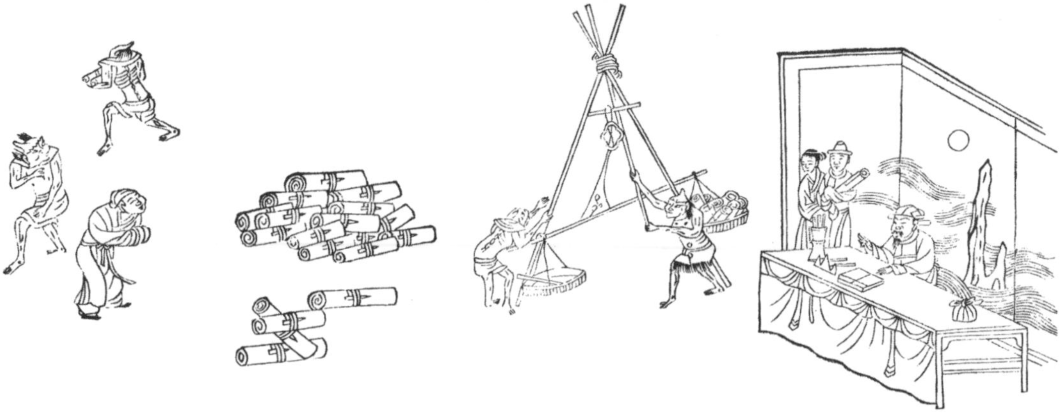

善與惡的重量

宋朝的衛仲達，在翰林院裡做官，有一次被鬼卒把他的魂魄牽引到了陰間。陰間的主審判官吩咐手下把他在陽間所做的善事、惡事兩種記錄本送來。等本子送到，他的惡事紀錄，竟然多到攤滿了整個院子，而記錄他善事的只有一小本。

主審官又吩咐手下拿秤來秤重，那堆了滿院子的惡事冊子重量很輕，而那只有一小本記錄善事的冊子卻反而很重。

衛仲達問主審官：「我年紀還不到四十歲，怎麼會犯這麼多的過失呢？」主審官回答他：「只要一個念頭不正，就是過失罪惡，就會被記錄下來。譬如看見女色，動了壞念頭，就是犯錯，就會被記錄下來。」

衛仲達又問：「那個善事的冊子裡，紀錄的是什麼呢？」

主審官回答說：「皇帝曾經有一次想要修建三山地方的石橋，是個大工程。因為那地方平常沒有什麼人會去，你於是上奏勸請皇帝不要修建，免得勞民傷財。這裡記錄的就是你寫的奏章底稿。」

衛仲達聽了之後說：「我雖然寫了奏章，但皇帝不聽，結果還是動工修造了，並沒有發生作用。這份奏章怎麼還能有這樣重大的力量呢？」

主審官說：「皇帝雖然沒有採納你的建議，但是你的動機很正直真誠，目的在避免百姓因此而勞役。如果當時皇帝接受了你的意見，那麼你的功德就更大了！可惜的是，你心中生起的惡念太多，所以善的力量也因此減少了一半。你本來可以當到宰相的，現在也沒有什麼指望了。」

後來衛仲達的官位，果然只做到了吏部尚書，而沒有做到宰相。

一個念頭的生起，看似細微，甚至很難掌握，但是往往不經意之間就決定了自己的命運走向。是福、是禍，關鍵就在自己身上。

一份斷子絕孫的奏請

南宋孝宗淳熙初年，蜀郡（今成都一帶）遭逢旱災，司農（掌理錢糧田賦的官吏）王曉上奏請求發十萬石米糧賑災，朝廷准許他的情求而下旨辦理。

當時林機身為給事（執掌侍從規諫的官吏），上奏表示說：「請求米糧數量過於龐大，更何況蜀郡地方偏僻遙遠，道路難行，應當參考現實狀況酌量發糧。」最後朝廷依據林機的奏請，只撥放了半數的米糧賑災。

當晚，林機的妻子王氏，在夢中見到一位紅衣人手持符令說：「林機逆旨害民，天帝特別下令將林氏滅門。」王氏驚慌地醒來，並將夢見的事情告訴丈夫。林機聽了之後，想起前一日勸阻賑災米糧的事情，從此以後深感不安，最後以生病為理由，辭官返回故鄉。到了福州時林機就死了。之後，他的兩個兒子也相繼過世，林家從此斷絕了後代。

因為自己一時想法的偏頗，影響所及，對他人的傷害往往可能是巨大而深遠的，實在是需要嚴加謹慎、三思而行啊！

善惡之報，如影隨形。

為善與作惡的因果報應，就像人的影子總是緊緊地跟隨著身體一般。

春秋時期的顏淵與盜跖，一個是孔子最為讚賞的賢德弟子，卻在四十歲時就因貧病英年早逝；一個是橫行霸道的盜匪頭子，一生作惡多端，竟然能夠壽終正寢。這讓漢代《史記》的作者司馬遷在《伯夷列傳》中不禁感嘆：「天道對於好人的報償究竟是如何呢？我實在深感迷惑。若是真有所謂的天道，那這天道究竟是合理還是不合理呢？」

佛經上說：「假使百千劫，所作業不亡，因緣會遇時，果報還自受。」這是說一個人過去所造的善惡業報，不管時間多長，在還沒有了結以前，是不會消失的。例如《三昧水懺》的故事，唐朝的悟達國師，因為生起一念傲慢心，膝蓋便長出一個如人臉一樣的「人面瘡」，一樣會開口吃飯，所以還要用飲食餵它，後來悟達國師遇到聖者教他以三昧水洗滌，才化解冤業。據經文所載，這是西漢時袁盎與晁錯所結下的恩怨，晁錯為了報復，等待了十世之久。

《涅槃經》上說：「善惡之報，如影隨形，三世因果，循環不失。」這段話，說明了善惡之報如影隨形，過去世、現在世、未來世，三世因果循環，或快或慢、或輕或重、或者近報於己，或者遠報及親。這世上沒有人可以躲得過善惡報應的因果循環。總之，必定是「善惡到頭終有報」。

《尚書》中說：「惠迪吉，從逆凶，惟影響。」依循天道而行的，招來吉祥；違背天道而行的，則招致災殃。吉祥與凶險就如同影子緊隨身體、如響應聲一般。一念良善即天堂，一念顛倒即地獄。一個人的因果業報、福禍吉凶，都是源於自己本身的所作所為。種善因得善果，隨意造作惡業，災禍遲早會降臨。

自食惡果的災難財

明朝正德年七月，沿海地區突然發生大海嘯，一夕之間，無數的居民被迫漂流於海中。在這危難的時候，卻有一個人划著竹筏，趁機撈取別人散落在水中的財物。

當時，正好有一位女子手攀扶著一個大竹箱朝著那個人迎面而來，就在她快要抵達岸邊的時候，那個人竟然奪走竹箱，任由那女子沉溺於海中。

事後當他打開箱子時，發現到一紙合婚的庚帖，這才知道，那位因為他而溺斃的女子，竟然是他未過門的妻子。

當我們傷害別人的時候，會不會也同時傷害了自己身邊的至親呢？

一心善念逃了死劫

南宋紹興二十九年閏六月，鹽官縣（浙江省海寧市）顧德謙的妻子張氏，有一天夢到一位神仙告訴她，因為宿世業障的關係，隔天將會死在天打雷劈之下。張氏醒來後，便聽見雷聲大作，因此明白她必定要難逃一死了。

此時，張氏心中一心掛念著年邁的婆婆，恐怕會因此深受驚嚇，無法承受這種突如其來的劇烈打擊。

就在她換好衣服，走到門外的桑樹下準備受死時，忽然聽聞空中傳來聲音：「上蒼已知道你心中的掛念，今日特意赦免你一死。」當下便雲開霧散，天空一片晴朗，張氏果然安然無恙。

一個人細微的起心動念，往往在冥冥之中就決定了自己的命運。未來雖然無法預知，但是「心存善念」卻是我們可以培養的。

瘋亂自戕的李司鑑

清朝康熙時期，永年縣（位於河北省）舉人李司鑑，先是親手勒斃妻子王氏，後來打死了繼室李氏，之後又將再娶的張氏威嚇致死。

有一天，李司鑑被押送到官府候審，經過市區時，他突然從路邊奪下一把屠刀，自己跑進了城隍廟中，並且登上了戲臺，跪倒在神像前，自言自語地說：「神明責備我不應該聽信壞人的胡言亂語，在鄉裡顛倒是非，讓我割下耳朵。」於是便割下自己左耳，扔到台下。隨後接著說：「神明責備我不該騙人錢財，讓我剁下手指。」當下剁去左手的兩個指頭。緊接著又說：「神明責備我不應該姦淫婦女，讓我自行閹割。」他當即自閹，隨後便倒地昏迷，由家人抬回家中。

一個人不仁不義的事情做多了，不只要面對法律上的制裁、老天爺的懲罰，同時也難逃自己的良心折磨。

警世章

人在世間的壽命或貧富、禍福，其實都有神明在掌管，但神明只是審理的判官，只能依著每個人的所行所為，給予個人適當的報償，而無法改變人們自己所造作的一切結果。

是以天地有司過之神，依人所犯輕重，以奪人算。

所以天地間有掌管人們一生過錯的神明，依照所犯惡行的輕重，來削減他們的壽命。

《華嚴經》上說：「每個人出生後，就有二位天人跟隨著，一位名叫同生，另一位叫同名。」這兩位天人，就是所謂的善、惡二童子，祂們時時刻刻都在記錄著人們一切言行舉止的善惡。所以，每個人的起心動念、言語造作，又怎麼能瞞得過無處不在的老天爺呢？如果我們能夠經常憶念這兩位善惡童子的存在，並且隨時注意到自己的起心動念，只要有一個不好的念頭浮現，就能有所警覺，同時很快的調整過來，那麼我們的心自然能夠越來越清澈明淨，也能夠逐漸「趨善避惡」，天地鬼神也就不會削奪我們的生命，強降災禍給我們了。

明朝時期的袁了凡先生，在他參加科舉考試之前，請了一位命理師推斷他未來的功名，結果都一一應驗。從此以後，他便認為命運是無法改變的，於是對功名利祿看得非常淡薄，對於人生也沒有任何積極的追求。命中他的壽命只到五十三歲，而且沒有後代。後來雲谷禪師告訴他，命是自己造的，福是自己求的，教他斷惡修善，就能改變自己的命運。他聽進了雲谷禪師的勸誡，並且切實勤懇地去實踐，後來命運果然改變了，不僅活超過了五十三歲、有了兒子，還在六十九歲那年為了給兒子留下訓示，特地寫下了《了凡四訓》。袁了凡先生的例子，正是長年累積善業的結果。

一個人的富貴壽夭、吉凶禍福，其實全都掌握在自己的一念之間。造惡多端的，自然折損自己的福報；積極修善的，就自然能不斷地累積福德，甚至能夠福蔭後代。

曾子說：「一個人在獨處時，也要像有十隻眼睛在盯著自己、有十隻手在指著自己一樣的小心謹慎。」一個人能在別人看不到時，依然能夠自我警惕，不起壞的念頭、不做虧心事，這才是真正的光明坦蕩。

鬼神愛聽的話

宋朝光孝安禪師住持清泰寺，有一天他在禪定中看到兩位僧人倚著欄杆交談。起初有天神在一旁護衛著，並傾聽他們的言談，許久之後就離開了。不久後又聽到有惡鬼在旁邊不屑地唾罵他們，並掃除他們走過的腳印。

事後追問原因，才知道原來是兩位出家人開始時是在討論佛法，所以有天神擁護。而後接著話家常，最後兩人談到財物供養的事情，惡鬼聽到後便忍不住唾罵了。

連一般世俗瑣事的談話內容，都會讓鬼感到生氣、受到神明指責，更何況污穢的書籍內容和猥褻言語的流傳，更是罪惡深重。我們的一言一行實在需要嚴謹慎重啊！

陰間的善惡探查

明朝洪武初年，浙江崇德縣人貝瓊與好友談經兩人有一天在西湖泛舟，談經突然有感而發的感嘆起仕途的艱辛，一生為了追求功名而白了少年頭，還不如過著閒雲野鶴的生活。此後沒過多久，談經就生病死了。

過了一段時間，貝瓊有事住在硤石（今日的浙江海寧市）的紫雲山麓。有一天，當他雨後散步時，忽然聽到有官府馬車路過的聲音，他趕緊閃避到一旁，這時候就看見了馬車上正坐著談經。談經看見他後，便下了馬車，帶著他走到路旁的井邊坐下來聊天。

貝瓊問起談經為何在此地出現的原因，談經回答說：「天帝為了嘉勉我的為人品行，派我負責訪察一州之人的善惡，官位比城隍爺還高一級。」貝瓊又接著問：「我向來就聽說陰間的律法嚴密，你肩負著一州萬人的察探職責，要怎麼樣才能夠周全而沒有疏漏呢？」

談經說：「陰間的律法非常嚴格，一切的惡行和所有虧待欺騙的事情，都有五祀之神每月回報給監司，並依據每個人犯事的情節輕重，給予相應的罪罰，或雷劈、或火刑、或水厄、或患瘟疫，至於那些有小缺點、小過錯的人，則會予以寬容對待。又有那些期望他們能改過的、也有等待他們累積惡行的、有暫且放過他們的、有禍及子孫的，這些進退快慢、交錯顛倒的不同，都是老天爺為了因應人間的各種狀況而有不同的處置。」

貝瓊有所感念，此後便謹慎為人行事。

一個人如果不懂得戰戰兢兢的自我警惕、謙卑反省，不懂得在四下無人的時候更加謹慎自己的言行，那又如何能夠受到老天爺的庇佑呢！

算減則貧耗，多逢憂患。

人的壽命因為犯下的過錯而被削減，以致生活貧苦、家庭破敗，經常遭遇凶災苦難。

一個人如果因為做了太多壞事，而受到神明的懲戒減損壽命，福祿自然也會跟著減少。生活的貧困、家庭的破敗，種種不如意的事情將接連而來，而擔憂焦慮的事多了，人也就越來越無法平順的過日子。

孔子說：「君子坦蕩蕩，小人長戚戚。」有德行的人依據仁義道德來做事，所以能夠問心無愧，心裡總是坦蕩自在，而沒有道德原則、自私自利的人，只在意自己個人的利害得失，所以心中總是焦慮不安，患得患失，俗話所說的「不做虧心事，不怕半夜鬼敲門」，也是相同的道理。

品德的修養就好比行善，一個人做一件好事其實並不難，難的是一輩子都持續做好事。同樣的，一個人德行的養成，也不是一朝一夕的事，而是終其一生的長年修為。

《朱子家訓》中說：「善欲人知，不是真善。」一個人做善事，如果沒有任何為自己考慮和打算的私心，這才是真正的行善。

《尚書．洪範》中提到：「嚮用五福，威用六極。」意思是說，上天用長壽、富貴、康寧、好德、善終等「五福」來獎賞行善的人，而用早死、疾病、貧窮、憂慮、惡事、弱小等「六極」來懲罰作惡的人。所謂「人在做，天在看」，不論是做好事或是做壞事，老天爺一定是看得清清楚楚的。

兩隻教人憂心的黑猴

西安櫟陽的校尉郭鄩因為仕途坎坷不順、困頓失意，經常感到憂心，即使是非常親近的至友，也往往擔憂他們會陷害自己。

每次當他感到煩悶無聊時，就會看見兩隻樣貌像黑色長尾猴的牲畜在一旁跳上跳下，郭鄩感到非常厭惡，但是也趕不走、避不開。

有一天，他忽然聽見這兩隻黑猴子說：「我們是主管憂患的，你因為獲罪，所以我們才能夠來干擾你。世人如你這般的還有很多，只是都不自知，如今我們將轉往找另一人而去，所以特來告知。」

果然，之後再也不見黑猴子，郭鄩也因此開闊心胸，不復憂慮了。

一個人的坎坷不順，並非無緣無故的，越是在失意的時候，越是需要坦然冷靜。

自作自受

奉符縣的縣令錢若愚，為人陰險狡詐，他在年輕時就已經補了官位，但多半還沒做完任期，便因事故而遭去職。到了晚年，他的生活更是困窘，兒女都相繼死亡，自己則是淪落到衣食不繼的地步。

有一天，他向神明祈求，當晚便夢到一位神明告訴他：「你因為做了太多的惡業，如今你的壽命經過神明的減算後，已經被削奪殆盡了，何況是生活貧窮、家破人亡呢？」果然沒過多久，錢若愚就死了。

俗話說：「天作孽由可為，自作孽不可活。」與其向神明祈求，為何不向自己祈求，時常檢討反省自己的作為呢？

人皆惡之。

人人都討厭造作惡事的人。

《玉樞經》上說：「人若是不修善業，上天必定會斬除他的神魄，讓他被人厭惡、被人嫌棄。」為非作歹的壞人，為什麼總是會令大家討厭呢？這是因為「人心本善」，人都有基本的良知良能，沒有人會不喜歡質樸和善的人，卻反而去親近總是惡行惡狀的人。

心地純善的人，無形之中總帶著一股清新的氣質，讓人感到寧靜祥和，心生歡喜。詭計多端、自私自利的人，相由心生，往往就讓人不喜歡靠近了，更何況是作惡多端的人，身上那股邪惡之氣，怎麼可能不被人厭惡，而盡量躲得遠遠的呢？

有人曾經評論孔子的弟子冉雍說：「冉雍這個人啊！雖然敦厚存仁，但可惜沒有口才。」孔子聽了之後說：「為什麼需要靠口才來爭辯是非呢？總是靠著銳利的善辯口才去應付人，只會惹人嫌惡罷了！冉雍的仁厚，修持到什麼樣的境界我還不清楚，但一個人立身處世，最重要的是能夠真正的實踐仁德，再好的口才又有什麼用呢？」

「說而言，不如起而行」，一個人即使懂得行善避惡的利害關係，但不表示能夠真正地落實在自己的生活中。所以，身體力行才是最重要的。

《詩經．小雅》說：「取彼譖人，投畀豺虎。豺虎不食，投畀有北。有北不受，投畀有昊。」意思是，把那些專門中傷人的傢伙扔給豺虎；豺虎如果不吃，就把他們丟到荒涼的北方去；如果北方不接受，就交給上天去制裁。誣陷傷害他人的壞人，怎麼不會遭到人們的厭惡和唾棄呀！

像鵂鶹一樣的人

古時候有個品行不良的人叫劉甲，凡是和他有過來往的人，一定會遭遇奇怪的災禍。有一位叫王建的人不相信有這種事，便請劉甲來家中談論事情。結果還不到一天，王建家就失火了。

從此以後，大家在路上遇到劉甲，就會趕快避開，就像是看到鵂鶹（一種令人聞風喪膽的惡鳥，傳說看見這種鳥的人必有大不祥，馬上就會厄運上身）那樣的凶惡不吉利。

一個被人人所厭惡的人，雖然很可憐，但可憐之人，難道沒有可惡之處嗎？所以不妨自我反省一下。

人見人怕的凶煞之神

明朝的雍野王才幹敏捷很有能力，卻非常貧窮，只因為他說話常不利於人，所以人們只要見到他，都會紛紛地畏懼避開，並稱他是「耗神」（凶神）。

雍野王偶然造訪有訴訟案件的人，那人後來訴訟失敗了；他探訪生病的人，那人後來就死了。於是人們將哀怨噩耗歸咎在他身上，把他當作仇人一樣看待。

他在路上看到有人賭博，坐在一旁觀看，結果靠近他身旁的那個人輸了，那人一氣之下把他毆打到重傷。有一天，他遇見一位朋友，便趁機向他訴苦。他的朋友聽了之後大笑地不以為意，請他喝酒，還送他頭巾跟鞋子。他的這位朋友生平沒有什麼病痛，但後來卻突然生了重病，幾乎死亡。

從此以後，人們都把能夠不見到他看做是一件幸運的事。

如果一個人不管走到哪裡，都被看作是避之唯恐不及的煞星時，是否該修正自己的內心與一切的言行呢？

刑禍隨之。

刑罰和災禍也就跟隨而來。

所謂的「刑禍」就是刑罰和災禍，有時是人為造成，有時是天災所形成。由於被上天削奪壽命的人，惡貫滿盈，必然會遭到種種惡報，所以刑罰、禍事也就會緊跟在後。《洗冤錄》中說到：「人非欺心不遭官刑，人無隱惡不遭橫禍。」所以，行事為人首先就要心思端正，唯有正直良善的品德，才是一個人立身處世的根本。

《周易．繫辭》上說：「善不積，不足以成名；惡不積，不足以滅身。」意思是，成就善德美名或是招致殺身之禍，都是一個漸進的積累過程。許多人以為小善好像沒麼多大的益處，也就不太在意，或是輕忽怠慢，積累福報的機會自然就在無形中錯失了。而小惡看起來似乎沒什麼大不了，也就隨意放縱，久而久之，不受約束下逐漸變成了膽大妄為，便做起了大壞事。

一個人成為好人或是變成惡人，不會是一朝一夕的事情，而是人生過程中逐漸潛移默化、長年養成的。所謂「近朱者赤、近墨者黑」，人的習性總是深受周遭環境的影響，因此，就應該時常保持自我警覺、留意自己的言行，切莫在不知不覺的散漫中迷失了自己。

《大學》：「好人之所惡，惡人之所好，是謂拂人之性，菑必逮夫身。」是指如果違背了人的本性，災禍一定會降臨到身上。就如同孟子所說的，人人都有羞恥厭惡的心，人人都有明辨是非的心，我們如果秉持人性常理，便可以行善。

一朝狠心，禍延子孫

漢朝的梁統，向朝廷請求加重法律的刑罰，但當時朝廷並沒有接受他的建議。

後來梁統做了一個夢，夢到神明對他說：「梁統啊！雖然幸好朝廷沒有聽從你的意見，但陰曹地府已經記錄了你的罪過。你想要以刑罰來傷害世人，居心實在太過狠毒，將來你的子孫也將遭到刑罰的災禍。你的這種行為已經得罪了上天，即使你再怎麼祈禱，也是沒用了！」

後來梁統的兩個兒子都死於非命，子孫輩到了梁冀時，惡業累積得就更深了，最後被皇帝下詔滅族，滿門抄斬。

做眾人之事，就是要為眾人謀福祉，而不是想盡辦法如何制裁他人。有仁德之心的人，才能真正得到別人的愛戴和尊重。

被請入甕的周興

唐朝武則天時期，政風嚴苛，周興為官苛刻殘酷，專以刑罰逼供犯人，殺人無數。因為被指控與丘神勣共謀犯案，武則天便讓來俊臣主辦此案。

有一天，來俊臣和周興一起吃午飯，來俊臣問周興：「許多犯人不肯招供，你有什麼辦法嗎？」周興說：「這個容易，弄一口甕，在底下燒上火，把犯人放進去，他們就招了。」

來俊臣於是弄來了一口大甕，在底下燒火，然後向周興宣布了對他的控告，接著說：「請君入甕吧。」周興惶恐不已，只好承認對他的指控，因此被流放嶺南（當今的華南地區一帶），卻在流放的途中，被仇人殺死了。

「多行不義，必自斃。」一個人不仁不義的壞事做多了，就如同為自己造了一個火燒的熱甕一般，難道不會有受到邪惡力量反噬的一天嗎？

吉慶避之。

吉祥和喜慶都遠遠的避開他。

經過上天的減算削奪，如果是造作了惡事的人，福德就會被減少，吉慶轉變成了災禍，各種的好事也都無法遇到了。

常言道：「人為善，福雖未至，禍已遠離；人為惡，禍雖未至，福已遠離。」一個經常行善的人，雖然看似還沒有得到福報，但是禍患已經逐漸在遠離；而一個無惡不做的人，表面上好像沒有什麼不同，災禍也還沒有發生，但福報卻已逐漸遠離他了。

我們過去生中所修得的福分，因為造作惡業，使得這個福分受到了折損；過去生中因為修善行所累積的壽命，也因為做了壞事，而被減短了。好事、吉事遇不到，凶災、禍事卻將經常發生，這就是受到惡業感召的緣故。

明朝有一位好善樂施的人，叫做薛西原，他會在寒冷的冬天時，將自己身上穿的棉衣脫下來送給衣衫單薄的人穿。有人問他說：「你怎麼可能照顧到每個人呢？」薛西原回答說：「我只是盡一份心意罷了！」他接著說：「天地之間的福祿都是有因果的，如果不是抱持著一份謹慎、勤奮的心，是無法聚集到的；如果不做些救助他人、利益大眾的事，也是無法消受的。」真是說得沒錯，一個人有幸得了福報，如果能夠更加自省自惕、一心向善，進而將自己的福氣散播出去，做更多益於他人的事情，這樣的福澤才會更加的延續綿長，老天爺才會在冥冥中持續護祐！

《尚書》說：「非先王不相我後人，惟王淫戲用自絕；故天棄我，不有康食。」因為當政者的淫逸自絕了後路，所以上天才會放棄後人，不再給予安樂豐足的衣食。這不就是諺語中常說的：「天助自助者。」一個人要想獲得幫助，就一定是要先自我奮發、自我圖強才是啊！

棋盤裡的命數

明憲宗時，浙江的趙涓、樓得達兩人，都因為擅長下棋而被選入皇宮大內，皇上命兩人對棋決勝負時，往往在金盒內放入賞銀一錠，贏棋的人就可得到這個盒子。

樓得達常常輸棋，有一天夜裡，他私下拜訪趙涓並告訴他：「我和你都因為棋藝優越才博得皇上的寵愛，如今你屢次贏棋，名聲已很大了，假如我老是失敗無法扳回一次，恐怕將要獲罪，我算算那金盒中的賞金都不超過三兩，我願意先奉上賞金，求你假裝失敗一次，以表示我與你的實力相差不遠。」趙涓答應了他。

第二天，兩人又入皇宮內下棋，趙涓果然假裝失敗。樓得達叩頭拜謝領賞時，打開盒子一看，竟然是皇上特賜補上百戶之官的手諭，以及一只象徵身分的牙牌。

皇上本來的意思是想讓趙涓做官，結果卻不能如願，而趙涓也不敢把實情上告皇帝。於是，皇上只能嘆氣地說：「誰說天子能為子民造命呢？」

人人心中都有一盤棋的算計，每一步棋都在決定一個未來。算來算去，到底誰能算得準？

惡星災之。

惡煞凶星降下了災殃。

惡星，是天上掌管人間一切災禍困厄的神明，也就是一般常說的天神惡煞，專門依據人的善惡造作來降災罰惡。

宋朝初年的希夷先生（陳摶，知名的道教人士，常被視為神仙，人稱陳摶老祖或希夷祖師）曾說：「心者貌之根，審心而善惡自見；行者心之表，觀行而禍福可知。」這句話是說，相貌的根本就是內心，從一個人的相貌，大概就能看出他是個什麼樣的人、心地如何；行動則是內心的表現，觀看一個人的行為，就可以知道他的禍福吉凶了。

孟子在《離婁章句》中有一段話：觀察人的善惡，沒有比觀看他的眼珠更好的了；因為眼珠不能掩藏一個人心中的惡念。心中正直的人，眼珠就很明亮；當心中不正直時，眼珠便茫然失神。聽他的說話，再看他的眼珠，人心的邪正又能藏匿到哪裡去呢？

可見相由心生，一個人的心地如果良善光明，總是做好事，無形之中自然就會散發出親善和諧的磁場，吸引來的便是正面能量；而一個心術不正、自私自利，總是惡言惡行的人，流露在外的必然是陰暗險惡的氣息，讓人不知不覺想要遠離、避開，而這正是所謂的「善與善相應，惡與惡召感」。

《詩經》說：「日月告凶，不用其行。四國無政，不用其良。彼月而食，則維其常；此日而食，於何不臧。爗爗震電，不寧不令。」古時候將日月蝕視為是一種凶兆，因為天體未遵照常規的運行，用以提醒當政者如果不實行善政，白白浪費賢良的人才而不重用，當會有災厄降臨。

齊景公的悲傷

春秋時期，一日，齊景公在泰山南面擺設酒宴，席間突然哭了起來，晏子問他原因，景公說：「我聽說有彗星出現，它所對著的國家的國君將有災禍。現在彗星向著我們國家而來，我因此感到悲傷啊！」

晏子於是說道：「君王的行為邪僻，對國家沒有仁德道義。挖池沼，就想讓它又深又廣；造樓臺館榭，就想讓它又高又大；徵收賦稅就像搶劫一樣，殺戮百姓就像對待仇敵一樣。在為臣看來，這才是災禍之端，而彗星的出現，不過是天象的變化，又有什麼可悲嘆的呢？」

景公之後想要讓人透過祭祀來祈求解除災禍，晏子告訴景公說：「這是沒有用的。日月變化無常，風不調、雨不順，彗星出現，都是上天感受到百姓生活的困苦哀怨，而對執政者發出的一種提醒、警告。君王想要透過祭祀來解除災禍，還不如好好的修養德行、行善積德。」

古人說：「脩德以勝災者。」一個人若不懂得修養德行，施以仁德，那又如何能夠解除災禍呢？

算盡則死。

老天爺依照我們作惡的輕重的紀錄，來削奪我們的壽命，等到減完，人就會死去。

從前有一位老人，死後見到了閻王，就責怪閻王不提早通知他。閻王回答說：「你的眼睛花了，就是我第一次通知你啊！你的耳朵聾了，是我第二次通知你啊！你的牙齒壞了，就是我第三次通知你啊！你的身體一天天的衰弱，我不知道已經提醒你多少次了，怎麼說我沒有通知你呢？」

又過不久，一位少年死後見到了閻王，也責怪閻王說：「我的眼睛明亮，耳朵靈敏，牙齒銳利，身體強壯得很，閻王你為何不事先通知我呢？」閻王說：「我也有通知你啊！你沒有看見你家東邊的鄰居，有三、四十歲就死的，西邊的鄰居有一、二十歲就死的，而且更有早死的周歲嬰兒與小孩，這些都是我給你的通知啊！」

黃泉路上無老少，人生無常，生死不過就只是在一呼一吸之間的剎那而已。什麼時候一口氣沒喘過來，這一生也就徹底結束了。不論貧富貴賤、顯達潦倒，一切過往前塵都將化為煙雲，最終留下的也就一捧骨灰罷了。

「人身易失，定業難逃」，如果不能趁著難得的今生，好好的自省修善，臨到命終的那一刻才來萬般怨嘆，肯定是追悔莫及的。更何況死後還要面對前生的總結清算，以及緊跟在後的因果業報，怎麼能天真的以為，死了就可以一了百了呢？

孔子說：「獲罪於天，無所禱也。」一個人如果平時就能夠隨時注意自己的言行，修正自己的錯誤，心存善念廣行善事，心中安樂平和，自然沒有什麼可擔心受怕，也無須臨時抱佛腳了。

考不上狀元的原因

唐代的李登，在十八歲時就考中解元，他自認考上狀元並不難，但竟然停滯受阻了十多年。於是他去拜見葉靜法師請教有關他這一生的事情，葉靜法師為了李登便去求見文昌帝君。

帝君讓判官取來李登的官籍，並說道：「李登出生時，天帝賜玉印，命中原本注定十八歲中解元，十九歲考上狀元，五十三歲當宰相。但因十八歲中了解元時，暗中偷看鄰居家的女子，雖然淫事未成，卻將該女子的父親冤枉入獄。因此，上天罰他慢十年考取，並降二甲。

「二十九歲那年，李登隨後又蠻橫侵佔兄長的屋地，上天再罰他慢十年考取，並降三甲。三十九歲時，李登在長安姦淫一位已有家室的婦女，因為害怕她的丈夫知道，於是以莫須有的罪名故意陷害人家，到了這個時候，李登的祿籍已經完全被削除了。

「如今他又引誘了人家的女兒，上天見他作惡不斷，削奪了他的壽命，現在死期將至，哪裡還能希望再考取功名呢？」

法師將文昌帝君開示的情形全部告訴李登，李登聽了之後，頓時感到十分慚愧和沮喪，不久後便在悔恨中死去。

雖然前世積福，今生原本能夠擁有很好的命運，可惜一再造作邪淫惡事，毀掉了該有的福祿。如果能好好懺悔改過，命運便能改變，不是嗎？

鑑審章

人人心裡面都有一盤局的計算，神明也有一雙天眼的「紀算」，到底是誰能算得準呢？

俗語說：「舉頭三尺有神明。」人們就算如何會算計所有一切，難道「人算」真能勝得了「天算」嗎？做人做事如果不能懂得福禍因果的道理，縱然算計了一生，也許只是空忙一場，甚至打錯了那自以為是的如意算盤罷了。

又有三台北斗神君，在人頭上，錄人罪惡，奪其紀算。

三台星神、北斗星君，常在人的頭上盤旋，記錄每個人各自所犯的罪惡，並且依其輕重，來削奪他們的壽命。

「三台北斗」是民間所供奉的神明，其中「上台」掌管人的生死，「中台」掌管人的福報，「下台」掌管人的祿命。三國時易學家管輅曾說：「南斗管生，北斗管死。」由此可知，冥冥中都有負責掌管的神明，詳細記錄著人所造作的善惡。

曾子說：「人之好善，福雖未至，去禍遠矣。人之為惡，凶雖未至，去福遠矣。」我們每一個細微的起心動念，都是一顆或善或惡的種子，關係著往後一生的因果業報，對於自己的一思一念、一言一行，實在不得不慎重啊！

古諺說：「莫因善小而不為，莫因惡小而為之。」人的福報或災殃不會無緣無故的平空而降，細小的善事可以成就來日的大善業，而隨意散漫的造作，往往在不知不覺中地累積了自我毀滅的惡業。

自古以來，關於人心善惡的教化，以及鬼神懲戒賞罰的警示，最主要的目的還是為了規勸世人，平時就要斷除惡行、勤修善業，廣積福德。如果等到人生遭逢不如意時，才要臨時抱佛腳，燒香祈求，也就為時已晚了。

《中庸》第十六章有一段孔子說的話：「鬼神之為德，其盛矣乎！視之而弗見，聽之而弗聞，體物而不可遺。使天下之人齊明盛服，以承祭祀。洋洋乎！如在其上，如在其左右。」是在告訴我們「人可欺，天不可欺」，我們在世間上的一切所作所為，始終逃不過冥冥之中的「天眼」，唯有常懷敬畏之心，時時自我覺察、自我警惕，才能「自求多福」。

罪業難逃的功臣名將

唐朝名將婁師德出身進士，在永和年間，因攻打吐蕃八戰七勝的優異戰績而受到讚賞，並授予他左驍騎郎將一職。唐高宗還親自下詔曰：「你素有文武才幹，因此授予你武職，千萬不可推辭。」婁師德此後便屢屢獲得升遷納言的機會。

一日早晨，婁師德醒來時，忽然看見星官告訴他說：「你曾經誤殺兩條人命，這個罪業應當要削減你十二年的壽命，因此你頭頂上的星光即將要滅盡了！」

當日，婁師德便感到神識昏沉，無法上朝，因而對身旁的侍者說：「我一生向來行事謹慎，只因誤殺了兩條人命，如今竟要早死十二年！」不久，果然就死去了。

以婁師德一生寬厚英明的為人，都免不了因為以前造下的惡業而受報，更何況平常不懂得要自我反省的一般人，實在更加要懂得自我覺察、謹言慎行啊！

不思議的正念力量

清朝桐城縣人方氏，因為獲罪被流放到寧固塔（清代北方重鎮，地處中國東北邊陲。多數被流放的人都因為嚴酷寒冷的惡劣環境而無法倖存），為了祈求能夠平安的生存下來，一家人都至誠懇切的頂禮斗母元君，並且誦持《準提神咒》及《金剛經》。

某天傍晚禮拜結束後，原本已經暗下的燈火忽然自己又亮了起來。又有一次的深夜，房間忽然飄出奇異的香氣，家主於是急切的呼喚所有的眷屬跪拜祝願：「希望一家人皆能夠平安生還，如果所願圓滿，願神明能再賜香氣。」此言終了，室內果然再次散發出異香，一連三次的祈願，果然得到神明的恩允。

一段時間後，方氏一家果然如願安然生還返鄉。

一個人的信念只要足夠堅定，加上眾人的至誠敬畏，所積聚的正念能量是非常不可思議的。

又有三尸神，在人身中，每到庚申日，輒上詣天曹，言人罪過。

住在人身上的三尸神，每當到了庚申日，就會回到天庭，據實報告人們的罪過。

三尸又被稱為「三蟲」、「三彭」、「三屍神」、「三伏尸」，是道教對人體內三種搗亂之神的稱呼。

上尸神：青姑，名叫彭踞，住在人的頭部，使人多思欲，眼睛昏花，頭髮掉落。一個人如果思欲過度，容易使得腦力耗弱，血液循環不良，自然也就容易眼昏髮落了。如果總愛想東西，欲望很多，那可能就是上屍神在搗亂。

中尸神：白姑，名叫彭躓，住在人的胃腸，令人好吃、健忘、喜歡作壞事。所以，一個人如果口腹之欲很旺盛，大概就是中尸神太過活躍的關係。

下尸神：血姑，名叫彭蹻，住在人的足部，人讓沉迷酒色、好殺生。一個人一旦氣血過於湧動，連帶的就會讓身體躁動不安，久而久之，健康問題就會出現，耗損元氣。

人們身、口、意所發出的音聲，在所有鬼神之中，三尸神是聽得最清楚的，因為他們就住在人體中。「庚申日」則是三尸神向上天報告個人善惡的日子。道教修仙之人，因為害怕三尸神在天庭打自己的小報告，所以每逢庚申日便會徹夜不眠，使三尸神沒有機會離開自己的身體去到天庭，自己的過錯也就不會被揭發了。守庚申日三次，可以使三尸神驚恐不安，不敢妄動。守庚申日七次，就可以使三尸滅絕了。

事實上，這些都要在告誡修行者應持戒修定，不動於心。弘一大師（李叔同）說：「一動於欲，欲迷則昏；一任乎氣，氣偏則戾。」人一旦被欲念所牽動，就容易迷亂昏庸、意氣用事、甚至產生偏執暴戾的傾向。如果懂得時時檢視自己的身心狀態，學習自我克制，雖然無法做到絕對的清心寡欲，但至少能夠心緒澄淨，神清氣爽，也就不容易受到外在環境的干擾了。

《中庸》一書中提到：「君子戒慎乎其所不睹，恐懼乎其所不聞。莫見乎隱，莫顯乎微，故君子慎其獨也。」是說越是隱蔽不為人所見的時候，越能體現一個人的品德修養。「慎獨」的修養功夫，主要來自於一個人「自律」能力的強弱。能夠自律自持的人，自然能夠抵擋外界的各種干擾與誘惑，使自己身心安頓。

孝心專一的福報

宋朝的趙居先，雙親皆已九十多歲，但個性都十分嚴謹心急。然而，夫婦兩人侍奉父母非常勤勞謹慎、和諧恭敬，並且還每天晚上焚香，為父母親祈福。

三尸神上奏天庭，玉皇大帝派遣飛天大神每天來察看，看到他的孝行專心一致，於是賜給他福報。他的七個兒子、三個女婿，全都得到了功名，而他自己也證得仙果，往生天界成仙了。

孔子說：「孝，德之本也。」孝敬父母是檢視一個人的品德好壞最基本的指標。所謂百善孝為先，一切善行的基礎就是從孝道開始。

月晦之日，灶神亦然。

到了農曆的每月最後一天，灶神會將人間所做的善惡向天庭稟告。

灶神源於《禮記》的五祀之一，漢朝以後，與司命、行神、門神、戶神，同為司察民間的家宅神，負責鑑察世間罪惡，掌管壽夭禍福。而月晦之日，就是指「月終」，即農曆每月最後一日。

民間流傳祭拜詞：「今年又到二十三，敬送灶君上青天。有壯馬有草料，一路順風平安到。供的糖瓜甜又甜，請對玉皇進好言。」人們認為，灶神是玉皇大帝派到人間察看每戶人家言行的神明，每年農曆的十二月二十三日都要回到天庭，向玉帝報告所在人家一切的言行善惡，玉皇大帝則根據灶神的報告，來決定此戶人家未來一年的吉凶禍福。

古諺說：「一飲一啄，莫非前定。」這是說人的命運，其實都是自己無形之中的言行造作所定下的。**明白因果循環的道理並不是宿命論，也就不會因為既然早已經是上天注定了，就放任自己消極無作為。**

生活中當下的每一刻，所起的每一個念頭、所說的每一句話、所做的每一件事，都是一個新的因果關係，如果我們能夠確實的明白體悟，廣種善因，存好心、說好話、行好事、做好人，你的果報就不可思量了。

袁了凡曾說：「祈天立命，要從無思無慮處感格。」我們如果想要改造命運，希望能夠轉禍為福，就要從無思、無慮之處去感化，也就是修養我們的心。心如果澄淨，便能夠與天道感通，萬善相隨了！

《禮記》：「孟夏之月，其祀灶。祭法曰：庶士、庶人立一祀，或立戶，或立灶。」從先秦以來，上至天子，下到庶人，大家都崇拜灶神。而其實，人們正是藉由「灶神」來自我惕勵，督促著自我心念的向善。

灶神的警告

明朝嘉靖年時，江西的俞都（字良臣）二十歲就中了秀才。後來他與同學十餘人組織了一個叫做「文昌社」的社團，力行《文昌帝君陰騭文》的訓勉。之後，俞良臣連續考了七年都沒有考中舉人，五個兒子生病夭折了四個，僅存的一個兒子也失蹤了。四個女兒死了三個，俞良臣的妻子因此哭瞎了雙眼。俞良臣生活窮困潦倒、貧苦不堪，每年臘月三十他都會寫一篇疏文，託灶神爺帶給玉皇大帝，一直到他四十七歲的那年除夕。

當天晚上，他正與盲妻坐在一起，忽然有位穿著黑色袍子、模樣像是修道的人來到俞家，對他說：「我對你家裡的事情知道很久了，你壞的意念太重，注重虛名，每年在灶神面前所焚的疏表，都是一些怨天尤人的詞句，沒有一點悔改的意思。這種褻瀆玉帝的行為，恐怕祂給你的懲罰還不止如此啊！」

俞良臣聽了之後非常驚恐，趕緊請教他，黑袍道人說：「你從今以後所有的妄想、各種雜念都要徹底悔改。如果是力所能及的，不要貪圖回報、不要追求名聲，不論大小難易，都要耐心的去實行。如果是能力無法做到的，也要勤懇的盡量使善行圓滿。你做這些事要有耐心與恆心，不要懶惰和欺騙自己，只要能長久持續地做下去，自然有你意想不到的成效。」說完這些話，黑袍道人便走入俞家的爐灶中消失了。俞良臣這才醒悟，原來那人就是灶神。

後來俞良臣果真痛改前非，嚴加規範自己的言行。過了三年，在他五十歲時，首席內閣大學士張江陵想在同鄉中為兒子禮請老師，鄉鄰紛紛舉薦俞良臣。不久後，俞良臣登科及第考中進士，拜見老太監楊公時，更意外找回了走失的兒子，他妻子的雙眼也奇蹟似的復明，後來的七個孫子個個功成名就，成為書香門第，俞良臣也延壽至八十八歲。

人生在世幾十年，總不可能都是順順當當的，遭逢坎坷不順時，與其自怨自艾，不如靜下心來，回過頭好好的自我反省，找到問題的癥結所在，誠心改過，必定能夠走出困局，重啟人生新頁。

助印善書得果報

浙江嘉興梅里鎮人鄭聯與他的兄長壽昌，自從結婚後，兩人的妻子都遲遲無法生育。清雍正九年，鄭聯三十八歲時，兄長壽昌過世，因為害怕子嗣香火會斷絕，因此憂心成疾。那年的除夕夜，他與妻子在灶神面前祈請，發願在來年時刻印諸善書，並廣為布施。

當這些書籍剛剛開始交付印刷時，鄭聯就感覺身體正逐漸康復。到了雍正十一年的一月，鄭聯四十歲，某天夜裡，他夢見有一顆光芒四射的星星，聲音好像絲綢被撕裂般，從天空的東南方墜落到他們家的庭院中，本來還以為發生了火災，後來才驚覺，竟然是他的妻子懷孕了。

到了當年的秋天，他們刻印的書籍都還沒有全部完成，鄭聯已經有了一個兒子，鄉里的家族親戚全都感到非常訝異。

助印善書將它廣為流傳，一直被視為是件功德無量的事情，何況是一心誠敬的去實踐，更是難能可貴。

凡人有過，大則奪紀，小則奪算。

人只要是犯了罪過，都難逃神明的鑑察。根據個人所犯過錯的大小，嚴重的削減十二年的壽命，輕微的削減百日的壽命。

人在這個世上的這一生中，不論是大到壽命的長短，或是小至每個一念頭、每一個想法，時刻都有老天爺在暗中察看著。任何的為非作歹，都不能夠懷有僥倖的心態，尤其在一個人獨處時，身邊沒有別雙眼睛盯著，往往就容易放鬆隨性，像是任意批評別人、隨手丟棄菸蒂之類的小舉動，生活中常是細數不清的。

其實，這裡所說的目的，就是教人要學習「慎獨」，儒家特別講究「慎獨」的修養功夫，《中庸》：「莫見乎隱，莫顯乎微，故君子慎其獨也。」意思是，在最隱蔽的時候和最細微的事情，最能看出一個人的真實內心狀態，所以有道德的人獨處時，或是在別人看不見的時候，也能慎重行事；在別人聽不見的時候，還依舊保持清醒，不會做任何違背道德的事。

這就是要我們能夠時刻注意自己的起心動念，從細微的地方著手，當習慣變成自然的時候，修養也就逐漸養成了。

《書經》說：「天難諶，命靡常。」正因為命運是不確定的，是有變數的，所以命運是可以改造的。一個人不能僅僅只是知命、安命，更要積極的創造自己未來的命。所謂的「命中注定」，並不是一個武斷的定論，而是可以因人的心念作為來改變。是禍是福，不過都是在自己一念之間所隨行的果報罷了。

不燒香、晚起床的後果

宋朝的符仲信家中十分富有，平日喜歡布施，但在三十五歲那年忽然生了病，病情還突然變得危險，病中清醒時還說出了曾到過陰間，遇到了幾位老友向他問道：「恩公！你怎麼會到這裡來啊？」

老友們為他拜求一位冥官，冥官說：「符仲信這個人本來是飢寒的命，因為他喜好布施救濟別人，所以才能夠白手起家；壽命本來可以活到五十九歲，但因為他不燒香，早晨又晚起床的緣故，所以福報壽命已經耗盡了。」

老友們說：「這兩件事只不過是小的過失而已，怎麼會如此嚴重呢？」冥官說：「不燒香，就有不恭敬天地的心；早上晚起床，就有多淫的念頭，怎麼可以說是小過失呢？」

大家聽了，頗為驚奇的看著符仲信說道：「厚德像符公這樣的人，因為這兩件事就被削減了壽命，那麼一般人又怎麼可以隨隨便便的放縱自己呢？」

不久之後，符仲信果真就病死了。

賢德之人都還有做錯事的時候，更何況平日庸庸碌碌、渾厄度日的一般人呢？

破戒與修道

明朝的天台宗王璧如大師，在年輕時就考取了萬曆丙午年的鄉薦，被吏部派任為新淦

縣的縣令。他原本從小就受持不殺生、不偷盜、不邪淫、不妄語的四條戒，後來做了官竟廢除了持戒。

戊午年，他進京城去晉見皇上，途中乘船停泊在蕪湖時，他的魂魄被鬼卒引到了陰間。見到一位冥王坐在大殿上，旁邊有兩位判官坐在左右兩側。冥王叫他的名字，並且斥責他：「王璧如，你的壽命應該只能活到丙辰年的八月，所以還能夠延到今天，都是因為你齋戒功德的力量所致。你為何要放棄齋戒呢？」

冥王說完，就命令手下拿簿冊來給王璧如看。王璧如見他的名字下面，年月時間都有記錄，但到了丙辰年八月就空白了。他看完之後，就向冥王叩頭說：「我在官場上，持齋戒有些不太方便，所以就放棄了，這實在是不得已啊！」

冥王說：「你說的固然有些道理，奈何你的陽壽已經盡了！」說完，就下令驅他入地獄，這時便有許多面目猙獰的惡鬼過來，露出一副要綁他捉他的樣子。此時坐在冥王左側的判官就向冥王請示說：「不妨取王璧如破戒以後的事來查考一下。」

沒多久，獄卒就抬來了兩大箱的檔案，都是王璧如擔任縣令任內的案卷。凡是他寫過的信、公文，和平日隨手寫下的小紙條統統都在，而且都有氣騰上來，有青色、黑色、赤色、白色，都不一樣。

冥王就命令獄卒把它們分類，相同的撿在一處。先撿黑色和青色的放在一起，其次再撿白色的聚在一處，再撿赤色的聚在一起。這時候聚成青色的就隱沒不見了，黑色的則縮小成筷子一般，而赤色的那些則獨獨地赫然顯明；王璧如在旁邊看見赤色的那堆資料，原來是他所刻的《金剛經》、《好生篇》。

獄卒撿聚完畢，冥王的口氣便稍微緩和了下來，並向左邊的判官說道：「嗯！他還知道積德，還有活的理由；那麼，就損壞他的五官，保全他的身軀，讓他活命吧！」說罷就命令獄卒挖掉他的雙眼，放置在大殿的柱子上，目光還是炯炯的明亮。

此時王璧如想到：「我的眼睛已經被挖掉了，怎麼還能夠再看見東西呢？」就在這轉念間，忽然就昏暗了，宮殿判官獄卒也全都不見。後來覺得有人拍著他的背說：「王璧如快走啊！快走啊！」沒一會兒，他就摔了一跤驚醒了。

第二天，他的雙眼就瞎了，隨即棄家修道去了。後來修行開悟，雙眼因而復明。於是王璧如遍遊雲棲博山之門，真參實證，兼行大悲懺法，又再活了十二年。

《左傳》中有一句話：「人誰無過？過而能改，善莫大焉。」能夠挽回造化，所依靠的就是在能改過。所謂：萬般帶不走，唯有業隨身啊！

其過大小有數百事，欲求長生者，先須避之。

這些大大小小過失的事情有好幾百種，希望自己能夠長壽的人，首先必須要避免犯下這些過錯。

自古以來，「長生不老」的夢想一直是人們熱衷探求的目標。據《史記》中記載，秦始皇為了取得長生不老藥，派了徐福率領童男童女數千人，數次出海，卻始終沒有結果。

有些修行的流派期望通過修煉內外丹、辟穀等方法，能夠獲得長生不老。而當今的西方科學家，也不斷嘗試運用新的生物醫學技術，來延續人的生命。這一切的手段作為，都顯示出了人們對於生命延長的渴求。

但是，這些煉丹養生的方式，其實不過只是外在的一種手段，正確的方式還是在個人的內在修為，發自內心的「避過」、「立善」。因為行善事、培養德行對於生命價值意義，遠遠大於肉體生命長短的追求。

一個懂得自我警惕、修身修心的人，就能夠防止自己言行的過失，雖然未必都能個個長命百歲，但「嚴以律己，寬以待人」的修為，對於自己的一言一行都能有所節制，不輕易起妄念、不隨性惡言惡語、少與人計較爭執、廣修善行福德，長年下來，自然也就能夠保持內心的清明澄淨。而一個懂得培福惜福的人，自然也能夠安享上天給予的福祿。

與其追求肉體的長生不老，不如「活在當下」更為真實，老實做人，當一個人一生的修為或是精神是值得被世人所緬懷學習的典範時，才是一種真正的永恆常存。

孟子說：「夭壽不貳，修身以俟之，所以立命也。」是說一個人無論是短命或長壽，都要能夠專注修養自己的身心來等待天命，這才是安身立命的方法。

阻礙成仙的二文錢

有位名叫楊正見的女修行人，潛心於成仙之道，以她修持的功夫，再不用多久，就可以登上真人的果位了。

但是，在她小時候，有一次當她的父母正準備錢要繳稅時，楊正見看到了，就私下將其中的二文錢藏了起來，這是「隱藏官物」的行為啊，所以天帝就下令，貶謫楊正見繼續在人間多留一年。

在我們的日常生活中，總難免會在有意無意間犯下一些疏失，而這些小疏失，卻有可能對自己、甚至對別人造成無法預料的傷害。尤其「說出去的話，如潑出去的水」，言語是最容易傷人的，實在是不能不謹慎小心啊！

善行章

「道」看似無形，卻又彰顯在每個人的所思、所行、所言，若是一切是合乎天理、合乎人心的，就可稱為善道之行。那所謂的「善行」，又是指哪些行為？有哪些值得作為參考依據呢？這篇章中將一一列出這些「善」的具體作為。

是道則進，非道則退。

凡是要做一件事時，先要想一想合不合道理。合乎天道人心的，就持續去做；不符合天道理的，就要避開。

老子說：「人法地，地法天，天法道，道法自然。」人們依據於大地而生活勞動，生生不息；大地依據自然的規律，一年四季寒暑交替，化育萬物；上天依據大道而運行變化，排列時序；而大道則依據自然的本性，順其自然而成就一切。自然，就像春天萌芽、夏天滋長、秋天收穫、冬天儲藏一般，自有一套規律的運行順序，而人生活在這個世上，不論日常起居、休養生息，也都有著共同依循的生存哲理，才能夠在這個世界裡安身立命。

《易經》上說：「君子厚德載物。」大地的寬厚廣闊，所以可以承載萬物。而君子的修為，也要取法大地，修養寬大包容的德行善業，才能夠承擔起生命的重擔。

是非曲直，不過在一念之間。在我們的日用生活中，不論是說話、做事，處處都是學習，都是在考驗著心中的道德信念是不是堅定，是不是足夠支撐我們的漫漫人生，而不偏離道德是非和良善的本性。

《中庸》說：「天命之謂性，率性之謂道，修道之謂教。道者也，不可須臾離也；可離，非道也。」這是要人依循著本性來做人處事，並時時修正過與不及的差別現象，使一切事物都能符合正道。

每晚自省的趙清獻

北宋趙清獻每夜一定會恭敬地焚香，好像有什麼祕密一般。

有人見了，便好奇的問他原因。

趙公回答說：「我從年輕的時候就這樣做了，自己白天所做的事，每天晚上一定會焚香敬告上天。但是，我又怎麼可能什麼事情都能夠做得合乎天道呢？只是做到深刻的自我防範自省，如果有不敢稟告上天的事情，一定不敢去做而已。」

一個人要做到內心想法與外在言行都能夠保持真實不虛偽，並且不計較個人私利，是非常不容易的事。除了要有堅定的道德良知底線，還要有一個包容寬大的心胸。這種心中有所敬畏、有所堅持，才是人性最難能可貴的地方。

不履邪徑。

不走邪門歪道，不做不正經的事。

老子說：「大道甚夷，而人好徑。」意思是說，人們總喜歡放着好好的路不走，而喜歡走歪門邪道。一個人修養身心的第一步，最重要也是最基本的，就是佛家所說的「身、語、意」三種。簡單的說，就是「管住」自己輕浮的行為、「止住」自己虛妄的言語，以及「停住」自己飄渺的念頭。一個能夠隨時守好自己身語意的人，自然就能夠斷惡修善了。

就好比一個人看見別人有錢，心中就起了酸葡萄心理，或僅僅只是憑著眼前的外在表象，就隨意的批評揣測，總是見不得別人好。又或者看到或聽到什麼緋聞醜事，心裡像在看好戲一般，幸災樂禍的和別人閒聊議論。

古代有個叫李退夫的人，隱居在南嶽衡山中，想要尋求一位明師指導他修煉。有一天，他忽然聽到空中傳來下棋的聲音，他抬頭一看，竟有兩個人正面對面的坐在樹梢上下棋，李退夫連忙上前向他們致敬。正當他準備開口向二位仙人詢問修道的事情時，剛好有個女子從旁邊經過。李退夫不由得回頭看了一眼，等他再回過頭來時，二位仙人已經消失不見了。

「心似平原走馬，易放難收」，人的念頭又何嘗不是如此，分分秒秒中無數的念頭生生滅滅，只要一個不留意，心思就不知不覺地飄離當下，任意神遊遐想了。

孔子說：「非禮勿視，非禮勿聽，非禮勿言，非禮勿動。」意思是說，違反禮法的事不要看、不要聽、不要說、不要做。孟子說：「夫義，路也；禮，門也。惟君子能由是路，出入是門也。」義就像是一條路，禮就像是大門，只有君子才能從這條路行走，由這扇大門進出。

一時起色心

北宋的趙抃，從前在西蜀帶兵時，有一天見到一位頭上戴著杏花的妓女，趙抃一時興起，以調笑的語氣對她說：「髻上杏花真有幸？」妓女聽了便接著回應他說：「枝頭梅子豈無媒。」趙抃因此心中便起了色欲。

到了晚上，趙抃便叫親隨的老兵去把那個白天頭戴杏花的妓女叫來。他在屋中左等右等，老兵都還沒有帶人回來，趙抃就有點不耐煩地開始在屋中踱步慢行。

但忽然間，他當下醒了過來，想起了道德禮法，於是嚴厲地對自己大聲地說：「趙抃，不得無禮！」接著馬上派人給那位老兵傳令，要他千萬不可以把那位妓女帶回來。就在這時，只見老兵從屏風後走了出來。

趙抃覺得很奇怪，問他怎麼回事。老兵回答說：「我跟隨你很久了，知道你為人向來正直，今天的事情不過是你一時間生起了邪念。不到一個時辰，你必定能夠清醒過來。」

一個人能夠隨時意識到自己言行的不當，可見平常在心性的修養上一定下了不少功夫，才能夠在不好的意念興起時，守住自己，端正言行。

不受誘惑的董朴

明朝的董朴，居住在家中，他的兒子正在準備參加當年的鄉試，當時負責監考的官員正是董朴的學生，這位官員就提前把考試答案密封起來給董朴，董朴打開信封後，發現了裡面的內容是考試答案，馬上就把它給燒掉了。

並且說：「這種作弊的行為，對上是欺騙君王，對下則是妨礙了真正有才華的人。」

然而，這一年他的兒子最終還是考上了舉人。

心中坦蕩光明的人，對於自動送上門的利益好處，能夠絲毫不受誘惑，雖然只是個人行事正直的堅持，卻也在無形中累積了自己的善業。

不欺暗室。

雖然獨處在隱僻的地方，也要心懷端正，不做違背良心的事情。

陸象山曾說：「人惟一心，起為念慮，念慮之正否，只在頃刻間。若一念不正，頃刻而知之，即從而正之，自不至離道之遠。」這句話在指出，人最重要的活動就在於一顆心，心只要一動，就會成為意念與思慮，意念與思慮是不是純正，只看產生時的一剎那。如果一個念頭不純正，但很快的能夠察覺，並且立刻加以糾正，自然就不至於遠離正道了。

曾國藩說：「一念不生謂之誠。」所謂的一念不生，就是一種發自內心的真誠。《尚書》上也說：即使是聖賢，只要心中生起妄念，也會行為狂亂；即使是狂人，只要剋制欲念，也可以成為聖賢。

我們這一生最大的敵人就是自己，當我們靜下心來，捫心自問的時候，就能夠清楚知道，當我們去欺騙別人時，其實也在欺騙我們自己的良知，久而久之，可能原有的福報就這樣被我們自己消磨掉了！

《大學》：「誠其意者，毋自欺也。如惡惡臭，如好好色，此之謂自謙。故君子必慎其獨也。」是說人不要欺騙自己，要像厭惡難聞氣味、喜愛美好顏色般發自內心，尤其是在獨處的時候，更要誠實地面對自己。

恐驚天上神

王陽明的父親王華，年輕時在一富人家裡教書，由於他的人品佳，學問又好，富人因

而非常賞識他。富人家中沒有孩子，於是讓他的小妾在一天深夜去到王華的房間，並讓小妾給了王華一張事先寫好的字條，上面寫著：「欲求人間種。」

王華不假思索，立刻提筆在字條的後面寫下：「恐驚天上神。」並且辭去了職務，離開了富人家。

隔年，那富翁修醮，主法的道士突然伏地不起，富人非常訝異。道士起身後說：「剛才我送奏章到南天門下，剛好遇到天上在迎狀元榜，因此才久久沒有起身。」富翁好奇地問：「你知道狀元是誰嗎？」

道士回答說：「我不知道姓名，但是狀元郎的馬前有旗二面，旗上有一幅對聯：『欲求人間子，恐驚天上神』。」

不久，王華果然狀元及第，之後官至吏部尚書，兒子王陽明還被追封為候爵，後人都可以世襲伯爵爵位。

一個人的「良知」是源自於內心中自然而然就有的惻隱之心、是非之心。看似簡單，但在現實生活裡，充斥著各式各樣的威脅利誘，要能守住自心不動搖，可見平日修為的可貴。

生死都不變的良德

有位名字叫做京三郎的人，做人忠厚守信用，不欺騙人。

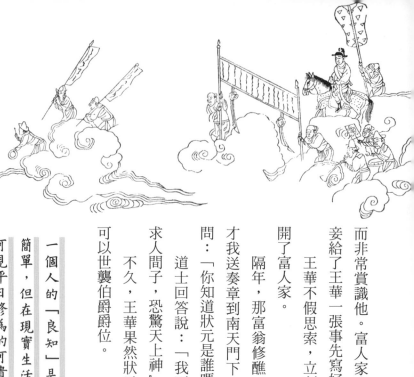

他的一位好朋友病況嚴重，憂心自己的孩子沒有才能，因此私下將千兩的金子託付給京三郎，並且跟他說：「如果我死了，我的孩子一定將會這些錢財任意敗光，等到他快要餓死、走頭無路的時候，再請你將這些錢交給他。」

後來，果然像這位好友說的，他的孩子過得非常窮苦潦倒。於是京三郎把好友的孩子找來，問他說：「你父親是有留下財產的，你的生活怎麼會過成這個樣子呢？」孩子因為心裡有愧，而不敢回答。

京三郎對他說：「我有一些小東西要送給你，但是又擔心你浪費在飲酒作樂的事情上。」這個孩子舉起手發誓說：「如果我真的辜負了您，我就以死謝罪。」

於是京三郎把友人託付的千金取出來交給他，金子上的封印記號跟當初一模一樣。友人的孩子感動地哭泣著說：「我父親死的時候，只說有您善後，沒想到今天還能獲得這些財物，這實在是不論生死都無法改變的良德啊！」

後來，這個孩子自省改過，勤做善事，生活節儉，堅持自己的操守。後來京三郎的孩子也官位做到了宰相。

人與人之間的往來，最重要的莫過於彼此的真心相待、不算計、講信用。「誠信」不只是品行的可貴，更是一種無形的財富，以及一切價值的基礎。所謂「人無信不立」，便是說「誠信」是一個人立足於社會的根本。

積德累功。

《老子》上說：「抱之木，生於毫末；九層之臺，起於累土；千里之行，始於足下。」累積功德就像積沙成塔一樣，是要一點一滴慢慢累積而來的，絕不可能一蹴可成。千里遠的路程都是從邁開腳下的第一步開始，任何事情的成功也都是由小而大逐漸累積而成的。

期望自己一生中能有所成就，卻在過程中怠惰、疏忽，兩天打魚、三天曬網，這是很難成功的。因此，積功德、做善事，要像農夫盼望作物收成一樣的殷切，要像商人追求財富一樣的積極才行。

做善積德並不是一句掛在嘴邊的口號而已，「說而言，不如起而行」，就是要身體力行，踏踏實實、真真切切、不求回報地去行動才可以，如果只是光講好聽的話，可是實際上卻多說少做，做的跟實際付出的不相符合，也就沒有什麼功德可以累積了。

人的一生，時光有限，如果不抓緊時間，做一些有意義的事情，豈不是要虛度了人生這一遭。

孔子說：「譬如為山，未成一簣，止，吾止也；譬如平地，雖覆一簣，進，吾往也。」就譬如堆一座山，還差一籮筐沒堆成就停了，這功虧一簣是自己造成的；又譬如填坑，雖然只倒了一筐土，但堅持不懈地做，也是自己決定的。

累積善事與功德。

去向葛繁學習就夠了

宋朝時期，有一個人在京師看見一雙靴子，正是他父親過世下葬時的物品，那人於是詢問店裡的老翁，靴子是從哪裡來的？老翁回答說：「是一位官員拿來整修的，你可以在這裡等他。」

過了不久，來的人果然就是他的父親。他向父親拱手行禮，他父親卻頭也不回地取了靴子就離開。他跟隨著父親走了一、二里路，身體力竭發抖，才大聲的對他父親說：「我們是父子啊，為什麼你都不說一些教導我的話呢？」他的父親回答說：「你只須要向葛繁學習就夠了！」

於是他便前去拜見當時是鎮江太守的葛繁，說明來意後並問道，怎麼樣才能受到幽冥界的重視。葛繁回答說：「我開始的時候，每天都做一件幫助別人的事情，或是二件、或是三件、甚至是十幾件。至今四十年來，沒有一天停止過。」

他又問：「什麼是利益他人的事呢？」葛繁指著椅子的踏板說：「這個踏板如果擺得不正，就會碰到人的腳，我就將它擺正。又如果有人渴了，我拿一杯水給他，這都是幫助人的事情。這是上自公卿宰相、下到乞丐都可以做到的事，只是做的時間久了，因此有了福澤利益。」

那人當下便明白了父親的用意。

做善事應該是一件自然而然，發自內心，而且不一定得花錢的事情。只要隨時、隨地、隨手就能幫助到他人的事情，都是在做好事。

日日行善的功德

焦公，北宋東京（今河南省開封市）人，三代以來都沒有嫡子（也就是元配所生的兒子），於是他到處訪求隱世高人，向他們詢問其中的因果。

後來焦公遇到了一位年老的僧人，這位老僧跟他說：「你先積功累德，然後再調養身體，三年後到五台山來，我會傳授特別的方子給你。」老僧說完之後就消失不見了。

焦公從此以後就時時給人行方便，默默地行善，施行仁義，廣布恩德，這樣的積功累德過了三年，便前往五台山去拜訪那位老僧，但隔了好幾天都見不到老僧。不久，忽然見到一位小沙彌，手裡拿著一卷書，跟焦公說：「老和尚教我傳話給你，你積功累德已圓滿，等回家之後合藥，至誠恭敬的服下，必定會有富貴的子孫。」

後來焦公果然生了焦員外，但焦員外生的兒子不肖，焦員外悔恨自己到底損德到什麼地步，才會這樣？他也來到五台山，見到的仍然是那位小沙彌。

小沙彌跟員外說：「老和尚教我傳話給你，說你何必來問呢？只要依照你父親焦公的作法去做，認真的積功累德，那麼家中的子孫，愚笨的，自然也會變為賢能；貧窮的，也會變成富有了。」

焦員外聽了回說：「貧窮的，後來變成了富有，這自然是他的命；但是愚笨，是他的天性本就如此，又怎麼能夠改變呢？」

小沙彌說：「從前後周燕山的竇禹鈞，生了五個兒子，剛出生時都是健康不佳，而且還形體不健全。後來竇燕山至誠的積功累德，五個孩子都痊癒了，而且全都考取了功名，這是千真萬確的事實啊！」

焦員外聽了之後，向小沙彌道謝回家，並照著小沙彌的囑咐，認真的去實行，二十年後，兒子不但有了好幾個，而且個個都是貴子！

行善本來就是一件好事，尤其默默行善、不張揚、誠誠懇懇地持續去做，更是功德無量。但同時，這也是一種個人毅力的養成，在日復一日的行善中，便考驗著人心是否輕慢怠惰。

慈心於物。

用仁慈之心對待一切的眾生萬物。

「慈心於物」說的是一個人良善的內在本質，表現在外便是一種無私善心。儒家講惻隱之心，佛法也教人要長養慈悲心。一個人的同情心和憐憫心，是一切仁善的起始，因為心中有了悲憫的善良情懷，才懂得愛護他人、才懂得尊重生命、懂得感恩珍惜。

當今社會，各種層面的亂象層出不窮，有人為了口腹之欲而濫捕殺獵，有人為了謀取非法利益明爭暗奪，種種負面新聞、流言是非，充斥在日常生活中。在這價值觀混亂的世代，出現的種種的現象，都是源自於缺少了一顆慈悲心，一份體諒他人、愛護生命的寬容胸襟，而使得生命失去了人情溫暖。

然而，要養成一個人的仁慈之心，是需要從日常生活中慢慢培養教育的，就像從小教導孩子不可以欺負弱小，要愛護小動物，這都是在引導培養孩子的善良仁厚的品德，透過尊重別人，透過對自然萬物的憐憫，一點一滴地長養出心中的慈悲心。

孟子說：「親親而仁民，仁民而愛物。」擁有一顆仁慈善心的人，必定懂得感恩與尊重，懂得為人設身處地的著想，懂得以同理心對待他人，以慈悲心對待一切生命。

一碗羹湯的善業

北宋的蔡襄喜歡吃鵪鶉。

有一天晚上，夢見一位穿著褐色衣裳的老人告訴他：「將來我受害的時候，希望您能救我一命。」蔡襄問他是誰，老人當下就說：「我只吃了你數粒的小米，卻成了你碗中的羹湯，這一碗羹湯斷了數條性命，食用間卻還覺得不滿足。口腹之欲不過是一時的，禍與福卻已經是交相而至。希望你不要造殺業，生死就好像轉輪，是因果循環的。」

蔡襄醒來後，感到非常驚訝，詢問後才知道廚房中有數十隻的黃鶉，於是就將牠們放生了！

經過幾個晚上後，蔡襄又夢見了老人。老人說：「我已經慎重的向上天請求，賜予你高官爵位。」後來蔡襄果然高中進士，被提拔至知諫院，歷經端明殿學士、封吏部侍郎，謚號「忠惠」。

人難免都有口腹之欲，但是如果只是因為一時的貪嘴，而刻意殘殺生命，沒有一點的悲憫心腸，就是在任意造作惡業了。

柳枝接骨的大夫

康熙辛丑年的會試魁元湯聘，祖籍江寧，向來很尊敬大夫。有一天他病重，夢見冥府

的主官對他說：「你因為嬉戲並惡意的傷害了動物性命，因此將要被關進牢獄裡了。」

這時候，湯聘忽然看見一個人奉了大夫的命令，來引導他出去，所經過的鳳凰臺正是他平日會經過的地方。等到他回到家中，看見一具骨頭已經腐爛的屍體躺在一邊，而一位大夫正在用柳枝幫這個屍體的骨頭重新接好，並且在屍體上遍灑甘露水。之後湯聘便感到一陣涼意，好像從夢裡醒來一般。

後來他便把這件事情寫下來並印製成書，留給世人一個警示。

懂得「尊重」、「敬畏」是人與人之間非常重要的一個基本態度。也許某一天，會在人生的旅程中扮演重要的助力。

忠孝友悌。

忠於國家，孝順父母，友愛兄弟。

孟子說：「人之有道也。飽食、暖衣、逸居而無教，則近於禽獸。聖人有憂之，使契為司徒，教以人倫，父子有親，君臣有義，夫婦有別，長幼有敘，朋友有信。」做人有做人的道理，如果只是吃得飽，穿得暖，安居逸樂，卻不接受教育，不知道禮義，那就和禽獸差不多了。所以聖賢教導百姓做人的道理，使他們知道父子有親情、君臣守禮義、夫婦內外有分別，長幼之間有次第的禮節，朋友間要有誠信之德。

中國儒家教育倡導以「五常」，也就是仁、義、禮、智、信五種的行為準則，用來規範父子、兄弟、夫婦、朋友、君臣之間的關係。人之所以為人，正是因為我們可以透過學習來了解人倫義禮、人與人之間相處之道，甚至是對待眾生萬物的正確態度。

一直以來，社會的亂源來自於人倫的泯滅，因為個人的自以為是，往往做了錯事不知道要反省，傷害了人不知道愧疚，受了他人恩惠不懂得感恩，長久惡習的累積結果，也就慢慢的失去了對人的尊重，失去了良知良善，如此，社會又怎麼可能和樂安詳呢？

孔子說：「君使臣以禮，臣事君以忠。」又說：「弟子入則孝，出則弟。」意思是說，國君應該以禮義來任用臣子，臣子應當以忠心來事奉國君。子弟們在家要孝順父母，出外要尊敬長輩。

如果每一個人都能做到恪守各自的本分，社會自然也就能夠維持安穩和諧了。

事親至孝的楊一武

楊一武，江蘇省武進縣圩橋里人。因為家裡十分貧窮，他是靠著乞討來奉養父母。他乞討來的食物，只要父母親還沒有嚐過，即使再飢餓也不敢先吃。如果家裡正好有酒的時候，他就跪下雙手捧著呈給父母，等到父母接過杯子，他就唱歌跳舞來讓父母親開心，這樣的日子過了十年。

鄉裡的人被他的孝行感動，想要花錢雇他當傭人，但他沒有接受，並且說：「父母年邁，我一天也不能離開他們。」後來楊一武的父母去世了，他乞討棺木來安葬，並且脫下自己的衣服當做殮衣。雖然天氣嚴寒，他赤身忍凍也不顧惜，就這樣露宿在父母親的墳墓邊上，日日夜夜悲傷的哀泣著。之後更是一年四季都去祭拜，從來沒有遺漏過。

孝敬父母是一個人一切德行的根本。然而真正的孝順，不只是行為上的恭敬，更重要的是發自內心的和顏悅色。尤其當父母病老的時候，更加需要我們耐心地、無怨無尤地真心照護。

化解危機的友愛之情

南宋年間，吳興（今浙江湖州）有個富翁，姓莫。年老時竟然讓一個婢女懷了孕，他害怕老婆知道了生氣妒罵，於是將婢女嫁給了一個賣羹湯的。

等到孩子長到十歲時，有一天，莫老頭突然去世了。鄉裡的一幫小混混們認為有機可乘，就跑到婢女家報信，並對婢女說：「大家都知道你的兒子就是莫氏家的孩子，他的家產你們應該也要有一份，你怎麼不回去爭取呢？如果他家不願意，你就去控告他們。」

婢女家沒有錢，小混混們就出點錢給婢女的兒子做了一套喪服。讓孩子穿上後，還教他：「你到莫家你那個老父靈前，只顧大哭、跪拜，做完這些就走。有人問你什麼，你一句話也別說，馬上回家。我們在隔壁等你，就去打官司。」孩子說記住了。

孩子照著混混的吩咐，到了莫老頭靈堂前跪下叩頭，號啕大哭。莫氏家裡人看了都非常的驚訝生氣，想把這孩子趕出去。

莫氏長子看到了，便上前阻止，並且抱起孩子，問他說：「你不是街上賣羹湯家的孩子嗎？」孩子回答說：「是的。」問清原由後，莫家長子帶他拜見母親，並告訴孩子說：「這是我的母親，而我是你的大哥，你應該要拜見一遍。」又一一指著家人對孩子說：「這為是你的大嫂、二哥、二嫂，你也應當要向他們行禮。」然後又指著旁邊其他的人說：「這是你的大姪子和二姪子，你應當要接受他們的拜見。」

拜會都結束後，莫大哥說：「你應該要留在這裡守靈，不要離開了。」接著交代奴婢帶孩子去沐浴，把舊衣服換下來穿上新衣，讓他跟兄弟們睡在一起。之後，他把孩子的母親叫過來，允諾她每個月供給她錢和糧食。

這樣一來，就阻止了那群小混混們的詭計了。

突發狀況往往考驗著一個人的智慧與處理事情的態度。只要心不驚慌，冷靜面對、從容地解決問題、化解危機，這才是真正的聰明智慧。

正己化人。

端正自己的品行，感化他人。

《後漢書》中有句話：「身教者從，言教者訟。」用自身的行動來教育人，別人才能服從；如果只是用口頭上的言語來教育人，即使頭頭是道，也只會多了是非爭辯。

然而，要如何才能端正自己的品行而感化他人呢？有一天，孔子的弟子顏淵請教孔子，怎樣才能實踐仁德？孔子回答說：「克制自己的欲望，讓自己的言語行動都能回歸於禮，這就是仁。如果有一天能夠切實做到克制自己的欲望，使言行都回歸於禮。那麼天下的人都會稱讚他是一個有仁德的人了。實踐仁德要從自己做起，難道還要靠別人嗎？」

顏淵又問說：「請問實踐仁德的條目有哪些？」孔子說：「凡是不合禮的事不要看，不合禮的話不要聽，不合禮的話不要說，不合禮的事不要做。」這也就是我們常說的非禮勿視、非禮勿聽、非禮勿言、非禮勿動。

身教，始終重於一切的言教。就好比在我們的日常生活中，不論是老師教育學生、或是父母管教孩子，如果為人師長、為人父母的人，能夠身體力行、做好榜樣，自然能夠上行而下傚，讓學生或孩子在潛移默化之中，得到事半功倍的教育效果。

孔子說：「其身正，不令而行；其身不正，雖令不從。」在上位的人，如果自身行為端正，不用下命令，在下者也會照他的意旨去做；如果本身的行為不正當，即使是再三下達命令，大家也不會服從尊重的。

潛移默化的教誨

東漢的王烈，擅長教誨人。有一個偷牛賊被主人捉到，他向主人認罪，並請求說：「我寧願被砍頭也不想讓王烈知道。」後來王烈知道後，就派人去謝謝這個偷牛賊，而且還送了半匹布給他。

旁人聽說這件事之後，就問王烈為什麼這麼做。王烈回答說：「這個人怕我知道他犯錯，代表還有廉恥心。我送他半匹布，是為了勸他能夠改過向善。」

後來，一位老人在路上掉了一把劍，有個人在路上看到了，就在路邊一直守著劍，直到傍晚老人來尋回。老人感到奇怪，便把事情告訴王烈，王烈於是派人去打聽，原來那個人正是原先的偷牛賊！

鄉里如果有人發生爭執訴訟，就會去找王烈來主持公道，但這些人有的走到半路就回去了，有的是看到王烈的屋子後就掉頭走了，他們寧願相互推讓和解，自己把問題解決了，也不想讓王烈知道。

教化人心不是一件可以立即收到成效的事情，需要以自身端正的行為作基礎，長期、不斷地以循序漸進的方式，耐心地去教導感化他人，以品德服人，才有可能使人信服並且遵循。

打官司，再思考一下

劉矩在雍邱（今河南省杞縣）當縣令的時候，只要是打官司的人來到縣府，他一定和顏悅色的訓誨他們說：「忿怒是可以忍耐的，但法庭一定不要進去。」並且要他們回去再思考一下。

很多前來訴訟的人，經過他的教誨後，都為之感動，撤銷了告訴。這大大地改善了民間的風氣，使得人民的德行變得寬厚。

所謂冤冤相報何時了？很多時候，憤怒和紛爭往往是因為一時間的不甘心、不能忍。只要願意冷靜下來、多一點思考的時間，必定能夠免去不少爭端糾結。

矜孤恤寡。

憐憫孤兒、救濟寡婦。

大約在南宋中期時，老百姓因家境貧窮，生了孩子之後怕養不起，便把嬰兒扔掉。為了解決這個越來越嚴重的社會問題，便由官方在郡縣設置「慈幼局」。只要是生活困苦的家庭，就可以把孩子送到局裡，有官府的人會記錄孩子的出生年月日，同時還僱請了奶媽來哺育幼兒。如果家中沒有子女的家庭，也可以到局裡認養。

發展到後來，遺棄嬰兒的現象也就逐漸減少消失了。

其實，在北宋崇寧年間，就已經有了福利救濟機構，包括：收養（居養院）、醫療（安濟坊）、公墓（漏澤園）。而居養院則是一個綜合性的收養機構，不只收養孤寡老人、殘疾人士，也收養棄嬰與孤兒。

九百多年前所建立的社會福利制度，在今天看來，已是非常完整的涵蓋了「生老病死」的各個層面。反觀今日層出不窮的社會問題，實在值得我們審慎思考，如何借鏡古人，讓老百姓真正過上安居樂業的日子。

孟子說：「老而無妻曰鰥，老而無夫曰寡，老而無子曰獨，幼而無父曰孤；此四者，天下之窮民而無告者；文王發政施仁，必先斯四者。」鰥、寡、孤、獨這四種人，是社會上最為弱勢的窮苦人，所以周文王施行仁政，一定先憐憫賑濟這四種人。

無私嫁女

北宋太祖開寶年間，鍾離瑾在治理江州的時候，與鄰縣的許姓縣令定下親事，為了準備把女兒嫁到許家，於是買來一位婢女陪嫁。

有一天，婢女拿著畚箕和掃帚來到廳堂前，卻突然的低聲哭泣了起來。正好被鍾離瑾看見，於是問她原因。婢女回答說：「小時候我的父親曾是這裡的縣令，後來不幸和母親都過世了，當時我只有五歲，被差役收養了許多年。現今的官府需要陪嫁的女子，於是就讓我過來。今天因為看到故居，想起了我的父親，所以忍不住感到悲傷。」

鍾離瑾聽了之後，急忙叫來差役詢問，不禁感到憐憫和同情。於是立刻讓家裡人給她換了衣裳，並且寫信給許氏：「我買了一位婢女陪嫁，沒想到卻是前縣令的女兒，我感到非常心疼和難過，不能夠讓她受到屈辱。所以想取消我女兒的婚事，而讓前縣令的女兒先出嫁。」

許氏回信說：「您能夠犧牲自己的女兒，來成全別人孤苦無依的女兒，我還有個小兒子，願意娶她為妻，這樣就兩全其美了。」於是，兩個女孩便一起嫁到了許家。

過了一段時間，鍾離瑾夢見一位綠衣男子前來向他道謝說：「不能讓我的孩子白白受了您的恩惠，我已請求天帝來幫助您。」後來鍾離瑾果然歷任十郡太守，最後當上江淮發運使。

能夠擁有悲天憫人的心腸已經是難能可貴的事情了，更何況還能無私的犧牲自己為別人著想，可見一個人的成功，冥冥之中還是有著福德庇蔭的。

今生來做你的兒子

北宋的尚霖在巫山當縣令的時候，邑尉（縣令之下的官吏）李鑄生病垂危。尚霖因此請對方把事情託給自己，李鑄便請他代為照顧老母親和女兒。

等到李鑄病逝後，尚霖拿出薪俸，護送李母和李鑄的骨灰返回河東老家，並將他的女兒嫁給士大夫。

有一天夜晚，尚霖夢到李鑄哭著對他拜謝說：「您本來沒有兒子，我為了感激您的恩惠，竭盡心力請求天帝，今生來當您的兒子。」就在同一個月份，尚霖的妻子果然懷孕了。

隔年，尚霖卸下官職回鄉，每次在江上遇到危險，必定能看見李鑄隱約站立在岸邊，好像在使喚什麼的模樣。在將要抵達荊渚時，尚霖又夢見李鑄對他說：「我明天就要出生了，官府的長官一定會送你一個小盒子。」

等到李鑄出生時，府公果然送來一個小盒子，裡頭還裝了米，正好用來煮粥，並為他命名為「穎」。

尚穎長大以後極為仁厚，而且非常孝順，官位做到了大理寺丞（大理寺在宋朝是中央最高審判機構）。

矜孤恤寡是一種助人的善行，多幫助人才能廣結善緣，有了許多的善緣，才能左右逢源，處處回饋回來的也都會是好因緣。

敬老懷幼。

尊敬老人、愛護年幼的孩子。

《禮運．大同篇》：「大道之行也，天下為公。選賢與能，講信修睦。故人不獨親其親，不獨子其子；使老有所終，壯有所用，幼有所長，矜、寡、孤、獨、廢疾者，皆有所養。」

真正的理想社會，是將品德高尚、有能力的人選拔出來，人與人之間能講求誠信與和睦。人們不僅僅只是敬養自己的父母，也不僅僅只是撫育自己的子女而已；老年人能夠安養天年、中年人能夠為社會效力、幼童能順利地成長，使年老無妻的人、年老無夫的人、幼年喪父的孩子、年老無子的人和身體有殘疾的人都能得到良好供養。

如果一個人不懂得孝順敬養自己的父母，對自己的孩子也不夠慈心愛護，那就更不用期盼他能如何誠心地對待其他人了。

真正的仁慈和孝順，應當是發自內心、自然而然流露出來的一種人格風範，不虛偽，也不張揚，並且真誠懇切的在日常生活之中實踐。

孟子說：「老吾老以及人之老，幼吾幼以及人之幼。」意思是說，在孝敬自己的長輩時，也要把孝敬心擴及到與自己沒有親緣關係的老人身上。在慈愛自己的幼孩時，也要把慈愛擴及到那些與自己沒有血緣關係的孩子身上。

周不同的托福

元朝時，一位名叫周司的人平日十分尊敬前輩老人，就像對待自己的父母一般。

有一天，周司坐船過江，正好遇到大風浪，船幾乎要翻覆，卻忽然間就平穩下來。直到抵達岸邊時，一位漁翁跟船上的人說：「昨天有人說，今天有一艘船會翻覆，有二十個人溺水，這是因為周不同沒有在船上的關係，這個人一向敬重老人，所以不可以傷害他。今天你們的這艘船能夠倖免，難道是有他在嗎？」

於是詢問誰是周不同？卻沒有這個人。問到周司的時候，周司說：「我就是。因為司這個字少了旁邊的一豎，所以又叫不同。」

今日的社會上有許多年輕人，因為缺乏人倫道德的培養，多半自私傲慢，對於老人不懂得尊重。然而，人都有老去的一天，今天你如何對待他們，來日別人也將這樣對待你。

立法救孤兒

北宋葉夢得在許昌（位於河南省中部）當官的時候，正好碰到大水患，有無數的災民流亡餓死，葉夢得將平常所儲備的糧食全部都拿出來賑濟，因此而存活下來的災民有數萬人，唯獨被遺棄的小孩子沒辦法得救。

於是他詢問身邊的左右副手：「那些家中沒有孩子的人家，為什麼不收養這些被遺棄的孩子呢？」他們回答說：「這些人固然有意願，但是都擔心等到養大了孩子之後，原生家庭便會來將他們帶回去認祖歸宗了。」

葉夢得聽了之後即刻立了法規：只要是災傷被遺棄的孩子，將來父母親都不可以再將他們認養回去。還印製了空白券給百姓，只要是有收養遺孤的人，就明白地寫在空白券上並交給他。因為這樣而得到救助的孩子，總共有三千八百多人。

後來，葉夢得官位做到了尚書，他的孩子也考上了進士。

孩子永遠是最無辜、也是最弱勢的一個群體，因為他們無法養活自己，只能仰賴大人將他們撫養成人。然而，成長的過程中，「教導」是最為重要的一環，尤其「品德教育」更是必須從小培養薰陶的。

昆蟲草木，猶不可傷。

即使是昆蟲、花草樹木，也不要隨便傷害。

高柴是春秋時期著名政治家和教育家，是孔子門下七十二賢之一。他自從跟著孔子學習，出入之間從來不曾違反禮節。走路往來時，腳不會踩到別人的影子，也不殺害蟄伏後出來活動的蟲子，不攀折正在生長的花草樹木。因此，孔子稱許高柴具有：「推己及物的仁愛。」

北宋理學家程頤，有一次給宋哲宗講課，才剛下課，年幼的哲宗一時興起，好玩地將欄杆邊的柳枝給折斷了。程頤見了，馬上嚴厲地向哲宗勸告：「春天正是萬物生長發育的關鍵季節，不應該無故破壞它。」

程頤的本意，是希望年幼的皇帝能夠懂得萬物順時而生，乃至仁愛萬物的道理，希望能自幼培養他將來成為一位仁德君主。可見一個人的仁慈之心是需要從小、慢慢地在生活中逐漸養成的。

一個真正品德仁厚的人，不只是能夠設身處地替別人著想，即使是看似微不足道的小生命，也要用慈悲心去對待，以柔軟心去包容一切的自然萬物。

《禮記》：「草木零落，然後入山林。昆蟲未蟄，不以火田。」古時候，必須等到秋後草木黃落，才可以進入山林砍伐；昆蟲在還沒有蟄居地下之前，也不可以縱火燒野草而獵取野獸。這些，正是以慈悲仁厚之心對待有生萬物啊！

螞蟻來報恩

胡僖，字伯安，蘭溪（位於浙江）人，平日喜愛放生，因此救活了無數的龜鱉螺蚌。

當他到京城參加省試時，借住在姓潘的朋友家。那天潘家的院子裡忽然出現約有數十萬隻的螞蟻群。潘家的小奴僕看見了準備要放火焚燒，胡僖趕緊阻止說：「為了我一個晚上的安眠，就要傷害數十萬的性命，千萬不可啊！」吩咐後便趕緊回到房間去。

隔天入場應試時，他先作了詮釋三書義的文章，一直到深夜才寫好。這時忽然來了一群螞蟻來圍住他的筆端，很久都無法驅逐。後來他又重新改為論述四經義，這時突然文思泉湧，下筆如神，而螞蟻也都不見了。

主考官看了他的文章，稱讚他寫的經義有如神助一般。胡僖心中明白，這是螞蟻來報恩了！

日常生活中，我們難免在有意無意之間就傷了蚊蟲、螞蟻之類的小生命，或是隨意就踐踏了土地上的花草，這些行為其實就暴露了我們平日不夠心慈柔軟的習氣。

槐樹求生

吳世澄與朱廷佩兩個人是好朋友。

明朝成化庚子年間，有一天，吳世澄在夜裡夢見有人在敲門的聲音，他打開門一看，就見到六位留著長鬍子的老人對他拱手行禮說：「我們是陸槐，與朱廷佩長年為鄰居，最近就要被他傷害，您與他是好友，希望您能幫忙調解這件事情。」吳世澄答應了他們請求。

他將這件事情告訴了朱廷佩，朱廷佩卻回答說：「沒有這些人啊！」尋思後才驚訝的說：「我家門前有六棵槐樹，將要被我砍下來建造房子，這六個人難道正是它們的靈體嗎？」後來朱廷佩便放棄了砍伐。

所謂「萬物皆有靈性」，不論魚蟲鳥獸，或是花草樹木，都與人類一樣擁有可貴的生命。我們在學習尊重別人的同時，也要懂得愛護珍惜自然界的一切萬物。

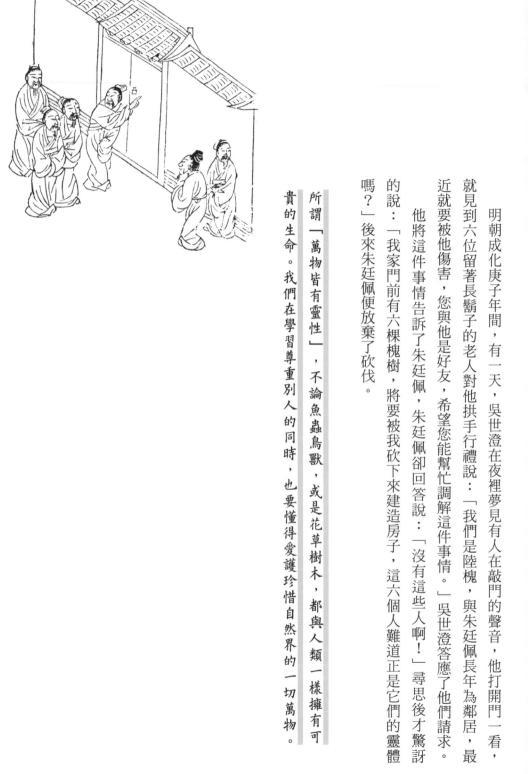

對於遭遇不幸和災禍的人，要有憐憫之心。

宜憫人之凶。

做壞事的人，往往因為自己的惡行而給自己招來了災禍。但是，看到他人正在自食苦果時，也不要幸災樂禍地在心裡說他人「活該」或是「惡有惡報」，我們應當憐憫他，因為他不懂得「福禍自招」的道理，同時如果力所能及，也該藉機勸導對方改過向善。

何龍圖（明神宗萬曆年間解元）說：「凡惡之初作，只因一念之差，未必不可勸禁；惡之既，猶有一念之明，未必不可救解。」。

一個人剛剛開始做壞事時，常常只因為一念之差，未必不能勸說阻止。即使已經做了許多惡事，但是他的心中如果仍保有一股清明的善念，也未必不能救助化解。因此，當我們遇到這些人的時候，不該只是一股腦兒的去指責與怨恨，把他們當作仇人一樣的看待，這麼做只會將那些有心改過的人，推向無法回頭的罪惡之路，要真是這樣，反倒是我們的罪過了。

《詩經》說：「何有何亡？黽勉求之。凡民有喪，匍匐救之。」看到有人受災難，盡心盡力地去救助他們，這是以己之力去做該做的事而已。

曉義樑上君子

東漢的陳實，潁川許縣（今河南省中部）人，曾經當過太丘縣令，他平時待人接物十分公正。鄉里間如果有什麼爭執訴訟的事，都會來找他主持公道。而陳實總是能耐心清楚地將是非曲直的道理說給他們聽，因此都沒有人會抱怨。甚至還有人說：「寧願被刑罰處治，也不願被陳實批評。」

有一年，收成不好，百姓生活困苦，有小偷在夜晚潛入陳實家裡，躲在房樑上。陳實發現了之後，就在夜裡起來，穿好衣服，把子孫都叫過來，態度嚴肅的訓誡他們說：「一個人不可以不自我要求勉勵。不善良的人不一定本性是壞的，惡習往往是因為不注重品性修養而形成的，因此才會走到現在這樣的地步，像樑上君子就是這樣的人。」

躲在房樑上的小偷聽了十分驚慌，便趕快跳下來，跪地認罪。陳實於是語氣和緩地講道理給他聽，後來還送了二匹絹品給小偷。從此以後，整個縣裡再也沒有出現小偷。

做人要懂得仁慈和寬恕，即使是犯了錯的人，也有個人的自尊心，如果能夠「得理饒人」，不僅能為對方保留了顏面，同時也給了他改過從新的機會。

善待犯人的監獄長

北宋時期有個叫張慶的人，官任地方監察，負責掌管監獄。

張慶為人謹慎、潔身自好，而且每天親自打掃洗刷，尤其是酷暑時更會勤加注重，他經常告誡屬下說：「人們犯法進了監獄，就已經是身不由己了。我們這些身為管理監獄的官吏，如果不知道體恤他們，罪犯們還能到哪去訴苦呢？他們的飲食、臥具一定要清潔乾淨，試著對他們好言相勸，如果真的有罪，就要他們自己招認，不要去誣陷善良的人。那些不願意認罪的，就溫和地去感化他們，不需要嚴刑拷打，那些疑難的案子就會水落石出了。」

張慶的妻子才四十八歲，因病而身亡，卻有神明跟她說：「你丈夫一輩子行善，積了很大的陰德，子孫當中會有發達者，你就暫且回去吧！」隔年她便生下了一個兒子，取名為亨。

張慶最後活到八十三歲，無疾而終。後來六個孩子都中第，舉家成為世族。

生命中最大的災禍，莫過於遭遇刑罰，身為官吏，能夠體察人心，並且仁慈地設身處地為犯人著想，不以身分欺壓，還循循善誘地勸人改過，真可說是可貴的仁厚德治啊！

樂人之善。

樂於見到別人所做的一切善事。

《群書治要》中說：「君子己善，亦樂人之善也；己能，亦樂人之能也。君子好人之為善而弗趍（同「趨」），惡人之為不善而弗疾也，不先人以惡，不疑人以不信，不說人之過，而成人之美。」

這是說君子自己德行良善，也歡喜別人德行良善；自己有才能，也歡喜別人有才能。君子喜歡別人行善卻不急切逼迫，討厭別人作惡卻不嫉惡如仇，不先揣測別人品行不好，不懷疑別人不守信用，不對別人的過錯幸災樂禍，而是成全別人的善心善行。

《涅槃經》中，佛陀說只要修持一種善心，就能破除百種惡業；就如同很小的火，能燒盡一切東西。善心不分你我，看到別人所做的一切善事，我們都要能隨喜讚揚，一個人如果是發自內心的真心誠意地去做善事，自然也會樂見他人能夠共襄盛舉，造福更多的人。而不是想到：「別人做善事得到了什麼功德，與我有什麼關係呢？」一旦心中有了計較的心理，那麼所謂的善心也就成了人我分別的計較心，而失去了善行共好的廣大心量。

《孟子》說：「大舜有大焉，善與人同，舍己從人，樂取於人以為善。自耕稼陶漁，以至為帝，無非取於人者。取諸人以為善，是與人為善者也，故君子莫大乎與人為善。」虞舜能成就帝業，其實是得自於「幫助他人行善」，而這不也是一般為人行事效法的準則嗎？

毀書殺生的現世報

宋代的程嗣昌在密州（位於山東）的時候，看見膠西鎮的人喜歡殺生吃肉，不肯做善事。因此在夜裡起床，禮拜北斗星，並許願說：「我想要將家中收藏的《戒殺圖說》，發願為一切眾生，連同七世父母的因緣，將這本書印行布施，用來警示他人能夠悔改。今天正好是真武真君（又稱玄武大帝）下降凡間的時候，希望能夠憑藉聖力，讓這本書流通廣佈。」

一位名叫彭景的人，有一天將這本書恭敬地帶回家中閱讀，他的妻子華氏看到後非常生氣，拿起書就把它扯破，並丟棄到污穢的地方。

隔天，華氏買魚回家，正要處理烹煮時，魚兒忽然跳起來，把華氏的眼睛刺傷，流下來的血則變成了蟲子，在她身上圍繞啃咬。

這件事剛被到處宣傳的時候，監鎮郭向看到一位神明站在他前面，說道：「我是真武，察知這裡有一位程嗣昌的大善人正在印行布施《戒殺圖說》這本書，沒想到彭景的妻子華氏竟然將它損毀，還丟棄在污穢的地方，她這是犯下重大的死罪了。如果還有其他人殺生吃肉而不願意悔改，也是有罪的，就等我下次下凡時再一併施行了。」

看見了別人的善行，本來就應該自省效法，甚至要更進一步積極地將善行善事推廣出去，怎麼可以不僅無動於衷，還去大肆破壞呢？

濟人之急。

及時救濟有緊急需要的人。

救人之急，就好比是雪中送炭。在別人突然遭逢困境，急需別人幫助的時候，及時伸出援手，給予各方面的協助。

北宋的韓琦在益州當安撫使時，曾拯救賑濟了一百九十多萬的饑民，後來在治理河北時，又早逢饑慌，救濟了七百萬人的災民。

富弼為北宋中期的名相，他在青州當知縣的時候，當時附近的河朔縣發生大水患，大批的災民都遷徙到了青州。富弼於是募集了糧食十萬多斛，隨處發放給災民，並且徵集了公家以及民間閒置的房屋十多萬戶，分散安置災民，因而用盡了他的薪俸。次年，麥子大豐收，富弼按照災民原來居住地的遠近，給予他們糧食讓他們返鄉，因此而存活下來的災民達五十多萬人。

人生無常，誰都無法預料什麼時候會有突發事件發生，天災、人禍更是沒有人能夠預知。因此，不論親疏遠近，只要看見他人有急難，不要吝惜付出，要盡自己的力量去幫忙協助，千萬不要事不關己、冷漠旁觀。

《論語》說：「君子周急不濟富。」周急，是為了在他人有緊急突發狀況給予及時的幫助。富人平日生活已是綽綽有餘，根本不需要再錦上添花，平白浪費了資源。

醫者的仁心

張彥明擅長醫術。對於貧窮的患者，他不但不收費，反而救濟他們。有錢的人拿著錢來求藥，他也不計較多少，一定都會多給。只要有人請他外出看診，他一定盡快前去，不計較路途的遠近。

有一次在下著雪的夜裡，張彥明應要求出門去給人看病，受到家人的阻止，他便對家人說：「那位病人已經在床上翻來覆去的無法入睡了，怎麼可以再耽擱呢？」

有一天，城裡發生大火災，四周圍全都被火燒光了，唯獨張彥明家安然無恙。他的後代子孫也都位居高位，揚名於世。

所謂「良醫醫人」，一位好的醫生應當不僅僅只是具有良好的醫術而已，更重要的是不分貧富貴賤一視同仁，以及能夠真心體察病人苦痛的仁慈之心。

冒名贈金

河南書生劉理順，明朝人，多次參加鄉試都落榜。有一次他在二郎廟讀書的時候，聽見有人哭得很悲傷，他就向人詢問緣由。有人告訴他：「那一家的兒子外出經商，七年了都沒有回來，他的母親年紀大了又生活困苦，所以想要將兒媳婦賣給別人，這樣她們婆媳兩人才能活命。昨天有一個商人付了十二兩銀子，今晚這個媳婦就要跟商人南下離開了。

老人與媳婦不忍別離，所以才痛哭。」

劉理順聽了之後，便趕快把他的僕人叫來，讓他回去家裡拿十二兩銀子來。僕人說：「咱們家裡也已經沒錢可用了，只剩下交納糧稅的十幾兩銀子，準備明天早上交到官府去。」劉理順說：「還是趕快取銀子來，糧稅再想辦法去借就好了。」

拿到錢後，劉理順以老婦兒子的名義寫了一封信，信中寫了「我離家七年，已掙了五百多兩銀子，半個月後就可以回到家裡，先給你們寄上十二兩」等等的話，然後找人把錢和信送到這對婆媳的家裡。

老婦人接到信之後，便把錢還給了商人，商人聽到她的兒子還活著，於是收了錢，退回她媳婦後就離開了。

十幾天之後，那個離別七年多的兒子，果然像劉理順在信中所說的那樣，帶著五百多兩的銀子回到家中。母親問了兒子這件事，兒子大感驚訝，只說：「感謝神明可憐，我們全家只能每日跪拜來敬謝天地。」

當年劉理順參加會考，二郎廟中的廟祝看見二郎神親自送他起程，後來劉理順果然中了崇禎甲戌年的狀元。

那戶人家的兒子後來在廟中看見劉理順的詠詩題句，才知道當時的書信和銀兩是來自劉理順，於是帶著全家來向他道謝，劉理順竟然不承認有過贈銀之事。

在看見別人有危難的時候，自身還難保的狀況下，還能夠不顧一切地伸出援手，而且不願意受惠者心中有負擔，這樣的仁善慈悲，老天爺怎麼會不賜福給他呢！

救人之危。

解救遇到危難的人。

所謂救人如救火，在事態緊急的時候，只要稍有延遲，都可能造成更大的傷害。尤其在面對生死攸關的急迫關頭，對於等待救援的人而言，每一秒鐘都是旁人所無法體會、難以忍受的煎熬。

譬如在擁擠的車道中急駛的救護車、緊急趕赴火災現場的消防車，又或是醫院的急診室裡，這些都關係著人命的存活，都是分秒必爭、甚至是在死神底下搶人的緊急狀況。如今卻不時地聽聞在有緊急鳴笛的聲音時，道路上仍然有些車主不會積極地讓開車道，似乎對於他人的危急無動於衷；又或者，有人濫用醫療資源，只是一個小感冒或不舒服就叫救護車，耽誤了真正有需求的病患。

殊不知，這些個人一時行為上的漫不經心，確實有可能釀成他人的悲劇，實在不得不謹慎啊！

所謂「救人一命，勝造七級浮屠」，可見救人性命的功德之大，我們雖然未必能救人，但至少要懂得分辨危急，盡可能的提供協助。

孟子說：「禹思天下有溺者，由己溺之也；稷思天下有飢者，由己飢之也；是以如是其急也。」不是只有在上位者應該存有「人飢己飢、人溺己溺」的救急精神，而是人都該有這樣的心思。

積德延壽的一百串錢

北宋時期，真州（今江蘇南京一帶）有位大商人每年都會到杭州做買賣。當時有一個精通相術叫做鬼眼的人，有一次忽然指著商人說：「你是一個大富人。可惜中秋節前後三天內不能逃脫死亡的命數。」商人聽了十分害怕，便立即啟程返家。

旅途中，船停在揚子江時，商人看見一個婦人在江邊仰天大哭，於是上前問她原因。女人回答說：「我的丈夫是做小本經營的，只有本錢五十串，每次買了鵝鴨過江販賣，回來後算出本錢交給我，然後拿賺的錢買回柴米，剩下的錢全都拿到酒家喝了酒，平常都是這樣的狀況。現在我不慎丟失了丈夫留下的本錢，不但沒有辦法買糧食，而且也一定會被丈夫打死，與其被打死，我寧可沉江而死。」

商人聽後嘆道地說：「我現在被命數困住，假使鑄金可以代替，我就沒有什麼可以擔憂的了。而她竟然要了斷自己的生命，真是可悲呀！」隨後急忙送了她一百串錢，婦人謝過後就離開了。

商人回到家裡，把鬼眼的話都告訴了父母，又與親友訣別之後，就關起門來等待命終。父母、親友都委婉地寬慰勸解，他卻始終不能寬心。

後來過了鬼眼說的時間，商人並沒有什麼其他變故，於是又前往杭州。船隻因為被風阻擋，偶然停泊在之前贈錢的地方，商人上岸散步。正好看見一個婦人背著一個嬰兒迎面而來，並向他拜謝說：「上次承蒙恩人扶救，不久後就生了一個兒子，我們母子二人永遠也不會忘記您的再造之恩。」

商人到了杭州，便到鬼眼那裡拜訪。鬼眼驚訝地看著他說：「你怎麼沒有死呢？」於是詳細地觀察他的形貌氣色，然後笑說：「這是你積了陰德的關係，你一定救過一個女人和小孩的性命。」商人對他的相術很是驚異，於是捐錢給他作為回報。

一念之間的善行，或許只是舉手之勞，卻可能是他人賴以生存的助力。

捨己助人的費璠

明朝的費璠，廣信人（位於兩廣之間），年過五十，在蒲圻縣（今湖北省赤壁市）收徒授課，兩年才返家。

船隻停靠的途中，他到岸上散步。聽到一位婦人哭得很哀傷，於是問她原因。婦人回答說：「我的丈夫欠了公家的銀錢，將要把我賣了來抵償。我如果離開了，年幼的孩子失去哺餵，一定會死的，所以我才如此悲傷。」

他問婦人欠了多少銀兩，婦人說十三兩。費璠說：「跟我同一艘船的人，都是與我同鄉的江西人，我們每個人捐一兩，便足夠解決你丈夫的事情了，你就不要再傷心了。」他回到船上詢問，沒想到同行者沒有一個人願意幫忙，他於是將這兩年學生交的學費全都給了婦人。

費璠還沒回到家，三天後就沒有食物可以吃了，也沒有錢去買米。眾人都譏笑他，有的人因為可憐他而請他吃飯，他也不敢吃飽。直到返回家中，就跟妻子說：「我已經在船上餓了兩天，你趕快煮些東西我吃吧！」妻子回答說：「哪裡有米呢？」

費璠讓她向鄰家借米，可是家裡已經向鄰居借遍了，就等費璠回家後，把積欠人家的給還了，才能再借。

費璠於是把發生的事情說出來。他的妻子聽了之後說：「既然如此，我們有山裡種的蔬菜，可以採來充飢。」於是背上籮筐到山裡採了苦菜來煮，夫婦倆人才算吃了一頓飽。

夜裡，正當費璠熟睡，他的妻子因掛念著明天又沒有東西可以吃，而翻來覆去地睡不著時，突然聽見窗外有人跟她說：「你們今夜採苦菜當飯吃，明年會生下一個狀元兒子。」夫婦倆人於是趕緊披上衣服起身，向天拜謝。

隔年，費家果然生了一個兒子，就是費宏。費宏十九歲中鄉試舉人，成化丁未年中狀元，官至宰相，費璠則受封為吏部右侍郎。

寧可委屈自己，也心甘情願、不求回報地付出，這樣的慈善之心，連老天爺都會眷顧的。

見人之得，如己之得；見人之失，如己之失。

看到別人好的時候，就如同自己好一樣。看到別人失意的時候，就如同自己失意一般。

孔子說：「君子成人之美。」對於他人所做的好事，應當樂觀其成，進而學習效法，而不是見不得人好、心懷忌妒。

宋朝的韓魏公韓琦，一生都以公正平等的心來待人接物，也從來不過分苛求人事。在他當政的期間，有讀書人每天拿著自己的文章來請他指教。凡是他認為好的文章，便會抄錄下來誦讀，並且欽佩地說：「我韓琦趕不上人家的文采啊！」而凡是他認為不好的作品，就會親手把文章藏起來，不讓別人看到。聽到他人做了善事，便歡喜地為人慶賀，並讚嘆地說：「這是個正人君子呀！」聽到別人犯了過錯，便把手放在胸前，嘆息地說：「這人平常很好，怎麼會犯了這過失，會不會是傳話人傳錯了？」

一個人，應該要多想著別人的好，樂於成全別人的好事，對於別人的過錯或所做不好的事情，則要學習寬容對待、加以勸阻，不要去張揚、也不要去助長。人與人之間，如果能夠少一點疏離和冷漠，多一點與人為善的胸襟，自然也能夠少去了許多無謂的爭端是非。

孔子說：「見賢思齊，見不賢而內自省。」意思是，見到賢能的人，就應該主動向他學習看齊；見到不賢能的人，就應該自我反省，引以為戒。

只問第一名

建德縣（位在浙江杭州）的王本立經常說到一件事，就是他在當儒生時，科舉考試過後，正好有分守道（明清時代的官制）的官員來巡視，在儒生紛紛去參見時，說到考試的事情，他只問第一名的姓名，並幫忙補滿參加進學的人數而已，其他的都不過問。

後來分巡道的官員也到了，談論到有關考試的問題時，只問被削職或停職降級的人數而已，其餘的也不多問。儒生們都感到非常訝異，怎麼兩位官員問的問題正好相反。

王本立把當時的狀況記錄了下來，並觀察這兩位官員離開之後，他們的仕途官位會有怎樣的發展。

沒過多久，分守道的官員被晉升到戶部侍郎，兒子也連續被錄取。分巡道的官員陞遷陝西副使，正好碰到安化王之亂（明武宗年間的宗室叛亂），最後被腰斬。

一個真正存心仁厚的人，在他的一言一行之間都會自然地流露出來。只有不間斷的修養品德、積累善果的人，才能夠承載上天賜予的福報。如果德行不夠深厚，即使上天給了富貴榮華，此生也未必能夠善終。

不彰人短。

不去彰揚別人的短處。

東漢的名將馬援，曾經告誡他的子孫說：「聽到別人說是非長短，就要如同聽到人家說你父母的名字一樣，只能耳朵聽，不能嘴上說。」

西漢的曹參擔任宰相的時候，遇到別人犯了小的過錯，常常會替人掩飾。

北宋的韓琦當宰相十多年，每次見到文章上有批評別人不為人知的壞事時，就會立刻親手將它封存起來，不讓別人知道。

這些歷史上著名的將相，因為胸襟寬厚，所以對於別人的過失總是能夠寬容對待。

唐代的《酉陽雜俎》一書中有個故事：段邁有一次路過黃坑，他的一個侍從從地上撿到一個死人的骨頭，骨頭上留有「逃奴」字眼，原來是墨刑時刺字的墨跡滲透到了骨頭上。

段邁在夜夢中，夢到一個用手遮著自己臉面的人，來要回自己的骨頭，並且說：「我感到非常地羞愧，不希望被人看見。」段邁隨即驚醒，毛髮都豎了起來，於是趕快把骨頭給埋了起來。

俗話說：「得饒人處且饒人。」人都有不小心犯過錯時，所以凡事都要學習給別人留些餘地，心存包容與寬恕。

《中庸》說：「隱惡而揚善。」隱藏別人的過錯，宣揚別人的優點，使犯錯的人有改過遷善的機會，而做了好事的人則能繼續發揚光大。

兩隻毒蛇與三隻蜈蚣

唐代宗大曆年間的扶溝（今河南周口）縣令田霽，已經死了一年多，有一天突然出現在他妻子的夢裡。

他跟妻子說：「我生前中了進士，因為自己的自以為是和驕傲自大，喜歡找古聖先賢和當代有名人士的短處，去批評論議，隨自己高興地去寫文章和發表言論，這些都只是因為自己一時興起的作為，沒想到冥府卻因為我造下這樣的惡業，每天讓兩隻毒蛇、三隻蜈蚣，在我的眼、耳、口、鼻的七孔鑽來鑽去，實在是痛苦不堪。一定要滿三百六十日之後才能投胎重生。如今我罪業已經受盡，所以特地來跟你說一聲，我即將要去投胎了。」

所謂的言論自由，並不代表可以在別人背後任意地去議論他人是非，或者說人長短。輕率狂妄的言語是最傷人不見血的一把利刃。

不衒己長。

不炫耀自己的長處。

《老子》說：「自見者不明，自是者不彰，自伐者無功，自矜者不長。」意思是，總是愛自我表現的人，其實是缺乏智慧的；自以為是的人，反而不能彰顯優勢；自我誇耀的人，反而無法建功立業；自高自大的人，成功也不會長久。

一個真正有修為的人，不論是自己的才能，或是擁有的財富，都不會刻意地炫耀張揚，反而是行事低調、為人謙遜寬厚。因此，一個人的品德和氣度，往往比才能和財富來得更為重要，就像《尚書》中所說的：「滿招損，謙受益。」驕傲與自滿會給人招來麻煩和災難，謙遜和虛心則就會讓人受益，得到真正的福報。

《中庸》裡有一段話：「詩曰『衣錦尚絅』，惡其文之著也。故君子之道，闇然而日章；小人之道，的然而日亡。」藉由穿衣的學問來說明，為人行事不要自傲嬌慢，即使才能輩出，也該謙遜對人，這才是有德行的君子。

> 《尚書．大禹謨》：「汝惟不矜，天下莫與汝爭能，汝惟不伐，天下莫與汝爭功。」只要你不要自視太高，世上就不會有人和你比高低；只要你不誇耀功勞，世上就不會有人和你爭搶功勞。

懂得收斂鋒芒的天才

唐朝開元時期的李泌，七歲就能寫文章，十七歲時寫了一首《長歌行》，只要看過的人，

沒有不讚嘆的。

張九齡於是告誡他：「君子將才能蘊藏在身上，等待時機的來臨，才會有所行動，這是古人非常重視的。今日你的讚譽名聲來得太早，未來必定會有折損，你應該要收斂起過於外露的光芒。」

李泌聽了感悟良深，於是哭著向張九齡道謝。從此，不再自我誇耀。後來果然成為一代名相。

只要有優秀的才華在身，就不用擔心被埋沒。在時機真正到來的時候，就能盡情地的展現，實現最好的自己。

遏惡揚善。

掩藏他人的缺點和過失，讚揚他人做的好事。

《弟子規》裡說的最真切：「人有短，切莫揭；人有私，切莫說。道人善，即是善，人知之，愈思勉。揚人惡，即是惡，疾之甚，禍且作。善相勸，德皆建；過不規，道兩虧。」

人都有祕密不想讓人知道，也不想讓人盡說自己的缺失，所以看到別人的缺失之處，就盡量不要揭露出來。一旦過度宣揚別人的過錯，以致對方惱羞成怒，就可能會招來不必要的災禍，也等於是自己做了錯事。最好的方式就是，能夠相互勸勉去做善事，有了過錯也能相互規勸，這樣雙方在品行上才能一起成長。

之所以要掩藏別人的缺點和過失，並不是姑息，而是讓對方不起憎恨，不致惱羞成怒或自暴自棄，而且能夠在反省中自我改過遷善；至於讚揚他人做的好事，則是多多益善，最好讓大家都能一起共襄盛舉，便能夠創造一個和善的社會。

《周易》：「君子以遏惡揚善，順天休命。」有才德的人以天下為己任，所以應當效法太陽照耀萬物的精神，止惡揚善、順應天道，維護社會的和諧和穩定。

對小偷的誓言

明代的劉仲輔，麻城人（位於湖北），是莊襄公劉璲的父親，他從小就很仁慈。

劉仲輔與夫人新婚的時候，家裡還很窮。有一天晚上，有個小偷去他們家偷東西。他驚訝的發現竟然是認識的人。

他對小偷說：「原來是你呀！想必是因為貧窮困窘才這麼做的吧！」於是便拿了幾樣夫人陪嫁過來的首飾給他，並且囑咐他說：「你今天的事我永遠不會說出去的。」

後來他的夫人常常問起這件事，劉仲輔說：「我已經答應了小偷不說出去，你就不用再問了。」

直到劉仲輔過世的時候，有個族人觸摸著棺木，哭得非常哀傷。別人懷疑他可能就是當年那個小偷，只是現在這個人已經改過行善了。

劉仲輔後因子而顯貴，享高壽，後世子孫亦多仕途順遂。

對待做錯事的人，寬容比懲罰更有意義。如果能以循循善誘的勸導方式取代嚴厲的斥責，社會上也就多了一個改過自新的好人。

不敢進門的疫鬼

宋朝的繒雲還是平民時，元旦那天起得早，出門就遇見好幾批的大鬼，樣貌猙獰。繒雲喝斥他們去做什麼？

他們回答說：「我們都是疫鬼，年初要到人間去散佈瘟疫。」

繒雲問：「我家也有嗎？」

鬼說：「沒有。」

縉雲又問：「我家為什麼能夠倖免呢？」

鬼回答說：「你家三代人都積德，看見別人有惡劣的事就制止，看見別人做了善良的事情就表彰。你家子孫都會光耀門庭，我們哪裡敢到你家呢？」鬼說完之後就不見了。

人生無常，有時候一場突然而至的疫病，就讓無數的人生死繫於一線之間。我們應當珍惜眼前的時光，好好行善積德，或許還能倖免於難。

推多取少。

把多的推讓給他人，自己只取少的一份。

佛陀在《遺教經》中說道：「欲望多的人，因為貪求利益，所以痛苦和煩惱也比別人來得多；欲望少的人，別無所求，貪欲少，所以也就沒有這麼的多痛苦和煩惱。一個人如果想要從痛苦和煩惱中解脫，就要懂得知足；而知足的方法，也正是富貴安樂最安穩的所在啊！知足的人，即使躺臥在地上，也是非常安心快樂；不知足的人，即使是處在天堂裡，也一樣不會稱心快樂。」

人一生的富貴貧窮，冥冥中自有定數。屬於自己的，想捨也捨不掉；不是自己的，再怎麼努力爭也爭不來。人與人之間，如果斤斤計較、互不相讓，甚至產生矛盾或仇視，最終只會是兩敗俱傷，誰也得不到好處，與其如此，倒不如吃點小虧，退一步，心寬人也安！

《禮記》說：「君子貴人而賤己，先人而後己，則民作讓。」有才德的人，總是認為別人比自己好而尊重別人，先替別人著想然後才考慮自己。如果人人都能如此，謙讓的風氣自然就會形成。

爭分家產的賢叔姪

明朝張士選是五代時候的人，因為從小父母親就過世了，他的叔父因為感恩之心，就

把他當作親生兒子一樣的撫養。

有一天，叔父對張士選說：「你現在已經長大成人了，我應當將家產一分為二，你一份，我家一份。」張士選聽了回答說：「我不忍心您家的七個兒子才共分一分財產，您可以把家產分做八份啊！」叔父堅持不肯這樣做，張士選也堅持他的提議，最後終於選擇了張士選的意見。

當年張士選十七歲，就被推薦到京城參加考試。有一位精通相學的術士指著張士選說：「今年高中狀元的，就是這位少年啊！」同行的人聽到了，都反駁相士的說法。相士說：「做文章這件事情，我不解，但是這位少年滿臉都充滿著積了大陰德的氣象，所以我才敢斷定他今年必定高中狀元啊！」

果然，張士選當年就考中了狀元。

當今的社會，不只許多名門家族為了爭產告上法庭，就連一般百姓，也常有為了財產互不相讓的事情。為了生不帶來、死不帶去的錢財傷了情誼，真是情何以堪啊！

不分彼此的兄弟

明武宗時期的翰林院修撰蕭與成，和他的弟弟光祿寺署丞蕭與潔，兩人非常的相親相愛，到了五十歲仍然同炊共食，沒有分家。他所賺的錢全部都拿出來共用，不讓弟弟煩憂。

等到所有的孩子都成親了，還為弟弟修繕房子。這些事情讓大家都感到訝異。

為了分家業給孩子們，有一天，弟弟跟哥哥說：「你有六個孩子，我只有兩個孩子，我不希望讓他們去和你的六個孩子均分家業。」哥哥說：「先父的慈愛就跟我一樣，我們兄弟兩人是一體的，沒有什麼好推讓和不能決定的。」但弟弟堅持不受，於是去請示他們的母親，母親決定將十分之四分給弟弟，這件事情才算結束。

後來，這兩位兄弟全都升遷位居高位，子孫大義謙讓的品德也不曾減退過。

兄弟間感情和睦，能相互友愛尊敬，應該是為人父母者最大的安慰了，而這也顯示出了一個家庭所奉行的道德價值觀的傳承與重要性。

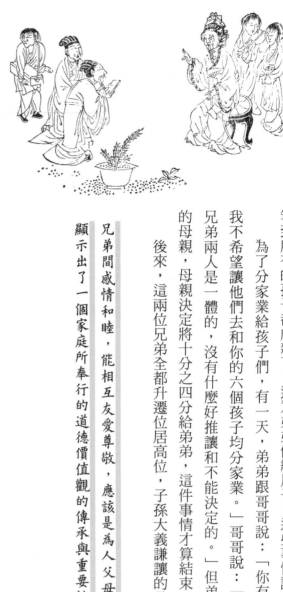

受辱不怨。

雖然受到屈辱也不要去怨恨他人。

忍辱是六度波羅蜜中之一，又稱「忍辱度」，是指能使我們度過煩惱苦海之意。《遺教經》：「能行忍者，乃可為有力大人。若其不能歡喜忍受惡罵之毒，如飲甘露者，不名入道智慧人也。」可見得有大能力與智慧的人，都具足忍辱的功德。

宋朝的名臣富弼在少年時，時常有人罵他，但富弼好像都沒聽到一樣。身旁的人就跟富弼說有人在罵他，富弼回說：「他恐怕是在罵別人吧！」旁人又說：「他是指名道姓的在罵你啊！」富弼說：「天下之大，難道沒有同名同姓的人嗎？他不是在罵我啊！」

具有忍辱功德的人，不忿怒、不抱怨、不懷惡，而能以同理心去轉化當下的情緒，不跟著對方的情緒起舞。當別人找麻煩、對你發脾氣，也許可能是對方一時的情緒失控，遭受到困境；也或許可能是自己哪裡做錯了，惹來了怨氣。不論是處在哪一種狀況，我們都要盡量不讓彼此的情緒無節制地飆升，盡力地去克制自己，以免落入兩敗俱傷的痛苦中。

誠如廣欽老和尚所說的：「忍辱的人福報大，且能消業開智慧。修行就是在修我們這忍耐性，修這種種逆境，凡事要能忍才是修行。」

《尚書》成王告君陳曰：「必有忍，其乃有濟；有容，德乃大。」這是說，唯有具備忍耐性，事情才能成功；而人要有度量，道德才能高尚。

刪稅送米的胡秘校

臨江縣（位於今湖南岳陽）的胡秘校與人在下圍棋，忽然有一個村民用非常凶惡且難聽的話罵人。問他是為了什麼事，他說：「我來算稅賦。」胡秘校請他稍待，那人卻大罵地向前推翻了棋局。

客人氣得無法忍受，胡秘校卻緩和地對那人說：「你是來刪除賦稅的嗎？」那人回答說是，胡秘校於是取來記錄的冊子，幫他把稅刪了，還送了一斗米給他，讓他回去。結果第二天就聽說那人死了。原來那個人為了達到目的，故意服毒前去挑釁，結果無機可乘就離開了。後來胡秘校升遷到二品官員。

對於他人的無理侮辱，能夠忍下來，不與他計較爭論，這不僅是一種心性的修養功夫，也是在積德修福。

忍氣避禍

長洲（位於江蘇省蘇州）的尤翁開錢莊營生，到了歲末年終的時候，有人空手來取之前典當的東西，管理典當的人便不高興地出口罵了人。

尤翁和緩地告訴來人說：「我知道你的用意，不過是為了新年打算，這種小事何必爭吵？」於是讓人檢查了他原來抵押的物品，總共有四、五件衣服。尤翁指著棉衣說：「這

件是禦寒不可少的。」又指著長袍道：「這件給你拜年用，其他不是急需，自然可以留在這裡。」那個人拿了兩件衣服就默默地離開了。

沒想到，那人當天夜裡竟死在別人家中，官司打了一年。原來那個人負債太多，已經服毒了，只是還沒有發作，打算用自殺來訛詐別人的錢財，他心想尤翁有錢，才來到錢莊，既然沒有收穫，就轉移到別人家去了。

尤翁於是跟人說：「凡是別人和你發生不合常理的衝突，一定有所仗恃。小事如果不能忍住，那災禍立刻就降臨了。」

尤翁最後的那句話真是警醒世人！而現代人似乎特別缺乏隱忍的修養，稍微有點什麼不愉快，或者別人有意或無意地冒犯，就氣得火冒三丈、惡言相向。其實，僅是這一瞬間的爆脾氣，已經讓自己身陷怒火地獄了！

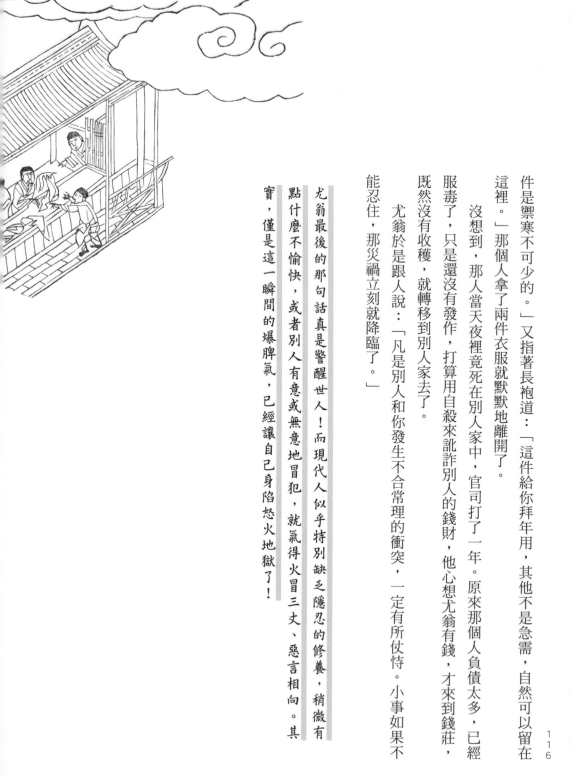

受寵若驚。

受到賞識或寵愛時，要感到戒慎恐懼。

《菜根譚》裡說：「人情反覆，世路崎嶇。行不去處，須知退一步之法；行得去處，務加讓三分之功。」世間的人情冷暖是變化無常的，人生的道路也是崎嶇不平，不可能一帆風順。所以，當我們遇到困難走不下去的時候，就必須明白向後退一步的處事方法。

而在我們事事平順的時候，也更要戰戰兢兢、小心謹慎，切莫因為得意而忘形。因為為人處世唯有學習謙虛和退讓，不論自己再有才華、能力再強，也不要憑仗著他人對自己的讚譽而高傲自滿。懂得謙虛的人，才能夠意識到自己的不足，進而學習別人的長處。

崔瑗在《座右銘》一文中寫道：「毋使名過實，守愚聖所臧。在涅貴不緇，曖曖內含光。」做人最重要的是有自知之明，不要讓自己的名聲，超出自己實際所擁有的才華和能力。

要明白，大智若愚才是聖人所讚賞的。

《書經》說：「臣罔以寵利居成功。」、「居寵思危，罔不惟畏，弗畏入畏。」臣子不要憑仗著君主的驕寵和利祿，而就此以成功自居。身處尊寵的地位時，要想到隨時有危險，對什麼事都要有所敬畏，如果不知道敬畏，就會讓自己落入可怕的境地。

謙卑居安的道理

宋朝的王旦，到了晚年，官位越來越顯赫。

每當他的家人要向他表示祝賀時，他總是立刻予以制止，並且說：「我今天這樣的境遇，只是徒增了憂慮和恐懼，有什麼值得慶賀的呢？」

王旦出使朝鮮的時候，從宮中乘車出東門，百官都來送行，眾人異口同聲的讚美他，王旦謙虛地說：「我對國家實在沒有什麼大的貢獻，因此經常夜不成眠、內心不安啊！」

易經上說：「謙謙君子，卑以自牧。」一個有才德的人，都是以極其謙卑的處世之道，來修養自己的德行。

施恩不求報。

給予他人恩惠，而不求報答。

所謂「樂善好施」，一個真正喜歡做善事的人，不僅願意付出，也樂於去幫助需要幫助的人。然而，布施不僅僅只是生活上的財物接濟，任何層面上的助力，例如工作上的提攜、精神上的開解，都是一種布施的行為。而最難能可貴的，無非是不求回報的仁厚胸襟。

有一次，梁武帝問達摩祖師：「我一生做了許多布施，這樣有功德嗎？」達摩祖師回答他說：「沒有功德！只要有心求回報，就沒有功德可言！」

隋朝時代的李士謙一向喜歡布施，有一年正好碰上連續三年飢荒，他賑濟借貸給百姓，並且設立免費供應的粥鋪，保全了數萬人的生命。

有人因此說：「你積的陰德可大了！」李士謙卻回答說：「陰德就像耳鳴一樣，別人是無法聽到的，現在你已經知道了，那還有什麼陰德呢？」

我們之所以願意幫助別人，應該是發自於純粹的初心，是一種慈愛感情的油然而生，是一種別無所求、不圖他人報答的無私，而不是將助人的善行視為是一種利益的索求，或是無形中懷著受惠者必須回報的情感勒索。

《禮記‧儒行》說：「推賢而進達之，不望其報。」意思是說，推薦德才兼備的人，使他們得到重用，但並不期望得到什麼回報。

餅店女的感念

明朝的太倉（在今江蘇省）州吏顧佐，有一次聽說城外江家餅店店主被誣告盜竊而入獄，顧佐知道江家是冤枉的，就代江氏向官府申訴，經過調查之後，才還了江氏的清白。江家主人出獄後，便帶著他當時年僅十七歲、年輕貌美的女兒到顧佐家：「小民無以為報，願意把小女給您作妾。」顧佐堅持不接受。後來江家因為家境愈益貧困，遂將女兒賣給了一位商人。

過了一段時間之後，顧佐任期屆滿，考試晉級，赴京城在韓侍郎的衙門任職。有一天有事到侍郎府，正好侍郎外出未回，顧佐便坐在大廳的門檻上等候。剛好侍郎的夫人偶然出來，顧佐立刻跪在門庭，低頭不敢仰視。

夫人對他說：「請起來吧！您是太倉州的顧提控（官名）嗎？」顧佐聽了感到驚訝而失神。夫人於是說：「我是江家餅店的女兒，父親將我賣給一位商人；幸虧商人待我如女兒一樣，後來將我嫁給韓侍郎作偏房，後來扶為正室夫人。我常因為不能報答您的恩德而深感遺憾。」

等到韓侍郎返回家中，夫人將這件事情告訴他，侍郎聽了之後說：「顧佐是個仁義的君子啊！」

一個溫良敦厚的人，基本上需擁有仁愛之心、處事得宜合理、堅守人際關係的禮節規範、明辨是非，而這也正完美體現了仁、義、禮、智四者的特質。

菜販移屍

雲間（今上海松江）有一位姓朱的人家，家境小康。

有一年除夕夜，在就寢之前，朱翁去祠堂察看香和供品的狀況，就看見一個小偷潛伏在房樑上。朱翁對他說：「你不用驚慌，我去搬梯子過來讓你可以下來！我想你是因為飢寒交迫的緣故吧，才會在年節的時候落得這樣的地步。我贈與你一千錢，等過完年你去做個小生意，應該就可以維持生活了！今天已經很晚了，你就不用離開了，我家裡有酒和飯菜，你今晚就住在這裡，明日再走吧！」

小偷聽了之後，大感愧疚，隔天天一亮，他十分感激的拿錢離開了。後來小偷去做了賣菜的生意，每次只要經過朱家，總是就會送一、二把菜給他們。

之後有一個多月的時間他都沒有出現，朱翁便去打聽。有人說：「那人受了您的恩惠，又無法報答，所以每天送菜給您，姑且用來表達他的謝意。如今已回報了您的恩德，所以就不再回來了！之前有一個夜裡，有個賣菜的一早經過您家門口，正好看見有個人在您家屋簷下上吊死了，那個賣菜的就趕緊將他解下來，搬到野外去埋了，這件事情您可知道？」

朱翁聽了感到非常驚恐的說：「是的，我聽有說個貧病的無賴想要害我，有一天卻聽說他死在了田野外。我竟然不知道，之所以能夠沒有受到牽累，原來是因為之前積下的陰德助力！」

真誠相助對於已是窮途末路的人而言，可以說是再造之恩了，怎麼可能不隨時放在心上，盡可能的回報恩人呢！

與人不追悔。

贈送給別人的金錢或者東西，就不要後悔。

如果將財物布施出去之後，又突然感到後悔，一心掛念著想要追討回來，或是總記著自己給了別人什麼、給了多少，甚至想著那人都不懂得感恩圖報，這就表示，我們其實是捨不得的，我們的心仍然是貪婪、吝嗇的，根本不是真心誠意的想要去幫助人。

真正利益眾生，是絕對不附帶任何條件的，更不會要求別人的讚歎和感激，所謂「做好事不留名」這才是布施中最難能可貴，也具有最不可思議的功德。

《地藏經》：「施一得萬報。」只有真正無私地、無條件的去布施，因為發心是真誠的、心量是寬廣的，所以積累的功德才會無量無邊。

如果心量狹小，只求自利，做了善事卻後悔，那好不容易發展出來的善根也就斷了，往後要再修得善業，就更不容易了！

人沒有用不盡的福報，所以做善事不嫌多，而且是多多益善。尤其以慈悲和恭敬心，盡己所能的去給予付出，同時以這樣的價值觀教養下一代，代代相傳，必定能夠不斷地植福、培福、積福。

孔子說：「求仁而得仁，又何怨？」一個人求仁而得仁，又有什麼可以後悔的呢？

孟子說：「樂善不倦。」要樂於行善而不倦怠，堅持做好事。

送出裝麥子的船

有一次，范仲淹讓二兒子范堯夫去蘇州運麥子。

當船路過丹陽的時候，范堯夫碰到了老朋友石曼卿（石延年）。當時，石延年家裡死了親人，卻沒錢辦喪事，一直滯留在丹陽。

范堯夫知道石延年的困境之後，就將裝滿麥子的船送給了石延年。返家之後，堯夫還來不及把事情說出來，范仲淹就問兒子：「你在東吳遇見老朋友了嗎？」堯夫回答說：「我在丹陽碰到了石曼卿，他因為親人的喪事，沒錢運棺材回老家，被困在了那裡。」

范仲淹接著就說：「那你怎麼不把裝了麥子的船送給他呢？」堯夫說：「我已經這麼做了！」范仲淹聽了之後心中大感欣喜。

所謂「忠厚傳家久」，比起將萬貫家財留給子孫，還不如將正直、忠厚、仁義等等的良好家風，一代代地傳承下去。

善果章

什麼樣的人才稱得上是「善人」？實踐了善的行為，回應而來的善的果報又有哪些呢？
從「人皆敬之」到「神靈衛之」，也就所謂的「感應」，這裡的「感應」是指一種善循環中，自然而然所「感召」而來的回報。

所謂善人。

能夠切實做到前述所說的種種善行，就是善人。

這裡「善人」的標準是以前面「是道則進，非道則退」一直到「施恩不求報，與人不追悔」所敘述的內容為準則，善人的胸懷坦蕩，內心與日月相映，生活中一切所行皆是積德行善之道，所以不會為自身所做的行為後悔。

所謂「不存事上行不去的心，不行心上過不去的事」，一個人在行事上，不可以存有違背良心的事情，在心上也不可以存有過不去的事。而只要是合乎仁義的事，可以毫不猶豫地去做，否則就要避免，如此才稱得上善人。

有善則精進，有惡則悔改。對於自己的每個念頭，我們要能夠隨時的去省察，清楚的了解自己性格上的不良習氣，然後積極地去改正自身的言行，如此地在生活中確切地去落實，才能逐漸累積修養的功夫。

孟子說：「自己有優點，願意別人跟自己一樣；別人有長處，就向他學習，並且汲取別人的長處來行善。」孔子也說：「三人行，必有我師焉；擇其善者而從之，其不善者而改之。」善者與不善者，都是幫助我們成長的老師，他人的優點是我們學習效法的方向，缺點就是我們引以為戒、自我警惕的借鏡。

孔子說：「善人，吾不得而見之矣；得見有恆者，斯可矣。亡而為有，虛而為盈，約而為泰，難乎有恆矣。」如同佛家所言的「施捨」，旨在教導人去除貪利的心性；所說的「明心見性」，則在遵循天理，遏抑慾望。所以，所謂的善人，便在於修養仁義之道，實踐倫理綱常之本，常存忠恕之心。

生前為善，死後為官

湯星彩在浙江當臬司（監察性質的官職），性格聰慧有涵養，做人誠懇謹慎，向來具有為人長者的風範。

只要是薪俸撥下的時間有誤差，他都會委婉的調解體恤。平常有什麼事情，也不會自做主張，或者受了他人託付，一定盡力把事情做好，只要不是本分以內和來路不行的錢財，即使生活處境困頓，也絕不會拿取。他一生的操守多是廉潔正直、仁慈敦厚。

有一次，他夢見兩位穿著青衣的人，將他帶到一處宅第之中。閻王看見他之後說：「現在的獄府，奉命將記錄編造彙集成冊，需要十名判司。因為你忠厚謹慎積了陰德，已將你列在入選的名冊上，會在未來的某一天將你召來。」湯氏惶恐的敬謝推辭。

閻王說：「陽世以貴賤評斷人，陰間只記錄人的功德。你正是我們選中的，所以不用推辭了！」說完之後，便召來左右使者將湯氏送回人間。

湯氏醒來之後，將這件事情告訴親朋好友，全都沒人相信。等到日期到的那一天，湯氏沐浴更衣，向鄰里告別，並把他的孩子們召集過來一一跪在地上，諄諄地告誡他們為人須重孝悌忠信。

過了一會兒，忽然說道：「帶我走的人已經到了！」於是在合掌念佛中過世了！浙江錢塘人徐熙因此為他立傳。

一個人的品格修養，是在日常生活的待人處事中，一點一滴地展現出來的。虛偽不實的人是無法養成樸實仁厚的心性。

無求於人的生活

杜五郎為人安然淡泊，不慕名利，住在距離縣城三十多里的地方，只有兩間屋。當時黎陽縣尉孫軫，因為仰慕而去拜訪杜五郎，並問他足不出戶的原因。杜五郎說：「我如今已是沒有用處的人了，也無求於人，自己就不出門而已！」

孫軫問他如何維持生計？他回答說：「我從前有半畝的田地與哥哥一同耕種。後來，哥哥的兒子娶了媳婦，這些田地不足以贍養一大家人，就把田地都給了哥哥。我自己帶著妻子來到這裡，正好碰巧有鄉里人把這屋子借給我，我就住在了這裡。起初靠著賣藥和替人選擇黃道吉日，自給自足。後來兒子長大，耕田結束後，又受雇為別人耕種，從此衣食就差不多足夠了，從此之後，擇日和賣藥，這些事我也都不去做了。」

孫軫又問他：「平日裡，你都做些什麼？」杜公回答說：「空坐著而已，沒什麼可做的。」問他看不看書？杜公回答說：「二十年前曾經看過一本《淨名經》，現在已經忘記了，那本書也不知道放到哪兒去了！」

孫軫感嘆地說：「杜公真是個明白事理的人啊！」

貧窮其實是另一種富有。沒有世俗的貪瞋癡欲的人，不慕繁華虛榮、安於樸實知足，看似平凡無奇、無所作為的生活，自有豐足的一面。

人皆敬之。

行善的人，無不受人尊敬。

北宋的大文學家蘇軾曾說：「凡人為善，不自譽而人譽之。」凡是有善心做好事的人，不需要自我稱讚，自然而然就會贏得人們的讚譽。善事不分大小，只要用心去做，都是極大的好事。

老子的《道德經》中也提到：「善者，吾善之；不善者，吾亦善之，德善。」善良的人我們以善良的行為對待他，不善良的人，我們也以善良的行為對待他，這樣就可以得到「善」的良性循環，進而使每個人都能心心向善。

「慈悲不會出於勉強，它就像甘露一樣從天上降下人間，它不但施予幸福給受施的人，也同樣讓施與的人得到幸福。」（出自莎士比亞）當「善良」、「善行」成為一個人自然流露的本能時，人與人之間自然就少了爭端，多了溫暖。所謂「愛人者，人恆愛之；敬人者，人恆敬之；助人者，人恆助之。」人際關係是一種雙向的互動，對人慈善、多做善事，也就能夠廣布善緣。

孟子說：「敬人者人恆敬之。」一個懂得尊敬別人的人，自然也會永遠地贏得別人的尊重和禮敬。

人人敬佩的司馬光

北宋的司馬光從洛陽到京城去晉見皇上的時候，士兵們看到他，就把手放在額頭上，向他行禮，老百姓則是將他攔下來，對他說：「您就不要再回來了，留在京城幫助皇上治理天下，這樣我們老百姓才會有好日子過啊！」

王闢之經過青州的時候，有數千位的村民群聚在一起，踴躍慶賀著說：「司馬光當宰相了，老百姓有好日子過了！」

契丹國聽到消息之後，就告誡族人說：「中國的司馬光當了宰相，我們不可在此時侵犯宋朝邊界。」

司馬光過世的時候，京城裡的百姓都停下了市場上的生意悲傷哭泣，有的人甚至賣衣服來包奠儀，從各地方前來參加葬禮的有數萬人。

一個人如果自身操守端正，行事正直仁厚，自然能夠使周圍的人在無形之中受到感化，並且受到眾人的敬仰。

天道祐之。

上天庇佑有德的善人。

司馬遷曾說：「愛施者，仁之端也。」能夠憐愛別人，樂於施捨，就是實行仁德的開始。

《老子》：「天道無親，常與善人。」自然天道的法則，沒有所謂的偏愛。有德行的善人，之所以能夠得到上天的幫助，是因為他順應天理，無私行善，所以天祐善人。所以，「人有善願，天必佑之」，一個人如果時時刻刻地心懷善念，就必然能得到上天的護佑。

然而，所謂的心存善念、樂善好施、凡事善解，這都是待人處事應該具有的基本心態。人雖然難免有心存私心的時候，但是只要不與人交惡、處處與人為善的初心不變，總會得到他人善意的回應。

《易經‧繫辭上傳》說：「自天佑之，吉無不利。」一個人如果能依據自然規律去為人做事，老天就會保佑你。

穿越惡地也無恙

劉安世，宋朝魏（今山西省）人，字器之。曾經屢次上疏論奏章惇品性不端，不能任用，那時章惇得寵，勢力很大，大家都替他擔心。

不久，章惇掌握了大權，劉安世就被流放到遠處邊地。

當時人們常說：「春、循、梅、新與死為鄰，高、雷、廉、化說著就怕。」（古時有「八州惡地」：春州、循州、梅州、新州、高州、廉州、雷州、化州）而這八個州縣，劉安世經過了七州。雖逢盛暑炎炎，泛海冒險，但是監視劉安世的人一刻也不放鬆，人們都以為劉安世必死無疑，然而他卻逃過了這些災禍危險，安然無恙。

有一個人為了要迎合章惇的意思，就向章惇請示，要把劉安世殺掉。章惇於是把這個人拔擢為判官，這人一路狂奔，直到距離劉安世二十里的地方才停下，準備隔日就要動手。沒想到半夜忽然聽到鐘響的聲音，這人像是被東西擊中般，當場就吐血死了！

真正的忠良之人，寧願不顧自己個人的生死和利益，也不願意和惡勢力妥協。

慈悲心腸救囚犯

馬默擔任登州知州的時候，沙門島關押了很多囚犯，可是官府撥的口糧配額只有三百人，因此囚犯一超過數量，就有人要被扔進海裡。

於是，馬默上奏宋神宗：「這些人既然沒有被判死刑，只因糧食不夠而將超過名額的囚犯投入海中，實在是有失皇恩，請求將那些服刑已久並且表現良好的人移送到登州。」宋神宗聽取了他的建議，因此而救下了無數囚犯的性命。

馬默沒有子女，有一天，他見到頭包著紅布巾、身上披著柔軟披肩的一男一女從天而降，對他說：「我們奉了上天的旨命，因你移送沙門島犯人一事，將要賜你子嗣。」一會兒俩人便乘雲而去。

後來馬默果然得了一男一女，兩個孩子從小就很聰慧。馬默最後官至都轉運使。

真正的仁慈之心，是沒有好人、壞人、親疏遠近這些分別的。一視同仁的慈悲，才是真功德。

福祿隨之。

長壽康寧、榮華財祿，都跟隨著他。

《尚書》中說：「予攸好德，汝則錫之福。」心中存善念、潛修善德，就會得到上天的賜福。

司馬光在《家訓》中曾說道：「積金以遺子孫，子孫未必能守；積書以遺子孫，子孫未必能讀；不如積陰德於冥冥之中以為子孫長久之計。」留財富給子孫，子孫未必能守得住；把書留給他們，他們也未必會讀；不如布施行善，多積陰德，多存善業，子孫才能長久地受到前人的福德庇蔭。

然而，「積德無需人見，行善自有天知」，不求回報、盡己所能的默默地去做好事，雖然看起來好像沒人知道，有些小善行也看似不起眼，但是不論所積累的陰德、所廣造的善業、以及結下的善緣，在不斷地持續累積，就如同春耕、夏耘、秋收、冬藏，等時候到了，在未來的某個時刻，所種下的種種善因，自會帶來應有的果實。

《詩經》上說：「樂只君子，福履綏之。」一位快樂的君子，他能夠用善心或善行，去安撫人或使人安定。因為，君子以幫助別人而感到快樂。

命裡的福祿

宋代的文彥博初次中舉的時候，呂夷簡見到他就讚嘆地說：「這是有大福德的人啊，一定要任用他不可！」

於是文彥博從御使升到待制，直到入朝當宰相，皇帝以宿德重臣，命他六天參加一次早朝、兩個月參加一次御前講習。

契丹的使者見到他，也都拱手向他行禮說：「真是位不尋常的人啊！」

有人出生就自帶福祿來到人世間，有人則自帶了貧苦與災禍。不管過去是帶了什麼而來，或許我們更要問自己，過完這一世之後，想要帶走什麼？

明明白白的兩個元寶

明朝中葉有位周秀才，為人剛正，家中貧困至極，租住在潭子地方的一間屋子。有一天他拆舊灶，在灶台的方磚下發現了兩個元寶。他的妻子大感驚喜，周秀才卻說：「這是不義之財，怎麼能拿呢？」

於是他拿筆在銀子上寫道：「我的財，須是明白來。」然後他把兩個元寶放在衣袖內，到胥門（江蘇蘇州市舊城西）外登上渡船，等船開到河中央時，他就把元寶擲到水中，然後回家。

船夫親眼見到後，馬上叫漁翁到水裡去尋摸。漁翁找到元寶之後，就偷偷藏了起來，騙船夫說沒撈到，於是兩人就大起爭執，告到了太守那裡。太守想要用刑逼問，兩人這才吐露實情。於是，押著漁翁去把元寶取回來。太守見到元寶上有字，就命人收進庫房。

那年秋天鄉試，周秀才上了榜。按照慣例，當地的縣府要舉行小鹿鳴宴，每名舉人的前面都有名牌及銀兩百金。那兩個寫了字的元寶，恰好就在周君的面前。眾人知道原委之後，都感到十分驚訝。後來周君又中了進士。

功名利祿天註定。一個人命裡註定該有的，捨也捨不掉，命中註定不屬於你的，求也求不到啊！

眾邪遠之。

眾邪神厲鬼，都遠離他、避開他。

《左傳》上說：「民入川澤山林，不逢不若。螭魅罔兩，莫能逢之。」進入川澤山林，不會碰到對自己不利的東西，魑魅魍魎這些妖怪也都不會遇到，這樣的人就能夠上下和諧，受到上天的保佑。

唐太宗貞觀年間，西域進獻一名善用咒術的胡僧，他能用咒語使人死去。他給守衛的士兵下咒，士兵就死了；給勇猛的壯士下咒，壯士也死了。太常少卿傅奕認為這是邪術，於是向唐太宗請命，自願讓胡僧下咒。傅奕面對胡僧的咒術，毫無感覺。過一會兒，胡僧卻好像被東西擊中，倒地暴斃了！

所謂「邪不勝正，妖不勝德」一個有德行的人，若是能夠守住心中的正氣，不但能得到天地神明的保佑，即使是妖魔鬼怪也不能夠擾動他分毫。

《詩．小雅》曰：「雨雪瀌瀌，見晛曰消。」滿天飄落的雪花，一見到陽光之後，就全部消融了！

疫鬼也害怕

清代順治甲午三月間，住在晉陵城東的顧成，為兒子娶錢氏女為媳婦，媳婦歸寧回娘家。當時瘟疫正盛行，彼此互相傳染，有的一家數口因瘟疫感染而死去，也有一整條巷子裡，

沒有幾個人存活。情況令人毛骨悚然，不寒而慄，連病人的至親都不敢過問。

顧成先染病，他的妻子和兒子們，一共八人相繼病倒，躺在床上奄奄一息。媳婦聽到訊息，急著想回家，她的父母極力勸阻。錢氏女說：「丈夫娶妻，原就是為了服侍公婆。現在公婆病重，我若忍心不回去，和禽獸有什麼兩樣？我回去很可能也會染病死去，也不敢奢望父母前來照顧。」於是一個人回去。

之後有人看見諸鬼在互相告知：「眾多天神保護孝媳回來了！我們如果不趕快避開，一定會受到嚴厲的譴責。」顧家八口人因此全都保住了性命。

面臨生死危急的關頭，最能考驗一個人的心性。

花妖也怕的人

唐朝女皇武則天的姪子武三思，有一個美妾名叫素娥，為了向眾人炫耀，於是經常大擺筵席，邀請朝中群臣到家中作客。

有一天，武三思約了狄仁傑，在狄仁傑快到的時候，素娥卻不肯出來，武三思氣得對她大呼小叫。素娥於是走到廳堂的一處空隙中說：「我本是花月之妖，狄公正直的人，我怎麼敢出來呢？」

有剛正之氣的人，讓心懷鬼胎的妖魔也得敬他三分。

鬼神也不敢侵犯

明朝時的陳鎰，世代積德，在他還沒有發達顯貴的時候，就經常做善事。蘇州的尊經閣一直以來都有鬼妖在裡頭。有一次，陳鎰在道山亭（今福州）避暑，一個月色明朗的深夜裡，在他半夢半醒的時候，見到群妖在一起喝酒，其中一個鬼卒說：「這個人的骨頭有香氣，可以拿來做肉乾。」坐在上位的鬼妖斥責地說：「他是一位行善的君子，我們怎可以侵犯他呢？」於是眾鬼妖即刻散去。

一個人常行善積德，修到了連骨頭都有馨香之氣，可見德行之深厚。所謂敬人者，人恆敬之，連眾鬼妖都得敬之。

神靈衛之。

神靈在冥冥之中護衛他。

古往今來，凡是積德行善的人，只要遭逢水災、火災、盜賊等種種災難的時候，之所以往往能夠逢凶化吉，多是神明在冥冥中的保祐和庇護，正所謂「心存善念，天必祐之」。

《尚書》也說：「皇天無親，惟德是輔。」上天公正無私，並默默幫助有德的人。

《左傳》提到「惟德緊物」，這是說「德行」才是真正的祭品。如果沒有德行，人民就會不和諧，鬼神也不會來享用祭品了。神靈所依憑的，就在於人的德行。

一個人平日裡求神拜佛，為的是祈求能夠得到神明保佑，諸事順遂。然而，求神拜佛的真正意義，應當是在於去學習諸神佛的精神。譬如禮拜觀音，感應到的是菩薩對眾生聞聲救苦的慈悲心；參拜關聖帝君，感受到祂的正氣，而效法祂的忠義。

透過人性的光輝，而感應神靈的護衛。良善的心，才能真正與諸神佛相應感通，得到保佑。

《詩經》說：「嗟爾君子，無恒安處。靖共爾位，正直是與。神之聽之，式穀以汝。」人們啊！千萬不要貪圖安逸坐享福分，應當要做事恭敬、忠於職守，與正直的人交往、親近有才德的人，這樣神靈才會聽到這一切，賜福給你們。

神龍擋水度險

宋朝的韓魏公（韓琦），有一次他的軍隊從成德移防到中山，在快到沙河的時候，先遣部隊向他回報說：「前面河水突然暴發，大水就快要衝到這裡來了！」

韓魏公說：「我們已經到了這裡，躲也沒有用！」於是下令將士們預備船隻準備渡河。就在一行人陸續登船尚未完全渡河時，河水已波濤洶湧地如排山倒海而來。當時在附近的老百姓都看見了，就在韓魏公剛要渡河的時候，忽然有一條神龍停在河的上游處，把衝下來的大水給攔住了，河水立刻就成了淺灘，讓韓衛公安然渡河。

為人剛直、才德兼備的人，冥冥之中自有鬼神護祐，幫助他度過難關。

將軍顯靈禦敵

祝乾壽在當崑山縣令的時候，施政良好，從來沒有冤枉過一個人，大家都十分稱讚。

明朝嘉靖年間，倭寇侵犯吳中（今蘇州），崑山城被圍困了五十多天，但祝乾壽的安撫和守禦工作做得非常完備。等到倭寇來到，攻入到了西面的城門台上時，祝乾壽拿著石頭和箭站立在瞭望台上，倭寇急著上板登樓，他卻屹立不動。

忽然之間，出現一個拿著斧頭自稱是唐聖的人，砸下了火球和大石頭，倭寇因此死了許多人，於是趕緊撤退。後來祝乾壽想嘉賞這個拿著斧頭的人，卻找不到他。

當地人說：「唐代的時候，有位卜姓將軍名為聖的人，就葬在城鎮的西南角。」祝乾壽沿著線索去找尋，果然找到了，於是為他在山上建了祠堂供人祭祀。

祝乾壽後來官至憲司。

忠將之魂與善良的官，他們心心念念都以百姓家國為重。所以，心念相通，感應道交。

所做必成，神仙可冀。

善人所作的事業，必定會成功，並且可望達到神仙境界。

中國歷史上，從秦始皇、漢武帝開始，不知道有多少人渴望找尋到成仙之道，可惜卻都著重在表面道術上的追求，而沒有真正領悟古聖先賢的訓示，並去實踐。所以道教祖師呂純陽說：「有人經常因為見不到我而感到遺憾，有人每天見到我了，卻又不根據我所說的道理來行事，那又有什麼用處呢？」

《孟子》上說：「得道多助，失道寡助。」一個人做事若是為了眾人著想、符合公理正義，就會在無形中得到他人的幫助；若只是自私自利，凡事都只想著自己，就很難得到他人的助力。可見這個「道」，就是無私利他去行善。

如何能「所做必成」？明朝的蓮池大師曾經說，凡事想要成功，起初一定要有堅定不移的決心，以及積極精進的態度，並且不因為小小的成就而自滿。要持之以恆，不因為順境而迷惑顛倒，不因為逆境困難而自暴自棄，最重要的是，要有堅持永固不退轉的心。一個人如果能夠努力不懈去修善，果報也就自然成就了。

《易經》上說：「夫大人者，與天地合其德，與日月合其明，與四時合其序，與鬼神合其吉凶。先天而天弗違，後天而奉天時。天且弗違，而況於人乎？況於鬼神乎？」品德崇高的人，能夠與天地覆載萬物的功德相契合，能夠與日月普照一切的光明相契合，能夠與春、夏、秋、冬井然有序的時序相契合，能夠與鬼神示人禍福的吉凶相契合。因此，即使先於天象而行事，上天也不會違背他的願望；後於天象行事，就順應天道運行的規律，凡事能這樣做，老天爺絕不會與你相違逆的。

做好事的價格

佘永寧的祖父為歙縣（位於安徽黃山市）人，以販賣木材為生。

有一天，城中有人建議要建造石橋，估計需要花費四千兩。佘公知道後打算自己獨自承擔費用。當時的木材價格剛好是四千兩，可是要買賣的木材還在山上，因為著急著要賣掉，於是他趕著前去處理。等他到的時候，木材價格突然上漲，讓他得以獲利數倍。

石橋完成的時候，所花的成本正好是當初所預估的。

當一個人真心發起做善事的心，便會「感應」天地神明，天時、地利自然而然的就會配合，如同一個人真心要行善，不是也會「感應」世間的善人相助嗎？

白髮老人的秸稈

楊儀為人清廉正直且仁厚心慈。他在當滑州（位在河南）縣令的時候，有一天夜裡，忽然接獲堤岸被洪水沖破的消息。

楊儀擔心老百姓受到傷害，便親自帶著官兵去做防堵工作。正當事態急迫的關頭，突然看見一位白髮老人，載著滿船的秸稈前來幫忙。楊儀大為驚喜，心想老人是有錢的人家。

等到天亮時，水患平息，老人也不見了。

只要是做利益眾生的善事，冥冥之中便有善神的暗中相助。人與人之間的善念，不也是自然而然的「感應」在一起嗎？

來一帖「清涼丹」

宋代的呂誨當御史中丞的時候，忠誠正直的性格朝野幾乎無人可比。

有一天，當他獨坐時，恍惚之間看見一個青衣人給了他一顆藥丸，並且對他說：「這是清涼丹，上帝即日起就要南遊炎州，因為你極為忠誠正直，所以特別指定你前去糾正群仙，那裡特別的炎熱，所以今天先將清涼丹賜給你。」呂誨向青衣人敬拜之後吞下了藥丸，感覺就好像是吞下冰雪一般的滋味。沒過多久，呂誨果真就死去了。

當時朱明復剛考中進士，在湘江遇到呂誨，看見他跨坐在一隻玉角鹿上，左右都有吏從擁護著，朱明復於是迎上前去，問說：「你已經成仙了嗎？」

呂誨回答說：「我這次是跟隨上帝南遊。」還未來得細訴，便隨口吟了一首詩：「功德偶然書玉闕，衣冠無限葬塵埃；我今從帝為司直，更有何人掌伯臺。」說完之後，呂誨人就不見了。

什麼是「清涼丹」？為何說它能清涼呢？一個人如果內心忠誠正直，無愧於心，無有罣礙，不就自然清涼，一如神仙自在嗎？

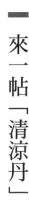

欲求天仙者，當立一千三百善；欲求地仙者，當立三百善。

想做天仙的人，必須要做一千三百件的善事；想做地仙的人，必須要做三百件的善事。

這裡的「欲求天仙」是指透過內心積德、常行善事，自然而然獲得的果報，而不是強求於法術仙丹等事。唐代的藥王孫思邈認為，延年益壽之道首先就是要從修養德行開始，如果不注重道德修養，即使服藥、或是吞食玉液金丹，也是徒勞無功的。

唐宣宗熱衷長生之術，於是找到著名的道士軒轅集，向他討教。軒轅集回答宣宗說：「徹聲色，去滋味，哀樂如一，德施無偏，自然與天地合德，日月齊明，何必別求長生也？」意思就是要宣宗廢止女色歌舞，飲食粗茶淡飯，把悲哀的事與歡樂的事一樣看待，對恩德施捨要不偏不倚，自然就會和天地恩德合一，日月齊明，長生不老的方法，何必再去強求呢？

與其費盡心思嘗試各種健康養生的方法，不如從最根本的「心」的修養開始，身與心是一體兩面相互影響的，所謂心安人安、心善人善。

《尚書》說：「功崇惟志，業廣惟勤。」取得偉大的功業，是由於有偉大的志向；要完成廣大的功業，在於辛勤不懈地努力。

《易經》說：「君子以順德，積小以高大。」君子要能順應道德的發展，日益增進，積少以成多，由細微而至於高大。

一念便修三千功德

漢朝人鍾離把他煉丹的方法傳給呂洞賓，用手指一點，就使鐵變成黃金，可以拿來救濟世上的窮人。

呂洞賓問鍾離說：「變成了黃金之後，會不會再變回成鐵呢？」鍾離回答說：「五百年以後，仍舊要變回原來的鐵。」呂洞賓說：「像這樣就會害了五百年以後的人，我不願意做這樣的事情。」

鍾離教呂洞賓點鐵成金，不過是試試他的心而已。現在知道呂洞賓存心善良，所以對他說：「修仙要積滿三千件的功德，聽你這句話，你的三千件功德已經做圓滿了。」

所謂的「煉丹」，不就是煉心嗎？通過了心的試煉，才有所謂的「丹心」。一個看似不經意的起心動念，很可能深切地影響著未來的一切。

惡行章

什麼算「惡行」？包括了哪些？是否我們也同樣犯過？或有曾經有這樣的心念呢？

本章篇鉅細靡遺詳述了這些心態與行為，如同是一面照妖鏡。為什麼過去古人的例證，他們犯的這些錯誤，也同樣發生在現代社會中呢？可見它也深藏於人性的黑暗之中。

苟或非義而動，背理而行。

一旦人的內心如果違反了道德正義，動了惡念，就會違背天理去作惡事。

大凡所有人事的因果好壞，莫不從起心動念而來，所謂「一念天堂，一念地獄」即是。

因此，一個人要做違背天理的事之前，內心必定會先發起邪惡之念。從這一邪惡之念的引動，才會引導這個身體去造作惡事。由此，在我們有所行動之前的所有念想，實在應該謹慎評估判斷，以免一步錯，步步錯，終至無可挽回的地步。

《法句經》提到：「心為前導，心是主，諸法唯心造。若人以邪惡之心言行，痛苦將跟隨著他，有如車輪跟隨拉車之牛的足蹄。」心是一切行動的前導，心是身體的主人，所以身體是隨著心做事情的，如果以邪惡的心去做事，就如同車輪跟隨著拉車之牛的足蹄，一步一步地印烙在人深層的潛意識記憶中，種下了一顆顆惡毒的種子，未來痛苦的果實也將伴隨著他。

孟子：「自暴者，不可與有言也；自棄者，不可與有為也。言非禮義，謂之自暴也；吾身不能居仁由義，謂之自棄也。仁，人之安宅也；義，人之正路也。曠安宅而弗居，舍正路而不由，哀哉！」由此可知，不行仁義，如同是自暴自棄，內心沒有良知，做事沒有道德正義，如同心沒安居的處所，人生無光明之路，這實是可悲的事啊！

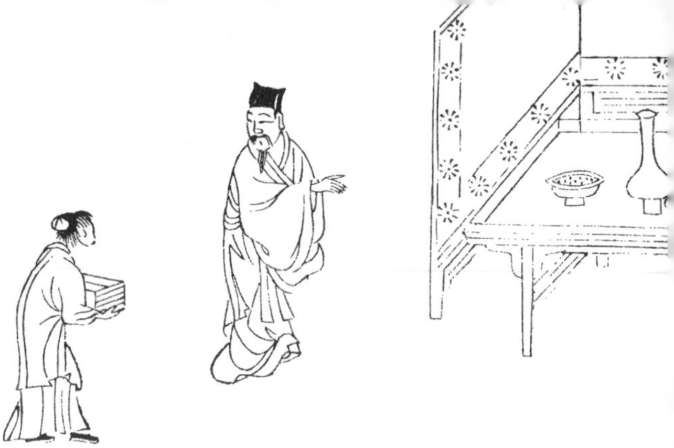

黑心與白心

趙康靖公是宋朝仁宗時之進士，被後世認定是極有道德修為的人。那麼，趙康靖公到底是用什麼方法修行呢？

他就是拿兩著個瓶子，各放置黑豆、白豆。如果是起了一個善念，就把一顆白豆放進瓶子裡，如果動了一個惡念，就把一顆黑豆投到另一個瓶子裡。累積下來，就看瓶子裡是黑豆多？還是白豆多？

剛開始觀察時，可能黑豆很多，但慢慢的白豆會越來越多，這就是時時觀照內心的善念、正念之法。

當心起善念，或當心起惡念，這兩種心念，內心是可以清清楚楚地知道的，我們騙不了自己，所以不妨時時體察自心，看看當下的那個心念為何？

公鐵籠的逼供

唐朝索元禮，發明一種逼供法，叫做公鐵籠，就是把嫌疑犯的頭夾在籠子裡，再用鍥子將籠子收緊，夾到疑犯的頭痛到只能招供為止。如果遇到不肯招供，就夾到腦漿崩裂而死。另一種逼供法，是取橫木綁著嫌疑犯的手足，然後轉動，讓嫌疑犯痛到招供，又稱為「曬翅」。據《舊唐書》記載，索元禮還發明了其他十種酷刑。

後來，索元禮被人告發，他不肯招供，審訊的官員說：「去取公鐵籠來！」索元禮一聽到籠刑，立刻嚇到尿流，什麼都招了。

用種種手段將人逼到絕境，最後也可能逼迫了自己。所以，做人做事，應當留人一條活路，更不可冤枉到善良無辜之人。

以惡為能，忍作殘害。

以作惡事為聰明能幹，一如殘忍的虐殺生命。

《書經．大禹謨》：「好生之德，洽於民心。」這是說人們應該愛惜一切的生命，有仁愛之心，以不殘害生靈為美德。這包括了對自己性命的珍惜，不傷害自己，也不去殘殺其他生命。

但有些人卻常昧著良心，例如將虐殺動物的影片放上網路，讓大家觀賞他虐殺動物的殘暴行為，還炫耀著自己多利害，甚至引以自豪。對待生物尚且如此，何況是對人？於是，常見社會新聞頻傳殺父殺母、虐待兒童、隨機殺人等事件，諸如此類，不勝枚舉。

《老殘遊記》有這麼一句話：「上天有好生之德；天既好生，又是世界之主宰，為什麼又要生這些惡人做什麼呢？」一般人都有憐憫心，即使在路看到貓狗受傷都很想去解救牠們，然而要虐殺動物、殺害人們的人，試想這樣的內心要發起多大的殘暴邪惡的念，才能引導他們作出這樣的行為呢？

在殺害一切生命的同時，可能是瞋恨的心，也可能是貪欲的心，也可能是無知，難道這些過程，不也是一種對自我內心的殘害嗎？

孟子曰：「無惻隱之心，非人也，無羞惡之心，非人也。」這是說沒有憐憫的心，不能算是人；沒有羞恥憎惡的心，也不能算是人。這裡是說人有慈悲善良的本心，不可喪失了這善良的心。

為兒子先掃墓

西漢宣帝南太守嚴延年，為政陰險而殘暴。應當處死的罪犯，他卻釋放了；應該釋放的人，他堅決地殺了。每一年冬季時，他命令所屬各縣把囚犯押解集中，統一行刑，在處決死刑時，都會流血成河，長達數里之遠，所以又被當地人稱他為「屠伯」。

他的母親對這種情況非常吃驚，便責備他說：「你有幸當了官，沒有仁愛百姓，反而大量屠殺人民，以此來樹立威望，這難道是父母官該有的心嗎？」隨後便說要回去幫自己的兒子嚴延年先行打掃墓地。

後來，他的手下上書揭發了嚴延年，漢宣帝派人查實了嚴延年的罪證，證實他對朝廷不滿，還誹謗朝政，於是以大逆不道之罪，處以斬首，並暴屍於街頭。

以殘暴而不仁的行為，又造成他人的冤屈，要以此來樹立個人權威，所累積的卻只會是怨恨不滿，難以得到眾人的認同。

冤鬼來討命

宋高宗紹興年間，福州福清縣人李元禮，任代理縣尉。按當時朝廷制度：「抓到七個強盜以上，便可晉升一級官職。」李元禮為了升官，利用職權，命令下屬去抓一個無辜農民，心想：那不過是個草民，殺了又何妨，於是汙衊他是搶匪，硬是湊足了七人，皆以搶劫財物定罪，並處以死刑。

李元禮也因抓捕盜賊七人之「功」，達到了晉升官職標準，他被安排到京城招待所住了下來，等待上級的安排。但當天夜裡，他就看到那位被他冤枉殺死的農民跟隨在他身邊，要向他索命。他以為自己是官，對方不過是一介平民，能奈他何。但怎麼也想不到：世上真有冤鬼來討命！所以，他極為恐懼，憂愁寡歡。

旁人他問原因，李元禮便把事情全盤說出。那人大驚訝，嘆了一口氣：「神鬼業報之說，寧可信其有，不可信其無；做人還是莫做虧心事！」第二天，李元禮急忙辦完手續，離開之後，以為可以溜之大吉。沒想到才出城，冤魂仍緊緊跟隨。李元禮僅走了一小段路便走不動了，住到了驛站，當天夜裡便病急而亡。

任何人無論貴或賤，我們都應該平等對待。如果只為了圖謀自己的利益，而輕賤別人的性命，冤死人命。這會是真正的功名福德嗎？難道不用償還嗎？以不當手段所取得的一切，恐怕不是我們能估算得了的！

陰賊良善，暗侮君親。

陰險賊害善良之人，暗地欺騙君主與父母。

陰賊就是陰謀計畫賊害他人，這樣的人都是為了貪圖某種利益。一旦泯滅了良知，只為圖謀自身之利，便會陷害善良之人，或暗地裡欺瞞上級和父母，無所不用其極地操弄陰險之事，道道地地成了所謂「暗箭難防」的小人行為。

諸葛亮在《心書》裡就提到「五害」的「小人」，這五種人包括：「結黨相連，毀譖賢良；侈其衣服，異其冠帶；虛誇妖術，詭言神道；專察是非，私以動眾；伺候得失，陰結敵人。」簡單地說，喜歡私底下搞小團體，去譏毀有才德的人；非常奢侈浪費，表面穿戴名牌服飾來炫耀虛榮，好譁眾取寵；或以不實誇大，來製造種種謠言去傷害人；或喜歡搬弄是非，為了自己私利，去勞師動眾；他們常常因為非常在乎意私人的得失利益，便暗地與敵人勾結。

古人以這五點來觀察人，認為這樣的人在團體中，將是混亂的禍根，也是眾人都想遠離的人。

孟子盡心上：「仰不愧於天，俯不怍於人。」這是說我們行事作為都要「問心無愧」，為人處事都沒有違背自己的良心，自然就不會慚愧不安。

三世為娼，七世作牛

李林甫是唐玄宗時的宰相，他雖然表面上總是笑臉迎人，背後卻笑裡藏刀，陰險難測。

對於他所忌妒的人，一律株連殺之，然而，過去當過李林甫的打手的人，之後卻反過來鬥爭他。李林甫最後就在一連串的鬥爭中敗下陣來，鬱抑而終。

據說李林甫末期的時候，見有一個鬼物，毛髮全身、鋸牙鉤爪、眼如電光，還用手打他，過沒多久，李林甫便七孔流血而死。其死後，因謀反罪名遭到開棺薄葬，朝廷下令奪除他的爵位，打斷其棺木，鞭屍其體，將其子孫流放到邊境。

據說到宋孝宗淳熙初年，漢州有一女被雷震死，有紅字寫著：「林甫為臣不忠，陰賊良善，三世為娼，七世作牛，生生世世，永墮水族。」

在暗地挑撥他人是非，無論是造謠或陷害他人，一世所累積的惡業，竟然歷經多世，卻依然相隨！

文昌帝君的告誡

明朝沂州（今山西太原），有一位王用予，他到文昌帝行宮祈福，所以住了一個晚上，晚上就夢到了文昌帝君。夢中王用予躲在柱下偷偷的看，忽然聽到有人傳王用予見文昌帝君。他非常敬畏的爬到台階下，一直爬到帝君的桌前。此時，帝君就對他說：「功名之事，屬於上天祕密，不能隨便洩密。」之所以召他來，是因為他侍奉帝君有真誠之心，十年如一，所以特別為他說因果。

帝君接著說：「你的祖父為人樸實，謹言慎行，有很厚道的品德，也從沒有做過虧心事。

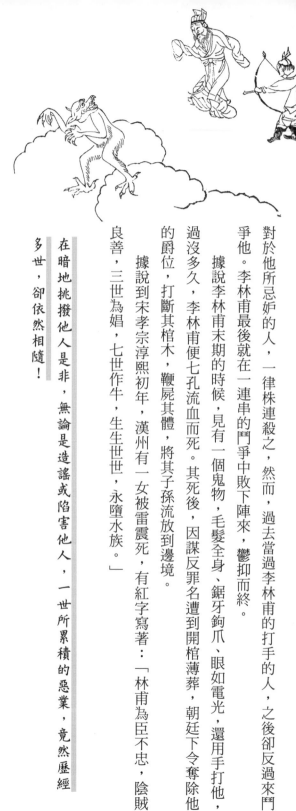

因為祖上積德，原本已經批注你此次鄉榜名列前矛，屬於高中。可是你心中只求你自己的功名，妻子得了病，你求她的病好和白頭到老。可是你從未幫你的寡母祈福，因為你自私自利的心，已經降你兩科，現在變成下榜。」帝君就告誡他，應該好好修德行，多孝慈母親，不要只求自己，要心量廣大，能為天下人求，才能召感好報。

王用予聽了文昌帝君一席話，立刻叩頭謝恩。

父母是子女的福田，為人子女應真心慈孝，應多為父母及一切眾生祈福，並且發廣大無私利他之心。

慢其先生，叛其所事。

輕慢師長，叛逆事奉的長官。

慢其先生，指的是對兄長上的態度傲慢無禮；叛其所事，說的是對長官、領導的忤逆不從。

《論語》說：「見其與先生並行也，非求益者也。」是說後生晚輩不知尊敬前輩長者，一起並肩而行，沒有謙卑求教導，一心只想速成。

《禮記》提到不可以背叛自己所事奉的君主，我們可以選擇使自己榮華富貴，或是選擇貧賤清苦，也可以決定自己在一個職場的去留，但不要去做一些違背良知的事情，例如欺瞞、巧詐等等。破壞了自己的品格和信用聲譽，難道對自己有真正長遠的利益嗎？

對師長輕慢，心中目無尊長，又欺上瞞下，這樣的人，就不會叛逆事奉的長官或企業主，甚至國家元首嗎？如軍官為了謀私益，而出賣國家機密給他國；一個公司的員工，背叛了他的主管或企業組織，將某種專利機密洩漏給其他企業，因而獲得某種利潤。諸如此類都稱為「判其所事」。

有時候欺侮背叛的行為，不僅是所謂的「道德」層面而已，也可能面臨法律制裁，日後也難取信於他人。

禮記曰：「事君可貴可賤，可富可貧，可生可殺，而不可使為亂。」是說為官或任職主管，有富貴、有貧賤，可以留任，也可以辭職，但不要陰奉陽偽，更不要陰險害人，損己德行。

人總有老的時候

楊大年（北宋文學家），在很年輕的二十歲時，就高考中狀元，並與周翰、朱昂為同事，但周翰、朱昂兩人年紀都已經很年長了，楊大年因此時常輕視侮辱他們，周翰想勸誡楊大年，希望他不要再欺侮比他年長的人，畢竟總有一天人人都會老的。

不過，朱昂則搖著頭對周翰說：「你就算了吧！別去勸說他了，你去說他，可能又招來一頓侮辱，如此而已！」果然，楊大年在壯年的時候就往生死了。

想一想，畢竟總有一天人人都會老的，我們自己老的時候，希望別人如何對待我們呢？而尊敬老者是一種美德，這樣的美德仁心，能隨伴著長壽之福。

大狗的復仇

袁粲是南北朝時劉宋官員，因為不願歸順蕭道成，而有心復興宋室，他又將密謀告訴了褚淵，導致密謀計畫外洩，引發了殺生之禍。

當時殺手竄出，舉刀猛砍，命終時，袁粲對他的兒子袁最說：「我終於忠臣，你終於孝子。」父子就這樣同時被殺。

之後，袁粲的一個小兒子才幾歲大，他的乳母帶著這小兒去投靠袁粲門生狄靈慶。沒想到狄靈慶卻說：「我已經聽說，只要獻出袁粲的兒子，就可以領到重賞，如今袁氏已滅亡，

你還要為誰藏匿這小兒？」於是抱兒舉發自首。

小兒的乳母哭號著說：「想當初，袁公對你是有恩德的，所以我才冒此險難來投靠你，沒想到，你竟然想要將公子殺害，以謀求小利。天地鬼神如果有知，我一定也會看到你滅門而絕。」

果然，袁粲小兒子死了之後，狄靈慶便常常看見一兒騎著大狗，如平常一般玩耍著，只是經過一年之後，忽然一隻狗闖入他家門，就在大庭院的地方咬死了狄靈慶，沒過多久，他的妻子兒女也都相繼過世。聽聞這隻狗就是袁粲小兒子平常騎的那一隻。

我們常常在每一個當下的抉擇，會面臨兩難，有時候或許是因為不想為自己招來麻煩，而拒絕他人的求救，但對於那些人對於我們曾經有過恩德的人，難道就能利而忘義嗎？

誑諸無識，謗諸同學。

欺騙一般無知的人，毀謗同學。

這裡提到了屬於「言語」上的過失，如欺騙、毀謗等等。其中「誑諸無識」就是指欺騙一般無知的人，例如那些層出不窮的詐騙事件，盜用帳號以及人頭帳戶等等，這是一些奸詐狡猾之人，利用自己聰明才智，對無知的民眾進行一連串誘拐詐騙之術。這種「誑騙」也遍及一些商業上的不實欺騙，或者是人與人之間為了圖私利益，所進行的種種騙術，透過語言或行為，根源是「欺誑」的邪心。「無知」的人也可能是心地善良的人們，一時遭受到蒙蔽與損失傷害。

「謗諸同學」則是毀謗同學的意思，如現代所謂的「網路霸凌」或稱網路暴力，這是通過網路信息，針對他人惡言語的重複攻擊行為，使他人受到謠言毀謗。這種霸凌也常發生在校園或職場團體，如同學、同事之間的語言攻擊，帶有歧視意味的嘲笑或殘酷的批評，種種冷嘲熱諷常常會令人當事人極為難堪，甚至痛不欲生。惡語言的背後，可能是忌妒的心，也可能是瞋恨的心。

社會事件中，便有因為長期處於這樣不堪入目的網路言語霸凌，自殺而死的案例，可見語言就是一把鋒利的殺人劍。所謂「說者無心，聽者有意」，所以，我們切不可小看了語言的殺傷力。古人說：「言多必失。」即勸人謹慎語言。

《論語》：「先事後得，非崇德與？攻其惡，無攻人之惡，非修慝與？」

孔子要人做好自己該做的事，多多反省思考自己的惡，才能提高道德修養，去除種種邪念。而既然能成為「同學」群聚再一起，自應情同兄弟姊妹，而心存責善回護的情誼。如果自我驕慢，待人無真意，僅有譏謾辱罵，更如仇人相待，口中雖稱「同學」，不等於自我貶損嗎？

誤人子弟的老師

明朝萬曆年間，一位京口張某，雖有文才，但考試七次都未入選。他希望能在夢中得到一些指點，所以到文昌殿去借宿。

當夜，他就夢見文昌帝君非常忿怒地斥責他：「你不用埋怨你的際遇。事實上，你的命運全都是你自己造成的。上天懲罰你的時候也到了，你還在期望自己高考中科舉嗎？你回憶這十五年來，那些人家聘請你為導師，你不僅未認真教學，所傳授內容也抵不上收入的十分之一，你都只是隨意圈改一些文字，以此欺瞞學生家長。學生玩耍嬉笑，你只是姑息，還在他們家長面前誇獎這些學生。家長還以為學生很長進，因此對你感激不盡，殊不知全被你欺騙，俸金還給你很豐厚。你吃的穿的都很豐足，你卻不想一想，這些財物是怎樣來的。你召學生到你的塾館，竟然讓他們聚集賭博，誤人子弟！這樣夠資格當一位老師嗎？理應受嚴厲責罰！」

張某自夢中驚嚇而醒，從此不敢出門。有一天，他的學生急匆匆跑來說：「某某學生因為賭博打架，已經被另一學生打死了。」張某因此失職，還被傳訟官司，他蒙受刑罰與羞辱，也花光了所有錢財，最後鬱悒而終。

我們可以常常反省自己：對於所擔任的職位是否盡心盡力？是否無愧於自己所領取的這份俸祿呢？有沒有任何的欺瞞？

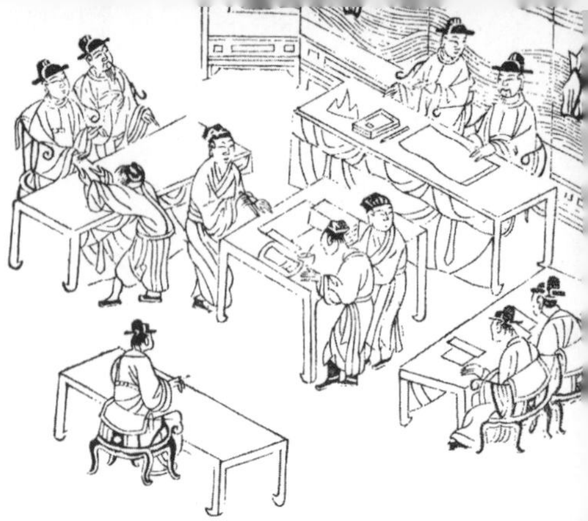

考場的檢舉

宋朝三山秀才的蘇大璋，是以研究《易經》而聞名。有一次，他參加鄉試，夢見自己高中舉人，便把這夢告訴了學友。這學友也和他一同參加考試，覺得自己的學問比蘇大璋好，怎麼他會夢到入選，內心因此非常嫉妒，就向監察官投訴蘇大璋與某考官勾結行賄，私約入取為第十一名，受賄無疑，希望主考官能追查此事。

發榜時，還沒看到考生的名字，上面果然是一篇有關於《易經》的文章，監察官於是拿出檢舉信函給所有的考官看，說道：「如果這個檢舉揭發屬實，那麼各位先生要怎樣解釋你們的評選結果。」於是他們討論抽出另一份試卷，去取代原來的第十一名。

等到榜名揭曉時，原名一拆開，主考官們也大吃一驚，被換掉的竟然是蘇大璋的學友，而被換上的人，正好是蘇大璋。蘇大璋就因禍得福被取為第十一名，第二年又考上進士，而他的這位學友回鄉後便鬱鬱而終。

一個常常喜歡隨意造謠毀謗的人，最後的損失到底會是什麼？所失去的很可能就是別人友對我們的信任，並失去原本可以獲得的機會。

虛誣詐偽，攻訐宗親。

虛假詐騙誣陷他人，對自己的親屬批評攻擊。

「虛誣詐偽」就是在言語上不誠實，「攻訐宗親」是以言語攻擊自己的親人。在十惡業中，「口業」就有四項嚴重的過失：妄語（說謊）、兩舌語（離間他人）、惡口（攻訐罵人）、綺語（花言巧語或無益之語）四種。虛假詐騙誣陷他人就是說謊，對自己親屬批評攻擊就是惡口等等，這都是犯了語言的過失。

為什麼語言會不誠實呢？很可能是想貪圖利益或自誇炫耀，或是害他。攻訐他人，主要是想用語言傷害對方的意念，這是惡心。

而聖者，祂們常修的口德就是誠實不欺、不害。佛典《大智度論》中便有一短故事可作說明，當初佛陀遇到一個存心來刁難佛的外道師，不相信佛陀所說的話，佛陀便吐出廣長舌相，覆蓋整個面孔，直到髮際，反問婆羅門：「有這種廣長舌相的人會不會說妄誕的話？」佛陀所現的是一種因為從不說謊騙人，常說誠實語所得到的廣長舌相果報。於是，這位婆羅門說：「如果有人舌頭伸出來，能覆蓋鼻子，就是誠實不會說謊的人，更何況您的舌頭還能伸到髮際，我相信佛所說都是誠實的語言。」於是婆羅門向佛陀跪拜。

由此可知，修持誠實語的人能常常受到人們的尊敬與重視。所以古人說：「一言九鼎。」切不可小看口業的過失。

《論語》：「人而無信，不知其可也。大車無輗，小車無軏，其何以行之哉？」這是說人沒有信譽，不知他還能做什麼？就像是車子沒有車軸，如何能啟動呢？可見信用的重要。

水火不容的狀詞

清宋楚望所編輯的《公門果報錄》中有一則典故，說有一位永福縣的吏官薛敷，他擅長於文字，但因心術不正，專門寫一些憑空捏造的狀詞，把無理的改成有理，將有理又說成無理，讓有罪的掩飾成無罪，使無罪的又被傷害，他以此蒙騙世人，長期就用這樣的方式來致富。

有一天，有一位道士鄭法林建醮起壇，神降下了上帝所批示的內容，指薛某的狀詞捏造不實，欺上瞞下者，家中會有火災之禍，他的人會遭到水災之害。

果然，不久之後，薛敷渡江時，不幸遭遇水患，溺斃而死，接著，他的家也起了火災，屋內燒成了灰燼。子孫財產被竊盜，女子淪為娼妓。

持筆如持刀劍，筆劍可行俠仗義，亦可傷害人，乃至於可以殺人，如水可載舟，亦可覆舟，應當謹言慎語。

兄弟攻訐

在晉代有一對臧成翰兄弟，他們彼此相互懷著忌妒與仇恨。當時臧成翰為監司官職，在家中為父母守制。而同一宗祖的胞弟臧冏翰，則是做待詔官，他就在朝廷裡造謠臧成翰在居喪期間的種種不守法規情況，臧成翰因而被免去了官職。

官途的險惡，乃至於同族的兄弟之間互相攻訐，這是時有聽聞的事，卻也都是背離了該有的倫常道德。

有些人企圖想用語言去攻擊傷害別人，但批評別人的同時，難道不會給人不好的觀感嗎？最後就不會反而傷害了自己嗎？

剛強不仁，狠戾自用。

對待人蠻強、凶狠、暴戾，又剛愎自用。

一個人性格如果太過剛烈、蠻橫，沒有仁慈、寬恕之心，有時候很可能會因為暴躁的脾氣，或自以為是，不聽從勸言，也會使得原本的一些小事變成很大的罪過。

《高士傳．商容》記載，商容生病，學生去探望他。商容開口問學生說：「你看看我的舌頭還在嗎？」學生說：「還在。」商容又說：「那你再看看我的牙齒還在嗎？」學生說：「已經沒有了。」商容對學生說：「這樣，你能明白其中的道理嗎？」學生說：「剛強者容易消亡，而柔弱者容易生存。」商容說：「如此，做人的道理也都在這裡了！」

這是說，做人要謙卑柔軟，這才是生存之道；太過剛強、凶狠，自大傲慢，又無法聽他人的勸戒，只是走了向衰亡。

《論語》：「勇而無禮則亂。」雖然有的人勇敢有擔當，敢作敢為，勇往直前，但有勇而沒有禮節制度，整個秩序破壞了，就會造成種種亂象叢生。同樣的，一個人行事沒有章法，沒有智慧，也難以成事。

閻羅催到

宋朝有位張汝慶，他擔任刑官職位時，每次在審問囚犯時，都不管三七二十一，無論犯罪或輕或重，他就把所有刑罰都加諸在這些犯人的身上，以求他們招供，所以人稱他為

「打一套」。而被接受質詢的犯人，就稱他為「閻羅催到」。

後來他在任期做滿之後，正要返鄉的路上，當時所有的船隻都暫停了，他晚上夢到了好幾百個人，那些人頭破裂、腿斷掉，一個一個過來圍繞著他，向他索命。回到家之後，他竟然在白天也能看到厲鬼，以致最終他被嚇得七竅流血而死。

得饒人處且饒人，並非每一個人都是罪犯，也不是每一個人都故意去犯罪，所以要多留給別人一些解釋的機會，才不會冤枉了人。

索命的惡毒蜘蛛

在蜀國有位御史陳潔，他為人極為狠毒。在罪刑的判決上，更是極盡苛薄地對待一切罪犯，也不管是否有冤屈，短短十年內，在他手中定案成死罪的人，就多達千人以上。

有一次他去避暑，在路上的街亭看見一隻蜘蛛懸絲掛於面前，就用手去承接，結果那小小的蜘蛛瞬間突然變成了一隻大蜘蛛，一直咬著他的中指不肯罷休。他用力把蜘蛛撥到地上後，那蜘蛛又馬上轉變成一個厲鬼，並且大喊：「我要向你索命，還我命來！」陳潔萬分驚訝，中指的傷口也慢慢擴大，漸漸變成一個瘡，痛苦不已，就這樣，十天後便死亡。

刻意以惡心去定罪他人，使他人心生怨恨，怨恨就像是蜘蛛有毒素可以傷人。人的毒心與蜘蛛的毒素，於是相互感應，成了一種「惡」的循環。

是非不當，向背乖宜。

對於是非對錯，判斷不當，又背離正確的方向。

當一個人個性剛強、傲慢，又缺乏判斷是非的能力，不聽諫言，便很容易偏離正確的方向，走向滅亡的道路。這裡的「是非不當，向背乖宜」指是判斷失當，導致抉擇方向錯誤，這樣的問題常發生在剛愎自用的情況。

所以，在日常生活當中，我們遇到與他人意見不同的時候，可以試著暫時放下自己的觀點，多聽聽對方的意見，嘗試角色的轉換，去了解事情的全貌，讓自己有多角度的思考。

其次，在是非對錯與方向選擇的判斷上，當我們與人發生分歧或爭執時，可以先暫停一下，彼此冷靜下來，重新思考：為什麼別人的想法會如此？自己為何與別人想法不同？他們是否全然毫無道理呢？多心傾聽別人的話，或許從不同角度看同一件事，會得到不同的理解。特別是在裁斷時的權衡，如果決策都攸關群眾利益，其影響重大，需要謹慎再三思考，謙卑柔軟，對意見或是思維觀點不同的人，用「停、看、聽」去接納，有助於我們平衡思考，運用在自己人生道路的抉擇也是如此。

子路曰：「子行三軍，則誰與？」子曰：「暴虎馮河，死而無悔者，吾不與也。必也臨事而懼，好謀而成者也。」要統帥三軍，可以和什麼樣的人一起共事？孔子認為那些有勇而無謀略的人，也就是會赤手空拳和老虎搏鬥，徒步涉水過河，死也不後悔的人，是不適合在一起共事的，而凡事小心謹慎，善長策略規劃的人，才是有勇有謀略，可以共事的人。這是裡說明了「勇」和「智」兼具的重要性。

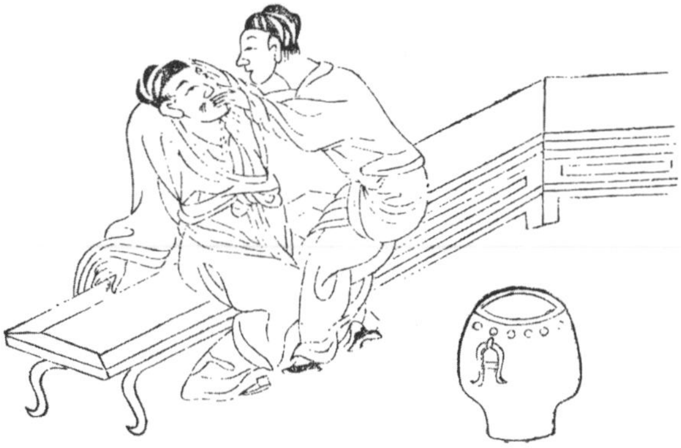

是非之舌

過去在龜城有一個人，叫祝期生，口才相當了得，但就是喜歡揭發和攻擊別人的缺點，又愛好引誘別人為非作歹。他不但時常譏笑那些長相醜陋的人，又愛欺侮愚笨和無能的人，好批評聰明和賢能的人，輕視貧窮，毀謗攻擊他人，常揭發別人的隱私。

他時常亂說話，言語又非常偏激。常顛倒是非，把好的說成壞的，壞的說成好的，把奢侈的人稱讚是豪傑，讚賞狠毒的人，又說他是英雄。看見論佛理的人，便笑說是齋公；見人談論儒學，便說是假道學。又見不得別人好，有人說一句好話，他就酸言酸語說：「雖然他嘴裡這麼說，但心中可未必如此。」看見別人做了善事，就不屑地說：「既然都做了這件，為什麼不再多一些？」

晚年時，他突然得了一種舌黃病，必須用針去刺舌頭，出血一升多才能覺得好一點。每一年，都會發作五至七次，痛苦到一句話都說不出來，後來竟然因為舌頭乾枯而死。

口才好，原本是一種優點，能勸人為善，廣結善緣；但如果是用在負面的地方，也可能傷人很深，引來他人憎恨。自己最後又能真正得到什麼好處呢？

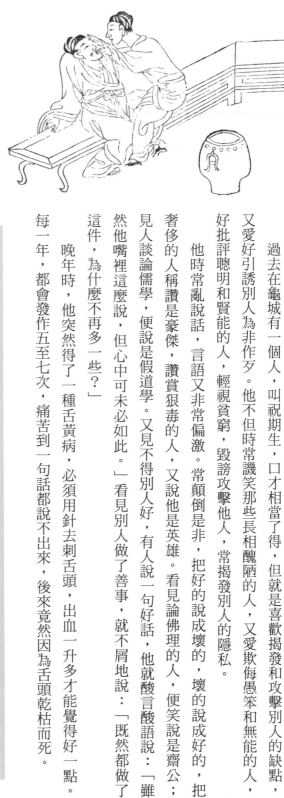

一朝批評，一朝巴結

宋朝的李師中，他平日就非常喜歡議論政事，常常與王安石的看法相互違背，但等到王安石權勢旺盛時，他又回過頭來，拚命巴結王安石，還在舒州修建了傅岩亭，原來，王安石曾經在舒州做過官，他登上相位之後，封地也在舒州。

那時還有一個吳宗孝，考試的時候，他在試卷中也極力抵制王安石的新法制度，但一等到王安石受寵之後，那位吳宗孝又作了《巷議》一書，一共有十卷，獻上去給王安石，在書中又大力讚揚王安石推動新法的優點。

王安石心中對這兩個行為反覆無常的官員十分瞧不起，於是對他們摒棄不再任用。

是非公理自在人心，如果做人做事前後反覆無常，內外表裡不一，總有讓人看破手腳的一天。

虐下取功，諂上希旨。

不顧民生疾苦，苛扣百姓，只會向上邀功，諂媚上位，迎合意旨。

這裡提到了權力者容易犯的過失，即「虐下取功，諂上希旨」，是說使用虐待人民或下級的方式，來獲取自己的功勞；再利用表面奉承或行賄等，以諂媚上層，盼獲得上級的提拔。

任何時代，人都想往高處爬，積極向上提升自己的權位，這是無可厚非的事。問題是，如果用錯了方法，以虐待百姓或下級部屬來爭取自己的功勞，而造成底下基層的怨聲載道，如果這只是為了諂媚上級，迎合意旨，那便是一種表面功夫，缺乏紮實的基礎，想藉由這樣的方式爭取上位，也都是短暫浮面的。一個人的德行不足，如同樹木的根底扎得不深，颱風一來也就倒了。

現代人多半也是急功近利，無論是公職乃至私人企業，都想快速得到績效成果或業績，但做事的心態是很重要的，如果這些功勞是通過自己努力耕耘，也真實利益到眾人，確實是美事一樁；但如果只為了私人利益，又虐待人民或下級，令他人痛苦，也不會是吉祥之事。所以，要時時觀照自己的心念，究竟是為公？還是為私？莫讓自心生起邪念，也要常同理心為他人著想。

《孟子》：「凶年饑歲，君之民老弱轉乎溝壑，壯者散而之四方者，幾千人矣；而君之倉廩實，府庫充，有司莫以告，是上慢而殘下也。」在上位管理的人如果不能體察民間疾苦的情況，適時反應解決，就是對上輕蔑君主，對下殘害百姓啊！而曾子說：要戒慎啊！不能苦民所苦，只會嘗到報應的苦果。

八百人的生與死

明朝的許進在擔任都御使一官職時，一次冒著大風雪，行軍三十里前往哈密之地，活捉了八百位哈密人。那時屬下將領都認為，以這樣的功勞，一定可以封侯拜相，好好地邀功一番。

但許進卻說：「我們行軍的目的，是在保佑某一邊人民的平安，怎麼能以多人去殺害這些無辜平民百姓，作為自己升官邀功的犧牲品呢？看看啊！他們已經走投無路，苦苦向你求饒了，如果你還是殺了他們，這便是逆天而行，逆天的人將斷子絕孫，也不會有好果報的。」因為許進的一念仁德之心，這八百個人都存活了下來，之後，許公的三個兒子也都功成名就，都任職尚書。

一念之間，便可置八百人於死地，也可以讓八百人有一條活路。自己的升遷與眾人的性命，孰輕？孰重？

三株槐樹的願景

宋太祖懷疑符彥卿並不忠心，於是派遣王祐去調查他，並對王祐說：「你回來之後，一定會賞賜給你官位的。」但王祐並沒有按照宋太祖的意思去處理掉符彥卿，反而根據調查的事實，為符彥卿平反昭雪，最後，王祐沒受到皇上的重用，反被冷落。

於是他親手在庭院裡種下了三株槐樹，並說：「我的子子孫孫之中，肯定有人可以做到三公的。」之後，其子王旦，果然成為了宋朝很有名的賢相。

如果上級要你用陷害一個人的方式來得到顯達高位，這樣的福祿，是值得的嗎？是可以讓自心可以安穩的嗎？

受恩不感，念怨不休。

受到他人恩惠不懂得感恩，對別人的怨仇，卻念念懷恨。

崔瑗座右銘：「施人慎勿念，受施慎勿忘。」是說一旦施給了別人好處，不必一直牢記在心，但我們接受了他人的施予，卻不能隨意遺忘。賢德之人在領受他人所布施的一頓飯時，也都要銘記感激於心，用餐前還要觀想：「計功多少，量彼來處。」這是反省自己做了多少的功德與善行，想想別人所施的這些食物，取得的不易，要常感念在心。

常懷「感恩心」更有助於我們的身心健康，正向心理學研究指出：感恩能增加幸福感及正向情緒，減少沮喪感。同時，研究也發現感恩能使身體狀況更好，身心更放鬆愉快。

相反的，對別人的怨仇，我們若是心中念念懷恨不休，這樣的人心中一定是充滿著瞋恨的，瞋恨的心只會增加我們內心的困擾，與負面情緒的壓力，不僅擾亂我們正向的思維，也會影響身體的健康，有些研究更顯示心中怨恨，會使心血管疾病的風險增加。

由此可知，常持有感恩的心念，不掛念舊恨，才能召感好運、好命，也能有助於健康長壽。

《論語》：「以德報怨，何如?」子曰：「何以報德?以直報怨，以德報德。」

孔子認為若是以人之常情，以德報怨並不容易，所以應當憑正直的道理對待有仇怨的人，用恩德去回報對自己有恩德的人。恩德與仇怨是人與人之間相交往所避免不了的事，因此無論報答恩德或對待仇怨，只要找到兩相平衡的方式就可以了。

獸皮人心與人皮獸心

西王斯乘船渡海，其船被大風暴所吹毀，他登上了一座山島，那時遇到了一隻大猩猩，把他救到山洞之中，還給他好果實吃。如此過了一整年，某天某艘商船經過了這個小島，那隻大猩猩將他送到了船上，還一副依依不捨的模樣。

但西王斯一登上船之後，便對船上的人說：「我聽人說，用猩猩的血來染衣服，可以千年不褪色，我們可以一塊來把牠捕捉起來，殺了牠來取血。」然而，在船上的人都是很有道義的船夫，對他忘恩負義的態度都感到非常生氣，並罵他：「這猩猩是禽獸中的人類，而你卻是人類中的禽獸。」話一說完，所有人一塊把他推了出去，掉入海中。

有人雖然披著人皮，卻行不仁義之事，枉費了成為一個人的基本條件，因此，不能只從外貌去判斷認識一個人，要從「心」去認識。

葫蘆骨灰

唐朝的李德裕在做宰相的時候，和很多人結下了許多冤仇。後來，李德裕被貶官職，流放到珠崖，也就是現在的海南島。

有一次，他看到一座佛寺牆壁上掛了很多個葫蘆，他心中感到十分怪異，便詢問寺裡的出家僧人，那僧人便告訴李德裕：「這些都是死人的骨灰啊！他們都是因為得罪了當時有權力的宰相李德裕，才被貶官流放到這裡，之後也就死在這裡了；老僧看到他們客死異鄉，屍體也無人掩埋，實在是悲慘；因為憐憫、同情他們，於是就把他們的遺骨焚化了，全部放入這些葫蘆裡面，希望有一天他們的子孫能來領取，帶回家鄉祭拜啊！」

李德裕聽見老僧這一番話，悔不當初，嚇得往後倒走了幾步路，他心痛如絞，竟然痛到氣絕身亡。

即便人死了，還可能與曾經結下仇怨的骨灰狹路相逢。那些恩恩怨怨，不容易化解，也是因為曾經做過什麼事的記憶，都一直深藏在我們內心當中，不曾消失過。

輕蔑天民，擾亂國政。

輕忽藐視人民，擾亂國家政務的推動。

這裡主要是說從政領導者的缺失，即是對待人民的態度輕忽，政務也無法順利推動。古人將人民視為「天民」，《太上感應彙編》：「帝天之命，主於民心，凡此蒼生，皆上帝之赤子，故曰天民，天之愛民至矣。」為什麼將百姓稱為「天民」呢？因為上天之心，繫於人民，天下百姓都是天之子，所以稱為天民。

輕蔑天民，以現在政治的觀點而言，就是「忽視民意」，指為官者沒有為百姓謀福利，內心高傲，鄙視人民，這就辜負了上天的厚望。

當了官，升了位，如果不能愛民如子、體恤基層，他的內心如果是不正的，就容易形成對國家規章制度或政務推動形成一種干擾，或是製造許多「擾民」政策，徒增「民怨」。有時候，政策法規的執行或推動，還是要多方考量眾人的需求性與方便性，能變通惠民，又盡量做到沒有弊端，這便是用心而不輕蔑，德政而不擾民。

《論語》：「使民如承大祭。」面臨人民的事物，就如同承辦重要的祭祀一般，應恭敬而不輕率。

被人民唾棄的縣官

宋朝時，鄭清臣任槐里縣的縣令，由於他生性非常刻薄又寡恩，常虐待縣民，等到他

任期屆滿要離開時，槐里縣的人民擠滿了他所要走的整條道路，不斷向鄭清臣吐痰和口水，並大聲咒罵他。鄭清臣非常氣憤，就將這縣轄內所有侮辱他的人民，以犯上的罪名奏報了朝廷。

宋真宗知道這件事後，就說：「官員為政，最重要的是能得民心，民心就是你的施政成果，既然你是如此被人民所唾棄，那麼可見你之前在槐里縣的施政和作為，累積了很深的民怨，這不用再問，也可以全部知道！你竟然還敢向朝廷抱怨，把人民當街侮辱你之事上奏朝廷，讓全國都知道，這也未免太膽大妄為了吧！」鄭清臣也因而被朝廷貶謫官位。

人的反應有時非常直接，猶如一面鏡子，因此做人不可傲慢，不妨學著謙卑地去了理解一般他人的心聲。

一卷回魂的黃紙

明朝初年，林鎬擔任工科給事中醫一職。那時明太祖降旨，想要開通陝岱一區的運輸通道，使貨流暢通。但林鎬卻上書《罷行役以蘇萬民》，說明陝岱屬於荒僻之地，請求暫時不要開工，好讓百姓休生養息，由於言辭懇切，明太祖也就停止了征役。

之後，林鎬轉任到龍泉縣丞，在任職途中遭風寒病而死，但氣絕而身體未冷，家人不敢收殮。

林鎬閉上眼後，來到一扇紅色的大門內，兩個鬼差把他帶到殿堂內，上面坐著一位穿

紫袍大官，說道：「你們將林鎬的善惡評定完後，立即呈報上來。」鬼差便帶著林鎬到一處所在，門框橫木有「善惡公鑑」四字，桌上放有一天秤。侍吏將善惡札記簿分別放在天秤的兩邊，善札很輕。

突然，一位老人從空而下，將一卷黃紙放到善的那一邊，便離去了。善的那頭一下子便重了很多，向下沉。

之後侍吏回報說：「太上老君說林鎬生前有行大善事，他使萬民百姓免於徭役，得到了休息。這就是他的諫章《罷行役以蘇萬民》。」那穿紫袍審官說：「既然如此，讓他馬上回魂到陽間，增加他的壽命。」兩個鬼使急忙將林鎬帶出去，林鎬問：「那穿紫袍的人是誰？」鬼使回答：「他是宋朝參政范仲淹大人。」林鎬問：「我要怎麼出去呢？」鬼使說：「你聽到那鐘聲嗎？」然後一錘打向他，林鎬便驚醒了，汗流雨下，病當下便痊癒。

一個攸關眾人福祉的重大決策，如果是良善的，有利眾人的，功德力不可思議。看似一種無形的善良價值，竟是那麼有重量啊！

賞及非義，刑及無辜。

獎賞給無功的人，卻刑罰無罪的人。

「賞及非義，刑及無辜」通常是指領導的疏失，用在一般的管理上，也是一樣的道理，獎賞好比是給蘿蔔，刑罰則是棒子，蘿蔔與棒子如果使用得宜，就能順利領導眾人前進。

如果領導者獎賞那些狡猾奸詐、諂媚之人，卻不去獎勵認真做事的人，或責怪處罰無辜的人，就無法建立威信。賞罰分明是管理的重要手段，古今中外政治或軍事，莫不重視此事。在孫子兵法中，特別強調要謹慎使用賞罰，所謂「數賞者，窘也；數罰者，困也」，如果將帥靠不停的賞賜來激勵士兵，這表示一個部隊的處境窘困，如果將帥時常懲罰部隊，是他遭到困境的緣故。當士兵對賞賜與懲罰都不再起作用時，那麼這部隊的處境將是很凶險的。事實上，用在教育或生活的相處上也是如此，蘿蔔與棒子，一個是溫柔體貼，一個是堅持原則，兩者的權衡，需要的是巧妙的智慧。

《論語》：「刑罰不中，則民無所措手足。」這是說如果國家法律刑罰用得不是很恰當，人民便會手足無措，不知如何是好。如此，天下秩序大亂矣。

嚴刑拷打下的冤魂

一位姓閻巡撫到南京巡察，當時有人誣告鎮江百姓周志廉為強盜，認定他主謀了一件

竊盜案。但周志廉很富有，他因為害怕被嚴刑逼供，便出重金給衙門的權貴，請求為他申冤。閻巡撫知道此事，反而因此懷疑周志廉有犯此案。於是為了逼出口供，竟然嚴刑拷打，將他活活打死。不久後，鎮江的郡守盧仁前來拜見閻巡撫，閻巡撫生氣地說：「你為什麼帶囚犯周志廉來呢？」那位盧仁聽得一頭霧水，感到莫名其妙，也不知如何回答。

閻巡撫又說道：「你旁邊的那個人就是周志廉！」

當天，閻巡撫便嚇到昏倒了。從此之後，他總是時常看見周志廉來找他。之後，閻巡撫便逝世。

我們常常會用自己的主觀意識，去研判一個人的對錯，為了不使無辜的人被冤枉，我們需要更多的聆聽，更深的沉澱，或許放下原本的觀點，以不同角度重新看待一件事，會有不同的答案。

公正辦案十二年

明朝時，有位盛吉擔任廷尉官職，他在判案時非常謹慎，從來沒有冤枉好人，也從來沒有拖延辦案，以避免增加嫌犯的痛苦。

每次到了入冬，將判決死刑囚犯之時，他的妻子就會在一旁拿著燈燭，盛吉持著犯罪人的名冊，夫妻二人常常互對落淚。妻子對他說：「您替這世間上的人執行法律，不能隨意判罪，以免冤判，危禍子孫。」

盛吉公正辦案歷經十二年，人們都反映，說他審案公正而寬仁。有一次，在他家院子的樹上，忽然有白鵲來做巢孵蛋，大家都認為這是吉祥徵兆。之後，他果然生下了三個兒子，而且都非常顯貴亨達。

攸關到他人生死與禍福的判決，常常是感情與理法的兩難抉擇，而我們也時常在感性與理性之間徘徊，很難有一個絕對，凡事也只能心存公正、仁德對待，求一個無愧於心。

殺人取財，傾人取位。

為了奪取他人財產，而殘殺他人生命，或謀奪他人地位。

《增廣賢文》：「君子愛財，取之有道。」一個正人君子也一樣會喜愛錢財，但取得的方式都是透過正當的途徑。孔子說：「富與貴，是人之所欲也，不以其道得之，不處也；貧與賤，是人之所惡也，不以其道得之，不去也。」財富和顯貴，是每一個人渴望得到的，但如果是用不正當的方法去得到，這不會是一個有道德的君子所能夠接受的，他更不會去享受這樣的非義之財；而貧窮與下賤，是人人所厭惡，但君子也不會用不正當的方法來改變貧困。

如果是為一己私利而謀財害命，以殺害人命的方式來謀取他人財物，乃至於以計謀推翻或搞垮他人，取而代之他人地位，這都是不正當的行為。《秀露集．耕堂讀書記》：「明達冷靜一些，不財迷心竅，天下原可以平安無事的。」天底下因為財產與地位的爭奪，而引發這殺人或陷害人的背後動機為何？俗話說：「砍頭的生意有人做，賠錢的生意沒人做。」不正是財迷心竅所致？

一時貪愛錢財而心中糊了塗，做了傷天害理的事，爭權奪位又何嘗不是如此？財富與權位雖非壞事，但必須靜心思考，取得的方法是否正確且合乎正義？

《孟子》曰：「康誥曰：殺越人於貨，閔不畏死。」孟子認為所不可被接受的，是為了財物而殺人，如此冒然妄為，完全不怕觸犯死罪，人民對這樣的人，沒有不痛恨的。

冤鬼附身喊冤

過去有兩個人一起合夥做生意，但一個生性狡猾，一個生性老實。他們每個人都帶了五十多兩的銀子。其中，那個狡猾的商人，在海邊把另一個老實的商人先灌醉，之後，又用刀刺進他的腹部，搶了他所有的錢後，再把他的屍首丟入海底，然後，駕船走了。

不久之後，那海風從反向吹來，把商人的屍體漂流到了岸邊。後來被人發現，掩埋了起來。那凶手回家之後，把殺人搶來的錢都埋在床底下，還欺騙死者家屬說，說他已經到另一個地方做生意去了。

那凶手有一個弟媳，向來很愚蠢，也完全不知道外面發生了什麼事情。就在幾天之後，她忽然被一鬼所附身，口中喃喃說：「我就是那個被某某所害死的商人，他把我的錢都埋在床底下，而我的屍體被人埋葬在某一個地方。」她一直大聲鳴冤叫屈著，街巷裡，人人都聽見了這件事，因此也無法再掩蓋。

後來被害人家屬來查詢此事，那凶手的弟媳，又詳細地把事情敘述了一遍。還一邊說一邊哭著。官府知道此事之後，便抓她過去審問，她又一五一十地詳細說了一次。於是官府下令去搜查凶手家，那位被害人的錢也全部在床底下找到了。之後，官府又派人去尋找屍體，那屍體竟沒有腐爛。等到罪犯口供的文書完成後，凶手的弟媳才突然醒過來，但卻已完全記不起來先前自己說些什麼事了。

為惡的一念之間，如果能想到被害的是自己，那自己會心甘情願嗎？如果自己不甘願，對方又何嘗甘願？要將心比心啊！

總有一天等到你

宋朝一位大臣盧多遜，他見趙普地位和聲望很高，心裡非常的不平，於是常常暗地裡中傷他，因此使得趙普被免職了，而盧多遜則因而有機會能當上宰相。只是不久之後，趙普又恢復了地位，而盧多遜被貶謫到了邊地，全家也都跟隨他去到邊地。

盧多遜在前往邊地的途中，在旅店用餐時，有位老婆婆說著京城的往事。盧多遜就詢問她的背景身世，她愁眉苦臉地說：「我家原本是中原士大夫，還有個兒子擔任官職。但是就在盧多遜當宰相時，被他所陷害，所以全家才來到了這南邊的荒野之地。我的親人全部都離世了，只有我一人流落在這荒涼的地方，苟活到了今日。那個盧多遜，嫉妒賢者，仗勢欺人，我相信，他總有一天也會被流放到邊地的。只要我有幸還能活著，也許還可以見到那一天！」說完之後，那婦人便咬牙切齒，嘆了口氣。而盧多遜低著頭，默然不語，急忙催促著車子前進。

人與人難免狹路相逢，如果廣結善緣，則是感恩的相遇，如果廣結惡緣，則是怨恨的相遇。

誅降戮服，貶正排賢。

殘殺投誠降服的人，貶低正直的官員，排擠賢良人才。

《老子》：「兵者不祥之器，非君子之器，不得已而用之。」兵革殺戮是不祥的，也不是君子喜歡使用的。又說：「殺人之眾，以悲哀泣之，戰勝以喪禮處之。」在戰場上即使打了勝戰，也要帶著哀痛的心情去面對，用喪禮的儀式去處理。

為何要「誅降戮服」？無非都只是為了邀功、邀賞，打仗打贏了，抓了兵，殺了敵人，以這些作為功勞代價。然而，這樣的代價，卻是以犧牲別人的性命來換取一己之私。要知道，天有好生之德，把投降的人都斬盡殺絕，就等於是與天意違抗了。

正直與賢能的人是國家所依賴的人才，如果將他們排擠或遺棄，使他們不能夠發揮長才、處理政事，就不是一國之福了。現今在企業、公司或是任何團體，想獲得發展，也一樣需要正直賢明的人，若是優秀的人才被歪斜不正賢的人所排擠，一個團體的運作就很可能陷入發展上的危機。

《論語》：「遠人不服，則修文德以來之。」孔子的學生冉有與子路輔佐季氏，當時季氏想出兵去攻打顓臾。但孔子認為季氏以武力征伐，是一個錯誤的決定，對於諸侯和大夫而言，所怕的不是貧窮，而是怕財富不均，因為財富均，就沒有所謂貧窮；大家和睦，安定了，也就沒有傾倒的危險了。如果這些都做了，即使遠方的人還不歸服，那就應該用仁、義、禮、樂等文德來教化他們，使他們自願臣服。

一念之間的四十萬生命

在戰國時代，白起與趙括在長平作戰，白起假作敗退，卻用奇襲的方法襲擊趙軍，並且斷絕趙軍後方的糧食補給，又把趙括射殺。

趙國的敗兵約有四十萬人之多，全部向秦軍投降，可是白起卻懷疑這些俘虜仍有可能會造反，於是就下令把這四十多萬的俘虜統統給活埋了。

這一戰，引發了趙國的震驚，數年後，秦國又派遣將軍攻打趙國，卻遭到失敗，秦王命令白起攻城，白起卻託病抗命，秦王震怒，因而免除了白起的封位，還給了他一把劍，要他自殺。

白起說：「我到底犯了什麼罪惡之事呢？」過了一會兒，他想起長平戰役，一次殺死趙國降兵四十萬人的畫面，覺得自己罪該萬死，於是舉劍自刎。

四十萬人的性命可以決定在一念之間，這一念卻在臨死之前都還記得清清楚楚，殺戮的戰場充滿了掙扎與矛盾，難道真的需要把事情給做絕了嗎？

不願刻字的石工

宋朝的蔡京在擔任宰相的時候，把司馬光、蘇東坡、程頤、王獻可等人都汙衊為「奸黨」，並奏請皇帝頒布詔書命令，將他們的名字都刻在門的石碑上，並命令各州郡比照辦理。

但百姓為此感到不平，其中有一位長安石工辭去工作，並說：「司馬相公是海內外都稱他正直的人，而今卻說他奸邪，我不願刻這些字。」府官欲加罪於他，他哭著說：「請求不要將我名字刻於石末，唯恐得罪後世。」

不久，這石碑就被雷電所擊碎，蔡京也因事敗露而被貶官，流放到外地而死。這位長安石工則得到了褒贈。

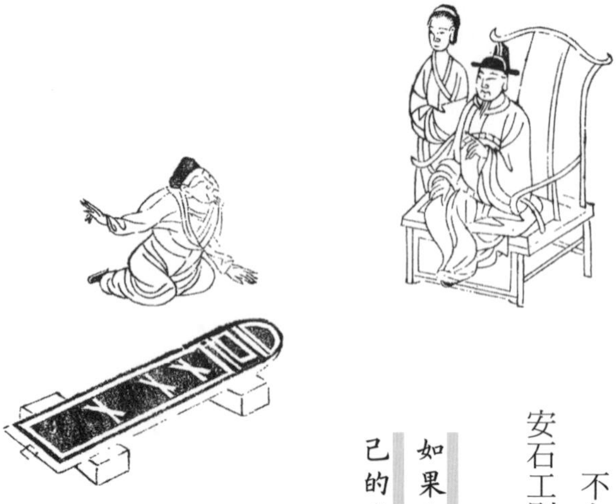

如果你是這位雕刻的石工，你會刻下這個「排貶賢良」的石碑，然後再刻上自己的名字嗎？公道自在人心。

淩孤逼寡，棄法受賂。

欺淩、逼迫孤寡無助的人；棄置法律不顧，進而接受賄賂。

《朱子治家格言》：「勿恃勢力而淩逼孤寡。」這是警戒人不可以用權勢去欺淩弱勢。鰥寡孤獨者是社會弱勢中的弱勢，他們是最需要被照顧的人，如果為了某種利益，仗著權勢勾結，來逼迫孤寡無助的人，便是損德，例如利用勢力去脅迫他人強行拆除房子，使人沒有居住的處所，或侵奪了弱勢者生存的工作機會，使人冤屈無處申訴等等。公益福利應該公正無私的分配給弱勢者，救濟困難的人。明朝顏茂猷九曾經感嘆說：「在最初開始貪污的時候，還有點分寸，心中還有羞愧不安；日子久了以後，則積習難返，越貪就越厲害；這時候的性情，已經被染污得和腥羶一樣骯髒臭穢不堪了。」例如勞保險基金是辛苦勞工的退休資金，握有資金操盤權力者，如果仗著權勢與財團的勾結賄賂，棄置法律不顧，便是剝削民脂民膏。種種弊端並沒有因為時代而消失，同樣的問題仍然存在，可見這些都是對人性的誘惑。面對種種不當利益，不為所惑，正是人生的修練。

《書經．呂刑》：「五過之疵，惟官、惟反、惟內、惟貨、惟來。」是指五種弊病與過失。「惟官」就是指依恃官威權威；「惟反」是利用職權或假借審判來報私人恩怨；「惟內」透過人情搞裙帶關係，或畏懼強權不敢依法處理；「惟貨」指貪贓受賄，勒索敲詐；「惟來」以財物違法相贈，徇私枉法，行賄受賄。

雖然，這五種過失，是古人所指出來的，但從古自今，都依然存在著，只是事件的不同而已，可見考驗是無所不在的。

瞬時移屋還地

明朝弘治年間，在吉水灘有一位周杰，因為兄長早逝，他就霸占了兄長的土地，修建樓房。修房子時，又把埋藏在地下的錢都挖出來，據為己有。嫂嫂家裡僅是孤兒寡母，姪兒也不敢與他爭論，只能早晚焚香，悲傷地哭泣，呼喚著老天爺能明察秋毫。

就在五月二十八日這天，忽然風雷大作，將樓房移到他處，空還舊地，一尺一寸都不差。周杰驚恐地跪在地上，七日不能言語，後來才說：「我知道欺騙孤寡的罪報了。」不到兩年，他竟然惡疾而死，家中的房舍又被火燒，妻兒便只好乞討度日。

霸占他人的財產，尤其是欺凌逼迫孤寡無助的人，如何能對得起天地良心？看來也只有無言以對。

考第一名都沒用

過去在台州有一位舉人名叫左蹕，他赴禮部考試，試卷的表現非常優異，考官擬給他第一名。

但在夢中，神告訴考官說：「這個人居處在鄉里的時候，就已經習慣了受賄請托，還曾經有冤枉而死者，已遭受到天譴，減除他的祿算，所以不可錄取。」

於是左蹕被黜，之後窮困，客死燕山。

受賄請托，枉顧法律，冤枉他人，看似眼前利多，難道不會有利多出盡的一天嗎？一個人的福祿真的是能由貪贓枉法所累積嗎？

一條鐵索成就的財富

張一索是京師刑官的差役。他持票拘人時，常常隨身拿一條大鐵索捉人，除非拿到錢，否則不將人犯釋放。

他還向上巴結書吏，對下構合禁兵，妄取嚇詐，種種惡行無所不為。就這樣在三年之內，成了大巨富。人人看到他就害怕，所以稱他「一索」。

然而，後來他的下場也沒很好，因案被孔巡按捉拿處死，財產還抄助軍餉，妻子則發入教坊。

向人不法索討錢財，最後被索討了自己的命。如果福祿不是自己應得，而以非法取得，即使再富有，難道真能留得住嗎？

以直為曲，以曲為直。

把有理的說成無理，把無理的說成有理，顛倒是非對錯。

為什麼會顛倒是非對錯，把有理的說成無理，把無理的說成有理？這裡所說的，原與前面「棄法受賄」有關，例如在斷案時，接受了某方當事人的錢財，而將法律拋棄在一邊，而將正確的事情判定為錯誤，無罪之人判定為有罪，有罪之人判定為無罪。

《彙編》註解上說：「兩訟在官，曲直未定。生死予奪，在吾一言。豈可輕忽！今乃曲直顛倒，非因受賂，即是徇私，否則率意魯莽。有一於此，豈宜居官為民上乎！」這裡指出顛倒是非對錯的三種可能原因：一、受賄賂；二、循私情；三、太草率魯莽，沒有認真調查。這些錯誤影響的廣泛與深遠程度各不同。然而，影響層面越廣，時間越長，所造成的結果就越糟，業自然也就越重。

現今社會流行「恐龍法官」一詞，指對現實反應緩慢，甚至與社會趨勢嚴重脫節，這些被形容為恐龍判決的案例，多與弱勢人身侵害有關，或法官判決不符合社會共同認定的道德標準，因而被廣泛標籤為恐龍判決。

事實上，在現代社會，每個人也都可能犯這種「顛倒是非對錯」的過失，例如聽到種種外界謠言，而導致自己判斷錯誤，因此，遇到任何事情，在判斷對錯時，一定要冷靜下來，沉澱之後，以智慧深思，並廣納意見。

《尚書・舜典》：「惟明克允。」這意思是只有明察事物者，才能公正地對待所有事物，並令人信服。

尋找小女奴

北宋大臣錢若水，在擔任同州推官時，有一富民家的小女奴逃跑，下落不明，那女奴的父母親告到州裡，於是州裡掌管文書的官員接受審理這案件。

由於那官員曾向此富民借過錢，但並沒有借到錢，而懷恨於心，就判決富民父子數人共同殺死女奴，富民因為受不了拷打的酷刑，含冤服罪。

錄事官員呈報上級，上級等人複審後，也認為審理內容並無異常情形，認為此案為真實情況。但只有錢若水懷疑這個案子，留了下來，過了好幾天都沒有決斷此案。將近十天之後，多次催促也沒有結果，州裡官員也感到怪異。

終於有一天，錢若水去見知州官員，並祕密對知州說：「我拖延此案的原因，是因為祕密派人尋找女奴，現在找到了。」於是知州官員叫人帶上富民父子，卸下枷鎖釋放了他們。富民哭著說：「如果沒有您明察秋毫與恩賜，我們一家就要全亡了。」知州官員說：「這是錢若水幫忙調查的，並不是我。」富民又趕往錢若水的審理處，但錢若水關上門不見，並說：「這是知州官員自己求得實情的，並不是我參與了什麼？」

知州官府因為錢若水的調查，洗雪了被判死罪者的冤情。官府想為他上奏請功，但錢若水堅決地拒絕邀功。自此，遠近一致稱讚錢若水之明察。

明察秋毫的正義之士，真正在乎的是非對錯之理，而非外在權位福祿，因為在他們心中，「道德正義」勝於一切。

是非不分的死判

明朝時，趙時擔任無為州教授，某天晚上，他夢到一個囚犯對他說：「我不幸被祖翔所害而死！」趙時便說：「祖翔，此人精通法律，操守廉潔，為人處事又非常謹慎，他怎麼可能會冤枉你呢？」

那囚犯說：「我的死，雖然不是祖翔的意思，但因為他心裡面一直懷疑我有罪，導致他是非不分，竟然就把我判了死刑！但我確實是被冤枉的，所謂冤有頭、債有主，如果不是祖翔害死了我，那又是誰呢？現在我已經把我的冤情報告到冥王那裡去了，所以祖翔也活不久了！」果然，一個多月之後，祖翔就死了。

我們在判定很多事情的時候，一旦落入個人主觀意識，常因此誤解或判斷錯誤，造成他人的「冤」與「怨」。而在自己在生活當中，是否也常誤會別人，使別人難受呢？

入輕為重，見殺加怒。

原是輕罪，卻判成重罪。看見有人被判死刑，不但沒有憐憫，反起瞋恚心而發怒。

《太上感應篇圖說》註：「法者，天下之平。如人所犯，本輕乃比擬重罪，臨刑不加憐憫，反加瞋怒，此輩殘忍好殺，死者含冤，能不結怨乎？」這是說法律是公平治理天下，當人觸犯法律時，原本該從輕判處的，卻構陷他人於重罪，執法時，不但不能加以憐憫，還對他們發怒。這樣的人是多麼殘忍好殺，如果讓死去的人蒙受冤枉，能不結仇恨嗎？

在日常生活當中，當別人做錯的時候，我們因為憤怒，加重去斥責他，讓他人無地自容，如果只是一場誤會，那豈不是傷害了對方呢？

所以，有智慧的人會慎重冷靜地思考，以免自己冤枉別人，若是對方有反悔的心意，也會多給別人一些機會去改過自新。

管教、治理，乃至人與人相處，不都是如此嗎？何必一開始就給對方定了罪？何必苦苦逼人，多留一分厚道，多結一份善緣。

《論語》：「曾子曰：『上失其道，民散久矣。如得其情，則哀矜而勿喜。』」曾子認為如果在上位者已經偏離治理的正道，百姓們也早已離心離德了。因此在斷案時，要好好弄清當事人的真實情況，應該憐憫他們，而不要自鳴得意！這是用來表示審判罪犯時，應對犯者心存哀憐，不該以查出證據，捉拿犯人判罪而沾沾自喜。這裡主要是說要有憐憫之心，不可見獵心喜。

太樂伎的復仇

宋朝元嘉年間，有李龍等人於夜間搶劫。丹陽人陶繼之任秣陵縣令，他命令下屬祕密尋查追蹤，不久便擒獲李龍等人。

雖然引導的人是太樂伎，不過李龍等人犯罪的那夜，太樂伎和同伴們去別處住宿，並沒有犯案，結果也被抓去審判。而陶繼之並沒有認真審理此案，竟判給太樂伎引導強盜的罪狀，也隨李龍等人一起呈報。儘管太樂伎那一夜所住宿的房主及賓客們，都證明了太樂伎並沒有參與犯罪，卻沒有被採納。

之後，陶繼之知道自己冤枉了太樂伎，所呈報的內容並不真實，但呈報的文書已發，他又不想找麻煩，害怕對自己不利，於是將錯就錯，導致太樂伎被誤判，和李龍等十名罪犯一起在郡門斬首。

太樂伎被處死時說：「我雖然是一個貧賤的下等之人，但心裡一直羨慕善良的人，從來也沒作過虧心事。我並沒有搶劫，陶縣令也全都知道。但我還是冤枉被殺，如果沒有做鬼也就算了，如果有做鬼，我一定會告到天府。」之後，他彈著琵琶，唱了幾首歌，就被處死了。全部人都知道她被冤枉了，沒有人不掉下眼淚。

經過一個月之後，陶繼之夢到太樂伎來找他說道：「過去我被你冤枉而被殺死，實在心有不平，現在我已經告到天府那裡了，所以今天是來殺你的。」說完之後，便跳進陶繼之嘴裡，落到他的肚子裡，陶繼之立刻嚇醒，且馬上倒在地上，像得了瘋癲一樣，過了很久才甦醒，之後，不定時發病，身子後倒又前傾，頭還挨著後背，過沒幾天就死了。

他死後，家裡很快變窮，兩個兒子也早死，孫子窮到在路邊受凍。

如果已經知道判斷錯誤，豈能因為呈報文書已發，將錯就錯的誤殺人命呢？我們在生活當中，是否因為誤判或誤解，而批評了別人，是否也應該為此道歉與澄清呢？

步步進逼的冤聲

李規祥擔任憲職，有一天黃昏時，經過了三升橋。忽然聽聞到有呼冤的聲音，兩兩三三的相逼而來。李規祥大為驚懼，急忙奔馳回到歸署中，然而突然感覺很怪異。就召了諸子告戒說：「你們如有當仕官的機會，千萬不要當刑名官。我生平自認為非常清明而謹慎，哪知今日還有這樣的怪事。難道是判決獄案不慎的緣故嗎？」從此之後他便鬱鬱度日，竟至一病不起。

即使清明而謹慎的人，都會常常反省自己是否有疏失之處？我們是否也該常檢討，自己生活中有沒有疏忽，或是哪裡不小心傷害了別人？

吞不下肚的眼珠子

梁朝泰山人羊道生，他擔任邵陵王中兵參軍時，他的兄長羊海珍則擔任漢州刺史。有

一天，羊道生請假前去探訪兄長。等羊道生回家時，他的兄長為他餞行，並在路旁設宴款待，羊道生發現有人被綑綁在樹上，於是過去看看，認出是過去的部下。被綁的人見到羊道生，涕淚向他哭訴，說他將被處決，請求羊道生救他一命。羊道生便問他犯了什麼罪，他回答：「失意叛逃。」羊道生說：「這可恨！」他立刻拿起佩刀挖出那個人的眼睛，並給吞了。那軍人哀嚎著，不久，羊海珍過來了，羊道生又說要將此人斬首論罪。

羊道生入座一段時間後，才發現那對眼珠噎在喉嚨中，怎麼吞都吞不下去。於是他拿酒來喝，想把那對眼珠給吞嚥下去，但連續灌很多杯酒，卻一直沒辦法吞下。接著，他突然覺得肚子發脹，便半途離席，匆忙道別。幾天後，羊道生便死在半路。而當時目睹此事的人，都認為報應果然靈驗。

我們遇到犯錯的人被判刑，也許他們在悔恨中已經很苦了，難道我們還要補上一刀嗎？非得與人結下憎恨的惡緣嗎？自己都不會有犯錯的時候嗎？

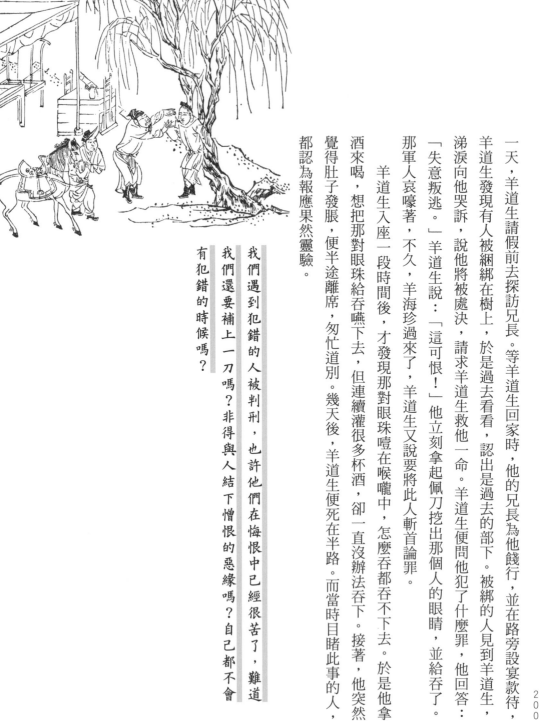

知過不改，見善不為。

知道自己有過失，卻不肯改過；看到行善的機會，卻不肯去做。

《左傳》：「人誰無過？過而能改，善莫大焉。」犯了錯誤只要能改過自新，便是善。圓悟克勤禪師曾說：「唯智者能改過遷善，而愚者多蔽過飾非。遷善則其德日新，是稱君子，飾過則其惡彌著，斯謂小人。」能以懺悔的心，把自己的過失改正過來，不再犯，這是君子的行為，也是一種修持的基本態度；相反的，一味的隱藏自己的過失，只會使自己的缺點一直存在，而無法進步，累積了不好的習慣。

《三國演義》：「勿以惡小而為之，勿以善小而不為。」行善可以從小做起，積小積成大；壞事也要從細微處防範，否則小惡累積多了，也會成為大患。所以，不要看不起小小善行，而不去做。例如，路邊有身障者，或許幫忙他排除路障，或許是買他一點小物品，維持他的生計；或是有人迷路，為他們指點方向；或許是舉手撿垃圾、淨灘……善雖小，但積沙成塔。

《抱朴子》便曾提出：修身養性，可以從細微處著手，不能因為事情的益處小，極微不足道，就不去培養它，也不要認為損害小，不會傷害身心，就不去防備。聚小就會成大，積無限個小小的一，也會達到一億的量。這就是要養成好的習慣。

《論語》：「過而不改，是謂過矣。」是說一個人有了過失而不改正，才是真的過錯。如果有過錯能即使改正，回到正道上，就不再有過錯了。若不改錯，恐怕會難以回歸正道，並且導致無法挽回的局面。

一念貪，船覆人沒

在廬州的徐淹，常常販賣牛隻，每次都以船舟載數十頭的牛渡江前往。有一次，狂風大浪突然興起，羣牛都非常戰慄。徐淹向上蒼祈禱說：「如果這船不翻覆，我發誓不再販牛。就在太平，以賤價賣給人去耕田。」他不斷的祈求呼拜，這時，風浪突然平穩下來，船隻也將靠岸。

這時，他聽到倭寇作亂的消息，有官員急著要買牛。徐淹因為貪心又起，於是想賣牛給官府，以獲得重利。但是，才剛剛把牛隻牽出了船舟，那些牛隻又戰慄起來，狂風強浪又再次興起，把船隻給淹沒了，他也沒入江海中。

人心的善念與惡念，起心動念之間，彷彿就如同海浪的波濤。因此，要常反觀自心念頭，這是什麼樣的念頭？又感應了什麼樣的境界？

捨一年薪救人一命

南豐的劉徹，因為屢次考舉人都不登第，於是祈夢於神明。他夢見神明對他說：「你生平常常見善不為，而且品德有瑕疵，怎麼還期望登第呢？」

但劉徹卻說自己平生並沒有做什麼虧德之事，於是神明對他說：「你的弟弟欠官錢，你竟然坐視不理，不幫助他度過難關，讓他幾乎喪命，這不就是虧德嗎？」劉徹又加以辯解，

說：「那是弟弟自己的不肖所造成，是他自作自受，與我何干？」神明又說：「看見路邊的人有難，都會不忍心，何況是自己的兄弟？你竟然一點情誼也沒有。你應該去學學你同鄉的朱軾，他日後將有善報。」

那時的朱軾，雖然家境貧困，於私塾教書為生。某年冬末，朱軾領了一年薪酬返家，在途中，他見到一位農夫手鐐腳銬被衙役押解，一路不停地悲泣，朱軾上前問是怎麼回事，那農夫說：「我之前向官府借貸青苗的錢，但因為今年收成不好，我無法償還，嗚……」於是朱軾就用剛領到的薪水，幫助那農夫清償了貸款，那農夫也因而免去了一場牢獄。

劉徹醒後，便去拜訪同鄉的朱軾，也才知道真有此事，於是對自己的作為感到慚愧失落。後來，朱軾生了三個兒子，都富貴顯達，而劉徹卻終身都沒有考取功名。

人生如海的波浪起伏，如果我們可以廣結善緣，常幫助別人脫困，也許有一天我們落難需要被解救時，也自然會得到貴人的助緣。

自罪引他，壅塞方術。

將自己所犯的罪推卸引禍他人，故意阻礙專業技術的發展。

「自罪引他」就是自己犯了罪，事發之後，還牽扯別人，拖他人下水，乃至於嫁禍於人，誣陷為他人所為，這只是罪上加罪，說穿了，這樣的人就是缺乏承擔的勇氣，缺乏膽識，無法勇於承擔後果，且沒有良善的品德，很難帶領大家堅定向前。

一個有領導特質的人，應該是有福樂同享，有罪自己先承當，不會去拖累別人。《瑜伽師地論》中指出，一個沒有慚愧心的人，有四種情況：一是該做的善沒有去做，即知善不為；二是不該做的惡卻去做了；三是掩蓋已造的惡，比如自罪引他；四是隨順自己的惡行而不捨離，即知過不改。

犯了錯，不去修正，卻千方百計想去掩飾，甚至栽贓給它人，說是別人的錯，就是沒有慚愧反省的能力了。一個人處事是這樣的態度，恐怕人人想遠離他。有良善品德的人，有罪自己先承擔起來，更不會去拖累別人。

《彙編》註：「方術，如醫卜星相，及一技一藝皆是，淺者藉以養生，高者用以濟世。若壅塞之，使不得行，亦是吾道之不廣，而四方多饑寒失業之人矣。」這是說，凡是能夠利益社會、造福眾生之事，都應當讓它廣行無阻。如果對這些技術阻撓、壓制，使其無法夠發展，則無法利益人民，也算是一種過失。

《禮記．坊記》：「善則稱人，過則稱己，則民不爭；善則稱人，過則稱己，則怨益。」能把好事歸功於他人，把過錯歸咎自己，這樣一來，彼此之間，就不會你爭我奪，仇怨也就會自然減少。

我等你很久了！

晉時富陽縣令王範的妾桃英，因為非常有姿色，便與丁豐、史華期二人通姦。後來被帳內都督孫元弼發現了，並斥責他們。

他們二人因畏懼孫元弼會告發，於是共同毀謗孫元弼與桃英有染，王範沒有深入調查，且當時旁邊有一位陳超，竟然說：「孫元弼有罪，應該把他殺掉。」孫元弼因此而被冤殺。

某日，陳超在荒澤中，因雷光照見一鬼，那鬼面容非常青黑，他對陳超說：「我是孫元弼，我向皇天訴說怨屈，希望早日申張正理，我等你很久了，今日終於相遇！」陳超嚇得叩頭流血。元弼鬼魂說：「王範既然是判定殺我的事主，我應當先殺了他，其他人的魂魄也將會被一一取走。」

之後，那鬼直接進入了王範帳幕。到了晚上，王範睡時忽然大魘，連聲呼叫都醒不過來，隔天稍微清醒一些，但經過了十數日便死了，不久，妾桃英也隨之暴斃而亡。

陳超於是逃走到長干寺，更改姓名，但經過五年後的二月三日，他臨水飲酒，以為不會再見到此鬼，哪知低頭便見鬼影，已在水中，以手搏打陳超鼻樑，陳超因而大出血，有一升多，經數日便死。

陳超即使避地易名，依然無所遁逃，終為亡鬼靈尋獲復仇。

如果最初能把事情的真相查明，就不會有一連串的誤會、誤判，導致當事人冤枉被殺。試想，我們在生活中是否也常常沒有搞清楚真相，隨意聽了謠言，就冤枉別人，給別人定了罪名呢？

治病的真方與假方

過去有一位白岑，遇到一位異人傳授怪症神方，治療效果非常靈驗，於是有驛吏給了他五十金，想傳他的神方來普行濟救之事。

但白岑卻以假方傳授給對方，治病完全沒有效果。之後，白岑被老虎所食，遺失一個小囊袋於路邊，被一位官吏拾得，發現是治病的神方，於是將其刊刻行於世間。

阻礙可救人的醫藥之術，見善不為，也算是一種品德的缺失。

訕謗聖賢，侵凌道德。

侮辱誹謗聖德賢者，侵犯欺凌道德之人。

「訕謗聖賢」是指對聖賢及其所說的真理，進行嘲諷、戲弄、侮辱與誹謗等行為，「侵凌道德」是對有道德的人不尊敬的意思。

《彙編》上說：「世間道德之人，如讀書明理之儒士，刻苦修行之僧道，言為法則，行則楷模。超等出倫，天地正氣之所鐘也。愛敬不暇，何可侵凌耶。」對社會上有道德的人，他們依正道而行，教化一切眾生，引導世人朝善的方向前進，就如同黑暗的明燈，是社會上的好榜樣，要讚揚都來不及了，為何還要侮辱與誹謗呢？

什麼樣的人會常常犯這樣的過失呢？一類是愚痴沒有智慧的人；一類是心思偏邪多忌妒。再者就是好出風頭，想藉由批評他人來吸引大眾的注意，也就是「自讚毀他」，想透過批評別人的缺點，來彰顯出己的優點，表示自己很了不起，別人都不如我，以此獲得名聲，這就是內心偏邪。

真正有道德的人，常行讚嘆他人，隨時歡喜他人的善德，他的心量廣大而圓滿的，這是內在的修德。我們不妨可以時常反省自己說話時，是常常讚美他人優點，還是較常批評他人的缺點呢？

子曰：「君子有三畏：畏天命，畏大人，畏聖人之言。小人不知天命而不畏也，狎大人，侮聖人之言。」是說一個君子要懂得敬畏三件事：一是敬畏天命，二是敬畏聖者與成就者，三是敬畏聖人之教導。而小人不懂得天命的道理，也就不怕天命，輕視聖者，又輕侮聖人的教誨。心中無道，難與天地同行，故稱「小人」。

「重泥」的玩笑

宋淳祐時，南昌一地的孔廟已經傾毀，知縣李純仁看到這廟已經破舊，就蓋了一座新廟於縣城南方。他想要去把孔夫子的像移到新廟裡面來，但找了十多人來都舉不動。旁邊有一個讀書人，開著玩笑說，這真是「重泥」，因為孔夫子是字「仲尼」，他就拿孔夫子來開玩笑，而講了這些話。

當時，縣官李淳仁是非常嚴肅的，便嚴厲斥責他。這讀書人自己也覺得不妥，惶恐而退。到了晚上，突然被陰司追到一官府裡面去，並對他說：「你竟然敢慢侮先聖，先打個二十大板。」

因為是對至聖先師孔子輕慢無禮，所以損及他的福分，更因為毀謗古聖先賢的教誨，他醒來後竟變成一個痴呆之人，不識一字。

相信大部分的人對聖賢的人生智慧與品德，都是極為讚嘆而佩服的，怎麼會對聖賢輕慢與戲謔呢？一分恭敬，一分利益呀！

撿紙僧人

許自俊，字子位，嘉定籍人，有一年，他同友人同在黃州時，對友人說：「兄弟呀！我前生可是天界寺裡面一位撿字紙的僧人。」友人問他：「你可有什麼根據呢？」許自俊

說：「因為我在考場中，夢到自己是一位僧人，考試的號房前面放了一筐竹箱，內有字紙。旁邊有同縣友人吳靖光，他也穿著僧衣，前面懸掛著一豆腐袋，說自己前生在某寺院打豆腐供養眾僧。取他的試卷打開一看，裡面有兩行的字寫著：『吳某欠許某米一石三斗，銀子一千兩。』考中之後，兩件事都應驗了。」許自俊在某年考中會試第六名。

有位老翁聽說後說：「吳某是修苦行來供養眾僧，所以得到富貴的回報。許某是尊重聖人教導的字紙，所以家中雖然貧窮，但才華出眾，後來科考也名列前茅，上天給的回報，絲毫不差。宋王公一生非常愛惜字紙，他都會先用香湯洗沐之後，再去燒埋紙灰。所以兒子王曾考試連中三元，這件事還記錄在《文昌敬字紙》的文中。僧人或俗人，如果能依照這樣來做，確實也是一種美德功夫。」

無論是虔誠供養聖者，或是珍惜聖者的言語字書教誨，都是一分「恭敬心」的內修功德。

射飛逐走，發蟄驚棲；填穴覆巢，傷胎破卵。

射殺飛禽，捕獵走獸，挖掘或驚嚇，那些睡眠和棲息的動物，填埋或毀壞牠們的巢穴，甚至於傷害牠們的蛋卵胚胎。

古時候人們因為過著游牧生活，有時獵殺動物是情非得已的事。然而，古聖先王也勸說「網開一面」，不要把禽獸一網打盡；或作「網開三面」，把捕獸的網打開三面，只留下一面，此語是出自《史記．殷本紀》。

當時商湯看到有人張開四面捕鳥大網，商湯不忍心，於是對捕鳥人說：「這樣太殘忍了，天有好生之德，你別這樣趕盡殺絕。」於是商湯命令拆掉三面的網。因此，無論是網開一面還是三面，後人便將此形容為用寬容仁慈的態度來對待一切人事物，也用於比喻法令之寬大。

有人故意破壞蟻穴，將造成蟻群無處可依；有人以水灌注到蟋蟀穴，讓蟋蟀自動跑出來，以便捕捉玩弄；有人對動物的巢窩破壞，使動物沒有歸巢棲息，甚至將動物的卵蛋擊破，使其無法繁衍。做這些事情時，應該想一想，當有人殺害我們的親人，傷害我們的性命時，我們必定會懷恨在心，各種生命又何嘗不是如此？

現今動物保護意識已逐漸抬頭，如澳洲修路砍樹時，如果樹上鳥窩有小鳥，便會等到小鳥長大飛走後再砍樹。對動物尚且如此，何況對待人！凡事將心比心，不要做絕了，能包容就要包容，「網開一面」，就留給所有眾生一條生路吧！

《禮記．曲禮下》：「國君春田不圍澤；大夫不掩群，士不取麛卵。」是說在春天時節，萬物生發，狩獵時，君王不該把整個湖圍起來，捕撈所有的魚類；大夫也不該將成群獵物趕盡殺絕，戰士不該把鳥獸的卵都取走。這象徵人和萬物的和諧共生，唯有不用盡資源，保護生態，生命才能夠生生不息，永續發展。

療病的一百隻麻雀

明朝時，鎮江的官署有一位軍將士范某，他的妻子得了肺癆病，非常嚴重，已面臨死亡。有一天，范某遇見一個道士，跟他說：「你只要抓一百隻麻雀，用藥浸泡過的米來餵養牠們，二十一天後，取出這些麻雀的腦吃了，你妻子的病就能好起來。記住，一隻麻雀都不能少，否則無效。」

於是范某就按照道士的指示，買了很多麻雀養在家中，如果有麻雀死了，就趕緊去買來補上。

約過了十五天，范某因公務出差，他的妻子看到籠子裡滿滿的麻雀呼叫著，不由得嘆了口氣，說：「如果只因為我這一條命的存活，卻要殘害這麼多眾生的生命，這多殘忍啊！我寧可去死，也不讓這些鳥痛苦。」

於是她打開了鳥籠，讓一百隻麻雀全都自由飛翔了。

她丈夫隔天回到家中，看見麻雀都不見了，非常生氣的責備她，但是她依然沒有後悔。後來，她的病竟自然而然痊癒了。

范某夫婦結婚很久，一直沒有生孩子，這一年，妻子忽然懷孕，後來生下一個男孩。只見男孩胳膊上有兩個黑色胎記，形狀如麻雀般，一隻飛翔，一隻啄食，惟妙惟肖。

慈悲心就是不自私，能為眾生的苦著想，以一百隻麻雀的快樂為自己的快樂，這樣無私的快樂才是真正的藥方。

獵鹿殺子

廬陵有位吳唐，精於射獵。有一年春天，他帶著兒子外出去打獵，途中遇到一隻母鹿與小鹿正在遊戲，吳唐動了一念殺機，便拔箭射中小鹿，母鹿悲苦鳴叫著，吳唐又偷偷躲在草叢中，看見母鹿正用舌舔舐那死去的小鹿，於是又再發了一箭，將母鹿也射死。

不久後，又有一隻鹿走過，吳唐張弓瞄準，箭突然鬆開，射中了自己的兒子，吳唐把弓丟掉，抱著兒子痛哭。這時，忽然聽見空中有聲音說：「吳唐呀！母鹿愛牠的孩子，與你愛你的孩子，兩者有什麼差別呢？」吳唐一聽，驚訝地四處張望。這時一隻老虎從附近跳躍而出，一口咬斷了他的手臂，吳唐瞬間而死。

風和日麗，這是如何活活潑潑世界，但吳唐殺心一動，頓然變為慘霧陰霾。

從一對鹿母子的死亡，到兒子與自身的送命。有時候一連串的悲劇，最初情節的開始，其實只是一個惡念頭而已。

願人有失，毀人成功。

期望別人失敗，破壞別人成功。

看到別人遭遇不幸時，一般人總會起憐憫之心，然而「願人有失」是指心中期望別人失敗，或有所損失，「願」是內心所產生的惡念，雖然看不見，卻是一種心態。看到他人的不幸，心中卻幸災樂禍，不妨想一想，自己內心是不是常常有樣的心態？雖然沒有表現在行為上，卻已經起心動念了。

而「毀人成功」，有毀壞和誹謗他人成功，甚至是破壞他人成功之意，這已經是一種惡的行動。為了生存而競爭，不僅存在於生物之間的爭鬥關係，也是一種社會形式，包括人與人、群體與群體之間對於一個目標的爭奪。如體育比賽、升學考試、企業利潤等，無不在競爭的狀態中，也因為有了相對的比較，所以會期望別人失敗，才能求得自己的成功；唯有破壞他人成功，才能使自己立於不敗之地。

因此，有人把競爭當成是進步的動力，但現今也有人認為，競爭是這個時代所面的最大危機，在種種相對性的競爭比較下，可能讓生命與企業的視野變得狹隘，並充滿著不信任與不安全感。如果我們可以放棄輸贏的概念，從針鋒相對的競爭轉到合作的共享方式，重新翻轉思維模式，或許就不會再是「願人有失，毀人成功」的惡性競爭環境了。

《禮記》：「身可危也，而志不可奪也，雖危起居，竟信其志，猶將不忘百姓之病。」即使身有危險，但志不可奪，就算是危害到自己的生活起居，也要堅定志向，仍然不忘眾人所受的痛苦。這是說，即使在最危難的時候，仍然可以為他人著想，而不是處處為自己算計。

被丟棄的試卷

清朝年間，劉生和徐生兩人都在省城結業。他們相約在考場交卷時，彼此互相檢查一遍。當時，劉生因為看到徐生的試卷比自己寫得好很多，就假裝擠在人群中，故意把卷子丟在地上，並哄騙徐生說：「你看，你的卷子被擠丟了，該怎麼辦呢？」於是徐生哭泣著尋找。不過，一會兒有一位小吏官過來，從袖中拿出了卷子還給他，說：「剛才，看到有人把卷子丟到地上，我把它收放起來了。」

後來這次考試，徐生考中，但劉生卻終身不第。

如果團體的競爭中，發現有人的作品比你更優秀，你會選擇忌妒並毀壞他的作品，還是虛心向他人請教學習，使自己更進步呢？

東窗事發

秦檜為宋高宗時的丞相，卻與金人私通議和，企圖出賣國家。但是岳飛屢敗金兵，取得「郾城大捷」，節節報喜，壞了秦檜奸計，於是他一日之內連發十二道金牌，想要召回岳飛。

等到岳飛回到京師，秦檜便羅織罪名將他入獄。因為如果不殺掉岳飛，將破壞自己和金人的協議。所以秦檜與他的妻子坐在家中的東窗下，密謀殺死岳飛，他的妻子對秦檜說：

「擒虎易，放虎難。」意思是要把握機會殺死岳飛。於是為了永除後患，秦檜以「莫須有」的「罪名」將一代名將岳飛處死。

之後，朝廷派秦檜與金人屈辱議和，宋向金稱臣，每年向金納銀、絹，以淮水為界割讓土地。後來秦檜遊西湖，在船上被索命而死。不久，其子也死。妻子王氏請道士超度，道士在地府見到秦檜戴著鐵枷受苦。秦檜見到道士，請他轉告妻子王氏：「當時我們在東窗下設計陷害岳飛的陰謀，我已全盤托出，全部揭發了！」

任何陷害忠良的詭計陰謀，都難逃內心良心的譴責！有時候毀滅別人的同時，難道不也是在毀滅自己的良知嗎？

危人自安，減人自益。

使他人承擔風險而讓自己安樂，減損他人的利益而為自己圖利。

一般人遇到危險的事，沒有人會想去承擔；但遇到有利益的事，總會想多占一點便宜，這是無可避免的人性。然而，把危險推給別人，來換取自己的安樂，使別人蒙受損失，而使自己獲得利益，這種自私的心態，就是「危人自安，減人自益」。

《舊唐書．陸象先傳》：「損人益己，恐非仁恕之道。」是說損人益己的事，不是君子仁者的行為。人性當中，最珍貴的是仁義與公理的存在，不能都只為了自己，而完全不顧他人。《西遊記》：「廣智廣謀成甚用？損人利己一場空。」有些人處心積慮去謀奪算計，但是到頭來仍落得一場空。

近期流行「共好」一詞，就是人人用好的方法來做事，一起得到合理的報酬。因為美好的、安全的、有利益的事，是大家都想追求的，但危害他人、減損他人，卻不是一般人所願意的，所以要「共好」，也類似閩南語「講乎好」的意思。

這種良善的「夥伴關係」用在組織內部，能使成員奉獻心力，一起達到「全員與共、共創共好」的效果，形成彼此的承諾與共識，用在國家或社會，也是一種互相平衡以求共利的方式。

《禮記．儒行》：「儒有聞善以相告也，見善以相示也，爵位相先也，患難相死也。」是說人的關係，在遇到患難時能彼此相互救助，甚至於不惜生命。孟子：「徒取諸彼以與此，然且仁者不為，況於殺人以求之。」這裡「徒取」是赤手空拳之意。以不殺人而獲得地盤，仁者都不願意去做了，更何況是以殺人的方式，來獲得了一個城池，更是不應該去做的事。在利益與仁義的得失之間，孰輕？孰重？值得讓人三思而行。

劫數難逃

宋朝的李緒負責掌管永安軍務時，因為有一股龐大的盜匪勢力正在開始作亂，李緒因為很擔心自己會遭受災難，於是就使用一些不安好心的計謀，假裝推薦他的好友范錭上任，來代理自己掌管永安軍。

當范錭到任後，李緒馬上逃離永安的住所。之後，范錭全家來到此地，果真都被盜匪殺害了。

過沒多久，李緒被調任到臨安任職，就在他赴臨安的途中，遇到了一群強盜，全家也因此被強盜所殺死。

如果最初當事人選擇的是勇於擔當，直接面對盜匪的惡勢力，而不是貪生怕死，把災難推給他人，這樣局面會不會有所不同呢？換成是我們遇到危機，是要選擇奮力一戰？還是臨陣脫逃，把問題丟給別人呢？

邪惡禱文

宋朝戊子年發生大旱，米價大漲，廬陵人龍昌裔，他原就囤積米糧有幾千斛之多，於是趁這機會，高價出售。稍後，米價跌了下來，龍昌裔又寫祈禱文，請求上天再有一個月不要下雨，還特地親自到神廟去祈求。

就在龍昌裔祈禱完畢後，在回家的路上，他坐進一座亭子裡想稍稍休息一下。這時，忽然有一片黑茫茫的雲霧自神廟湧了過來。不久，馬上雷雨大作，龍昌裔就這樣活活被雷震死。官司過去檢視龍昌裔的屍首，解去他的頭套，就在他的髮髻中查到一張紙，寫著他那篇自私而貪婪的禱文。

龍昌裔有個孫子，去參加舉試，鄉鄰們將此事告訴了舉試官，於是他的孫子也無法被獲准舉選。

當人的心念常常裝著自私貪婪的不善念，還時時藏於自己的腦中，那麼會感應什麼果報呢？相反的，我們的心念如果常常是善念，那又該感應什麼果呢？

以惡易好，以私廢公。

把壞的東西丟給人，換成好的東西給自己，為圖私利而違背公眾利益。

不好的事情，不好的東西，每個人都不想要，但為了自己的私利，廢棄掉公共利益與福祉，而把好的事物留給自己，這就是「以惡易好，以私廢公」的心態，是大家所厭惡的。

例如工廠排放廢棄物，造成環境污染，而換來自己私人的商業利益，這就是把不好的留給大家，換取好的給自己，這樣私人的利益，已經廢棄了公眾的利益，形成大家的損失。

根據相關機構的研究報告，許多塑膠廢物阻塞排水，而引發淹水，甚至擴散疾病傳染，若以燃燒的方式，則會產生有毒物質，導致空氣污染，且每年因廢棄物管理不當而間接死亡的人數，約有一百萬人之多。有些人將塑膠垃圾傾倒入大海，不僅使海洋動物攝取了大量塑膠而死亡，對人類同樣有著嚴重危害。

天地是人類與一切生命共同生存的依靠，維護自然生態的平衡已成為人類的課題，但最根源的還是在人的自私心態，所以，不能只顧私人利益而危害了公共利益。

《書經．周官》：「以公滅私，民其允懷。」是說以公正、公平的情操滅除了自己的私心和私欲。蔡沈集傳：「以天下之公理，滅一己之私情。」漢朝孔安國說：「從政以公平滅私情，則民其信歸之。」所以，做眾人之事，就要有以天下為公的胸懷，才能使眾人信服。

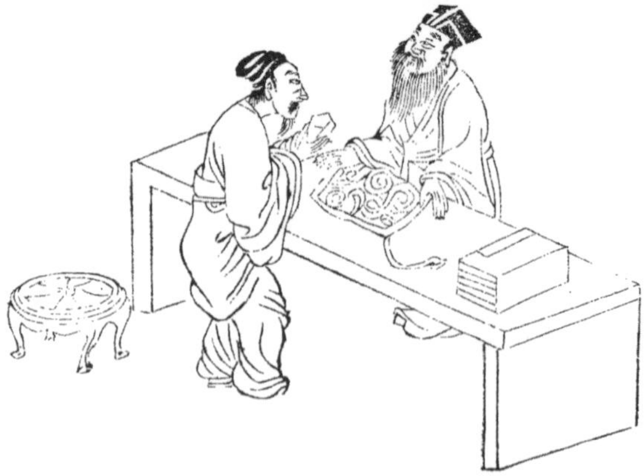

以石頭換美玉

宋朝文豪蘇東坡，珍藏了一塊極珍貴的美玉。那時有位官員章持，來到了蘇東坡的家中探訪，請求觀賞這塊精美之玉。然而，沒想到章持卻趁著觀賞美玉的時機，偷偷用一塊普通的燕石，換掉了這塊昂貴的美玉。

蘇東坡當時並沒有發覺，一直到抵達黃州時，才發現美玉早已被章持給調包了。不過，蘇東坡只是一笑置之，並沒有很在意。而章持得到了這塊美玉，卻自以為慶幸。只是這件事情沒過多久，章持就被朝廷貶官，流放台州而死，美玉自此也不知歸何人所有了。

一念不當的貪著，卻染污了心地。每一個人都有喜好的事物，和不喜歡的事物，我們是不是常常把不好的事物偷偷丟給人，而竊奪別人美好的事物呢？

福地陰德

江蘇六合縣的縣官林克正，曾邀請風水師仰思忠為其尋找一塊墓地。林克正的姻親，其父生前也是知縣，死後尚未安葬，因此林克正就推薦仰思忠。經幾日後，終於尋覓一處吉祥地。但勘查墓穴時，驟降大雨，只好返回，並相約改日天晴再勘驗墓地。

那天晚上，仰思忠便夢見一位老人對他說：「你今天幫人選擇的墓地理想嗎？」思忠回答：「是的。」老人又說：「這塊好地千萬不要給他，這位方大人生前做考官的時候，

營私舞弊，收人錢財，賣了三個舉子，他的陰禍就要來臨了。你如果把方大人埋在這裡，他的子孫將會顯赫榮耀，這會違背上天的本意。」

仰思忠醒後，詢問林克正有關方大人生前的事，果然如夢中所說的一樣，收受賄賂，替考生打通關節。於是仰思忠趕忙找了個藉口返回家鄉，不再為方家尋找墳地。

過了幾年，仰思忠遇到方氏同鄉，隨口詢問方氏父親是否安葬？那同鄉人說：「方家因為與有權勢的人家爭奪墳地，出了人命案，雙方訴訟至官府，糾纏不清。至今仍未安葬，家業也逐漸衰敗。」恰如夢中所示的天意。

人人想尋找好福地來安葬，以求功名富貴。但真正的好福地在哪裡呢？其實，真正的福地，是要在心田裡安善種子。

竊人之能，蔽人之善。

竊取別人的技能長處，隱蔽他人的優點。

「竊人之能」就是把別人所創作的圖案，專利品等，偷竊而來變為自己的，這也是對他人智慧財產權的不尊重，也是「蔽人之善」，掩蔽他人原本的優點，並侵犯到別人的利益。

例如「仿冒行為」，就是違規使用他人的商品標誌，使自己與他人所經營的商品混淆，混水摸魚以牟取非法利潤。這種「不耕耘只想收穫」的心態，是不正當競爭者剝奪了正當經營者的利益。過去有所謂「山寨文化」，利用盜版、複製、仿冒等，以低成本來模仿主流品牌產品的外觀或功能，如山寨機、山寨包等，以價格等方面超越原本產品，其行為涉及翻版、模仿等，有些產品甚至已經觸犯法律底線。

《戰國策》：「不蔽人之善，不言人之惡。」是說不要掩蓋別人的優點，也不要議論別人的缺點。古人教導我們要讓自己心胸開闊，一個有德的人，不會讓偏見和嫉妒所蒙蔽，如此，就不會去忽視別人的優點，也不會對別人的短處，四處處宣揚，說三道四。

君子不「竊人之能」，尊重而自律；不「蔽人之善」，寬宏而有量。

《禮記》：「君子不自大其事，不自尚其功，以求處情。」這是說君子不會自己去誇大自己的事蹟，也不會自己去顯耀自己的功勞，只是求一切符合實情。又「彰人之善而美人之功，以求下賢。」這是說要多彰顯他人的優點，讚美別人功勞，且能謙恭的對待有賢德的人。

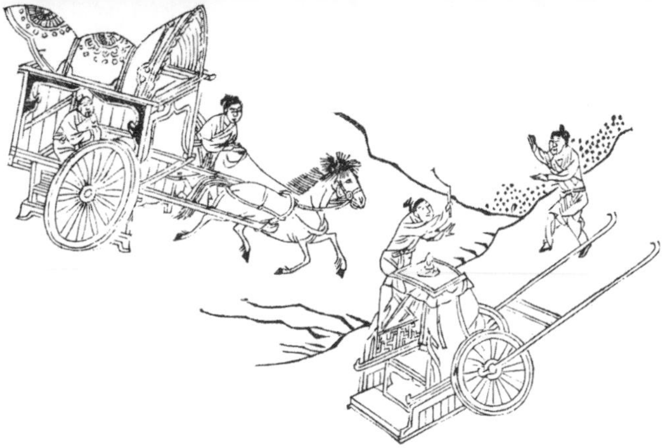

解決河流阻塞的人

在周朝時，梁山發生山崩，晉國國君召見大夫伯宗以了解實際情況。伯宗在前往晉見途中遇見一車夫，就問說：「你最近可有聽到些什麼消息呢？」車夫回答：「梁山一處山崩，崩落的土石流，把河流壅塞住，聽說晉君正召見伯宗商討解決此事！」伯宗又問：「你可知如何解決？」車夫說：「這簡單，只要晉君能親自率領百官到梁山祭拜，河水就可通了。」

伯宗就以車夫的建議，向晉君報告。晉君採納這辦法，果然河水就流動了。晉君就問伯宗說：「你是如何知道用這方法呢？」伯宗說：「這是我自己想出來的。」孔子聽聞之後就說：「伯宗恐怕會絕後了！因為他竊取了別人的善行，當成自己的善行！」後來伯宗遇害身亡，卿大夫的官位也就結束了。

只想竊取別人的長處，侵為己有，恐怕只是享有短利，而不長久。為何不廣結善緣，得到更多的助力呢？所以我們要常常讚揚或推舉別人的善行與長處。

節婦的哭訴

明朝萬曆年間，江蘇江陰縣籌劃修訂縣誌，有一位廩生很有才華，去參加縣誌修訂。他翻閱了舊縣誌，查到有兩位節婦的事蹟，因為描述得不夠詳實，便私自把內容全部刪去。

晚上他回家時，路過城隍廟，忽然看到兩位婦女走了過去，他於是尾隨在後。入了廟後兩位婦人走到城隍神像前哭訴：「我們辛辛苦苦守寡了一生，才留下這個美名，被記載在縣誌中，但這位麋生抹去這事實，輕易地把我們的名字都刪去了。」

城隍神便安慰她們說：「原本這位麋生在明年可以考中科舉的，但由於他這樣輕視貞德烈女，已經取消他的名字，讓他受點教訓。」

兩位婦女拜謝後，哭著離開。麋生聽了這番對話，惶恐不安地回家。第二年，果然因成績太差，被取消了資格。他因此憤恨憂悶而終。

有看似微小之事，卻是別人用一生的歲月才換得的榮譽；在團體中，看似小小榮耀，或許對別人是一生重要的光榮，所以別忽視了別人的感受。

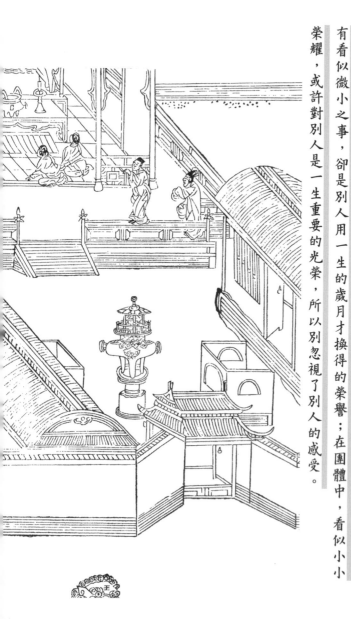

形人之醜，訐人之私。

張揚他人的醜事，揭露個人的隱私。

現代媒體評論，往往為了某種利益，常常會去挖掘或揭發他人的隱私祕密，以博取媒體版面與社論輿論焦點，這就類似「形人之醜、訐人之私」。如果揭發事件的是有害公眾利益之事，則是正義直言，但如果是汙衊毀謗或涉及人身攻擊，只是徒增是非恩怨，還得吃上官司。

《盤山語錄》：「修行人最忌諱的，就是說人家的是非好醜，乃至於一切世間的事情；不是與自己有關的事情，不但口不可以說，連心都不可以去想。只要是口說心想，便是蒙蔽了自己的本性。」想一想，如果自己有不好的事或隱私祕密，會希望被張揚或揭發嗎？這樣不但有損厚道，而且還會還會帶來災禍。

朝金纓在《格言聯壁》上說：「靜坐常思己過，閒談莫論人非。」這是說有修為的人在靜心獨處時，時常會反省自己所犯的過失；和別人閒談時，也不會談論他人是非。由於所看的角度不同，每個人價值觀也不同，是非對錯有絕對嗎？任意批評他人對錯，只是將自我主觀價值的判斷量尺，去度量別人而已。

批評別人是非，論人是非之事，自己也是是非之人。

《禮記．表記》：「君子不以其所能者病人，不以人之所不能者愧人。」這是說君子不會用自己所擅長的事，去指責別人的弱處，也不會拿別人不能做到的事，去責備，使他人感到羞愧。自己的才能再好，也應該謙卑善用，不應該炫耀，而自己和別人都不能做到的事，也不用苛責，這都是徒增困擾或羞辱他人。

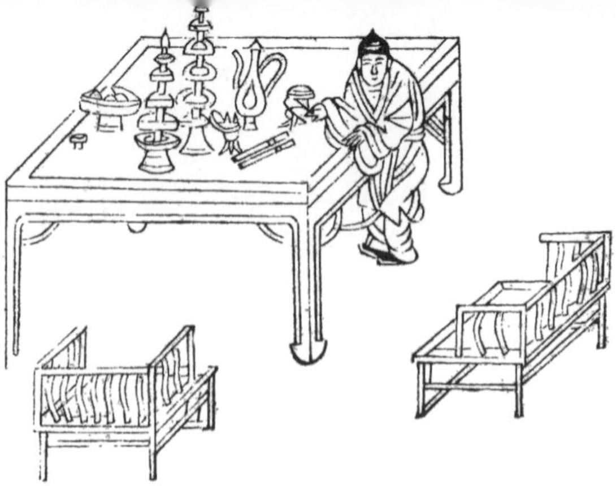

被隱瞞的偷竊真相

北宋名臣張齊賢，以右拾遺為江南轉運使。有一天舉行家宴，一個僕人暗自偷了一些銀器藏在懷裡，張齊賢在門簾後看見這一切，卻沒有過問。

齊賢晚年時任職宰相，他家中僕人也都當了官，卻只有那位竊盜的僕人沒有任何的官職俸祿。

這位奴僕趁著空閒時，跪在張齊賢面前哭泣說：「我侍奉您時間是最久的，比我後來的人，他們都已經封官，為什麼您就偏偏把我遺忘了呢？」

張齊賢只好無奈地說：「我原本是不想說的，但你又會怨恨我。你還記得嗎？在江南時，你私底下偷盜銀器的事嗎？這件事一直藏在我心中近三十年了，我一直沒有告訴過別人，即使連你也不知道。現在我位居宰相，在派任官員時，要的是賢良忠誠，不是貪官污吏，我怎麼能推薦一個偷竊的人當官呢？看在你已經侍候我很久時間了，現在給你三十萬錢，你就離開這兒，自己找個地方安家吧。因為我既然揭發這件事，你也必然有愧於我，而無法再待下去了。」

這位僕人非常震驚，哭著拜別。

成為別人的下屬，服侍在上位者，有時候並不在於服務時間的長短，而是真誠盡忠的與否。

只需十貫錢

宋朝當時在魏國有個叫于令儀（今山東曹縣一帶）的商人，做人非常忠厚，也不得罪人，晚年時家道也非常富足。

某天晚上，有一名小偷潛入他家中行竊，被他的兒子逮住，竟然發現是鄰居的小孩。于令儀問說：「你一向很少做什麼錯事，到底有什麼苦衷要做小偷盜賊呢？」

鄰居的小孩回答說：「我只是因為家中貧困所迫。」于令儀問他需要什麼東西，那人說：「我如果能得到十貫錢，足夠穿衣飽飯就可以了。」于令儀就照他的需要給了他十貫錢。那人離開時，于令儀又叫住他，他大為恐懼。

于令儀對他說：「你現在還是很貧窮，如果晚上帶着十貫銅錢回去，恐怕會被人追問這錢財的來源，你到明天再過來拿。」那人深感慚愧，後來也變成善良的人。左右鄰居鄉里也對于令儀都十分稱讚。

君子的厚德與慈憫，不會去張揚別人的醜事，體貼當事人的困境，並使他改過遷善，這就是一種仁德的修為。在生活中，遇到別人有類似的困難，我們也應該能夠有所體諒，適時給予協助。

耗人貨財，離人骨肉。

耗損他人貨財，離散他人的親屬。

要耗損他人的財物，通常就是引誘別人陷入嫖妓、賭博、酗酒、毒品等事，而自己則可以乘機從中獲取利益，而這不但會使人消耗浪費個人財產，也可能導致受害人家破人亡。

佛陀在《善生經》中提到有六種行為將會使自己的財物減損，即沉迷於賭博、飲酒、沉淪妓樂、結交惡友、怠惰、不正當工作而四處閒晃。所以，我們應當警惕這六種惡行所導致的財物損耗。

「離人骨肉」有兩種情況，一種是追迫債務，或以官司勒索，逼得人家骨肉分離；一種則是挑撥離間，使得人家庭不和或彼此鬥爭。有些人為了自己的利益，不惜用逼債、挑撥離間或拐騙等惡劣手段，使得他人親屬之間彼此分離，為其帶來痛苦與災難。

而有德之人見別人的家庭因為貧困難以生存下去，都會幫助他們度過難關，使他們不致分離；家庭不和的，就為他們勸導，化解彼此的誤會，使其和睦相處，這才是一種利益他人圓滿的方式。

《論語》：「放於利而行，多怨。」這是說如果我們只是追求利益而行，將招致更多的怨恨。孔子認為具有高尚人格的君子，不會只總是考慮個人利益得失，如果只追求自己個人利益，就容易招來怨恨和指責。試想，如果每個人在起心動念時，所思考的都是自己的「利」，那麼人與人之間便容易產生衝突，相反的，每個人多想一下對別人所造成損失與傷害，人與人之間的氣氛將更為和諧。

一間房舍的代價

明朝有一位徐池，他非常富有，卻很貪心，他看見徐八的房子很漂亮，便想謀取。徐八最初並沒有想賣房子，徐池就引誘徐八的兒子去嫖妓浪蕩、賭博，導致他傾家蕩產，徐八因此而負債累累，最後只得把房子賣給徐池。徐八非常難過，父子不和睦，最後憤悶而死。

之後，徐池的兩個兒子和五個孫子都陸續染上怪病，徐池夢見祖父對他說：「你的災禍就要來臨了！」於是他跑去詢問巫師，巫師說：「這是徐八在陰府控訴，他心中有怨！」徐池一聽，心裡感到十分恐慌，就設壇作法事，又趕到城廟去祈求解決的辦法。

走到城廟的時候，有位乞丐對他說：「你就是那位徐池嗎？我昨晚睡在廟裡時，聽見有人在控訴，那個人向神明喊著你的名字，說徐池誘他兒子賭博，導致傾家蕩產，神明也很生氣，沒想到今天就碰上你來祈禱。」徐池聽乞丐這麼說，非常驚恐，回家後不久就死了，之後，子孫也都相繼離世。

因貪圖他人的房產而計謀耗損他人的財物來取得，這樣的不仁不義手段，縱然是擁有，卻與人結下恩怨。想一想，這是奪來了財富？還是奪來了別人的怨恨？

父子團聚

明朝末年，因為陝西發生戰亂，袁高義帶著全家逃離戰亂。他唯一的兒子卻不幸離散。

他逃到江南後，打算買妾再生一個孩子。

當時有對貧窮夫妻，一次丈夫對妻子說：「這種苦日子太難熬了，真是生不如死。」他的妻子是個姿色姣好的少婦，哭泣著說：「你就把我賣了吧，換幾十兩銀子，你或許還能勉強過日子，等你以後有了錢再娶。」丈夫就哭著同意她了，於是請媒人告訴了袁高義。

袁高義付了三十兩銀子，把少婦娶回家。新婚之夜，少婦對著燈哭個不停。袁高義問她：「為什麼哭？」少婦說：「我是因為貧苦所逼，為了保全丈夫的性命，所以才賣身。回想起我們往日的恩愛，現在又另嫁他人，怎能不感傷呢？」

袁高義也不忍心，於是請鄰居婆婆陪伴她。隔天便讓她丈夫把她帶回，並送給他們一百二十兩銀子做點生意，夫妻二人連連拜謝。

他們後來開了藥店，聽說湖北的藥材便宜，便去買藥。當時旅店主人正要賣一個男孩，男孩相貌堂堂，那人心想：「袁公對我有恩，就把這個男孩獻給袁公吧，至少可以幫忙做事。」於是向店主問價，後來以十二兩銀子買下那男孩。

回來後就獻給了袁高義，袁高義仔細端詳這男孩後，驚訝發現，正是自己失散多年的兒子，於是抱頭痛哭，悲喜交加，骨肉離散多年，袁高義也已年過半百。這孩子在江湖漂泊，既有膽略，又能騎馬射箭，之後屢立戰功，升官至參將，成家後生了五子，袁高義也受封。

後來他的孩子衣錦還鄉來見他。袁高義心有所感：「當年我不忍心拆散恩愛夫妻，也因此骨肉離散又父子團聚，子孫滿堂，享榮華富貴。這麼看來，上天怎麼會不公平呢？」

因為美德的善報，使得自己骨肉團聚，這或許是一種巧合，但也是一種感恩的回報。我們要選擇種下別人對我們的感恩？還是要種下別人對我們的仇恨？

侵人所愛，助人為非。

侵占他人所愛事物，幫助他人做非法之事。

我們每一個人都有自己所愛的事物，所有生活所需的，也不想被人侵占或剝奪，這些包括親愛的伴侶，或是房產、財富、珍貴物品等等，因此可以想見，如果用欺騙或搶奪的手段去侵人所愛，而占為己有，他人必定心中怨恨。

馬致遠《馬丹陽三度任風子・第四折》：「君子不奪人之好。」是說有德的君子，絕不會去搶奪他人喜愛的東西，以免招來他人怨恨。

「助人為非」是指幫助或成就別人去完成惡的事，這就是成人之「惡」，但也是「成己之惡」。更何況，如果已經知道他人所從事的是非法事業，又願意參與協助，自己就是幫凶或共犯，也等於觸犯了法律，不僅隨時處在被緝捕的危機中，自己的身心可能也無法安穩度日。

另一種情況是，不了解合夥人從事非法事業，或已違反法規，所以在合作創業或是選擇投資時，一定要確定合夥人是否正當，有無違法情形，一旦所投資事業的合夥人有從事黑心商品或操持有害他人的事業，就等於落入「助人為非」而不自知的窘困，而參與投資也一樣具有這些惡行的責任。

《論語・顏淵》：「君子成人之美，不成人之惡。小人反是。」意思是說，君子成全人家的好事，不幫助別人做壞事，小人則相反。成人之美就不會去侵人所愛，不成人之惡就不會去助人為非。

畫紙中的亡妻

明代張綵為宦官黨羽，任吏部尚書官位。當時有位劉介，少年登科，所娶的妻子吳氏有天姿國色。張綵極為愛慕吳氏，特地提拔劉介的官位，卻以此事對劉介說：「你要用什麼來報答我呢？」劉介說：「除一身之外，都可奉獻給您。」張綵說：「我愛慕你的妻子，你也已經許諾了。」劉介驚愕得不知如何是好。但隔日，張綵便派人抬著轎子領走了劉介的妻子。然而，張綵的妻子性格狠妒，日日欺凌吳氏，後來吳氏上吊自殺，並留下遺書請求將屍體還給劉介。但張綵震怒，命令人用火燒了屍體，將其骨灰投入河中。

劉介被免官回到原處，日夜思念亡妻，一日，聽聞一位茅山道士善招魂術，於是前往。道士要求亡者衣物，劉介在箱屜裡取亡妻最愛的百蝶裙。道士取衣，立了一張白紙，貼上符咒，供上香花酒果後說：「你要想像她的聲音容貌，每天看著這張紙，如同你的妻子一般就可以了。」到了第三天，紙上隱約有人的樣子，直到第七天才見到他妻子的形象，劉介不覺傷感痛心起來。

到了半夜，道士寫符念咒，舉著裙子向畫擲去，不久漸漸聽到哭聲，吳氏從畫中出來了，她握著劉介的手說：「我仍時時刻刻思念著你，但張綵侵奪你的所愛，殘毀我的屍體，此罪惡，天將有誅滅全族的災禍懲罰。而我仍然感恩你戀戀不捨，十七年後，我仍是你的夫人。」道士勸吳氏立即歸去，免遭受冥府譴責。吳氏魂魄散去，那畫中仍然是一張白紙。

劉介對紙而泣，道士說：「十七年光陰如一瞬間，不如等待再次相會。」劉介謝以豐厚酬勞，道士卻分文不收，相別而去。張綵後來因為劉瑾黨羽被誅滅三族，劉介又被起用為原官，到了四十二歲，有位姓吳的大官，其女年齡十七歲，推介與他結為婚姻，劉介娶下她，

觀察她的聲音笑貌舉止，宛然如前妻，也愛穿百蝶裙。

以權力侵奪他人所愛，但人易奪、心難奪，最後空留遺憾與怨恨，這是奪人之愛？還是奪人之恨呢？

一味討好的下場

明代楊開，是丹陽縣的縣令，個性凶暴強橫，斷案主觀；楊詢是他的幕僚，楊開每件事都會和楊詢商量。但楊詢個性奸巧諂媚，善於揣摩人心，一旦察覺對方心意，就加以慫恿，博得他的歡心。因此，明明知道楊開做法不對，也不敢直言，怕去忤逆他，於是凡是楊開所做的一切，楊詢只是一味的贊成稱好。

有一天，在一個非常炎熱的日子裡，楊開下令用杖刑處分衙門裡辦事不力的官員，以及牢中囚犯，一共約打了四十多人，其中有兩位當場被打死了，楊詢竟然還在旁稱讚說：「很好、很好，處分明快！」

就在那天晚上，楊詢夢到自己到了陰間，判官譴責他說：「你常鼓勵楊開作惡，他的罪行應該連坐到你。」不久之後，楊詢便惡疾而死。

慫恿、讚嘆鼓勵他人惡行，也等同自己的惡。然而，有一種勇氣也考驗的我們能否在權力者的面前，願意為正義挺身而出？指正上位者的錯誤？

逞志作威，辱人求勝。

藉勢作威作福，以侮辱的方法求取勝利。

「逞志作威」就是仗勢欺人，作威作福。《彙編》上說：「若動逞威稜，即有懾服，而人不懷德，何以居人上乎？」如果領導者動不動就逞威勢，就算能使人畏懼而服從，縱然表面上好像折服他人，但心中往往不服，終究不會讓人因你的德澤而順從。

如此，一個領導者要如何讓人心服歸順？成功的領導者，必然內心正直，嚴以律己，寬以待人，待人謙和，常給人好處與方便，他人自然會佩服敬愛。

「辱人求勝」是用侮辱人的方法來求自己的勝利。民主社會裡最具代表性的是激烈競選競爭，難免互相攻擊或辱罵，以求得自己獲大眾的選票，也許這樣的方式可以獲得某些支持者，但也可能讓某些選民認為這個候選人缺乏氣度，而失去一些選票。因此，「辱人求勝」未必是好的策略。

此外，有些人見不得人好，如果別人條件比自己更好，就喜歡在大眾前酸言酸語的嘲謔羞辱，表面看似占了上風，事實上，只是顯露了自己的心胸窄小與忌妒。這是勸導我們待人處世要謙虛、恭敬，多讚美他人，以德服人，自然能提升自己的格局氣度。

《禮記．禮運篇》：「夫禮者，卑己而尊人。」這裡的「禮」是說要把自己看得卑下而凸顯對他人的尊敬。《禮記．中庸》：「君子之道，辟如行遠必自邇，辟如登高必自卑。」則是表現君王禮賢下士的領導態度。

神僧的告誡

杜荀鶴是晚唐詩人，他在還沒有顯貴時，就夢見一僧人告誡他：「你未來將得到君王的賞識，如果逞志作威，則必死矣。」後來，唐亡後，得梁太祖朱溫的賞識，杜荀鶴遂依恃聖寵而大肆暴虐。

他幾度變節，與一些知識分子結下仇怨。

之後，他忽然夢一神明來斥責他：「你難道忘了神僧所說的話嗎？上天將罪責於你了！」杜荀鶴後任命為翰林學士，但才任職五日就過世。

權力的威勢，有起有落，恃寵而驕，容易結下忌妒與仇怨，仇怨易結不易解。

一杯酒殺三人

南北朝時，張纘被授位湘州刺史，途中經過郢州。那時郢州刺史是邵陵王蕭綸，蕭綸特地為其餞行，席間賓客中有一位才學之士吳規，蕭綸對他非常禮遇，所以吳規也隨蕭綸出席宴會。但是，張纘見到吳規在宴會座上，覺得吳規並不配與他同起同坐，於是喝酒時，張纘忽然舉杯道：「吳規，這杯酒是慶賀你能夠陪侍這次的飲宴，是你三生有幸。」

吳規聽了這番話，內心大怒，起身離開。回家後，吳規的兒子看到父親非常不高興，便詢問什麼原因，吳規告訴了兒子，他的兒子竟然氣結而死。吳規既氣恨又心痛，悲憤交加，沒多也死了。吳規的妻子因為兒子、丈夫相繼去世，也悲傷過度而死。當時人因此傳說：「張纘一杯酒，殺吳氏三人。」可見張纘為人處世的恃才傲物。

一杯敬酒的羞辱，竟然可以讓三人憤怒鬱悶而死，可知語言羞辱的殺傷力。或許說話的人根本毫不在乎的輕描淡寫，但聽話的人，卻耿耿於懷，這也提醒我們要修養自己的語言。

敗人苗稼，破人婚姻。

敗壞農夫所種的稻穀，破壞別人的家庭婚姻。

《史記．酈生陸賈列傳》：「王者以民人為天，而民人以食為天。」因為人民是以糧食為生存的根本，而農夫的春耕夏耘極為辛苦，所以在施政上應重視水利灌溉，避免田地乾旱；颱風豪雨時，又要注意提防潰決，以防稻田淹沒；另一方面也要注意農作時節，防止產量過剩。這些都是興利苗稼的措施，以解決缺糧的問題。

除此之外，現代人還面臨更多的問題，《無量壽經》上說：「唯此世間，善少惡多，飲苦食毒，未嘗寧息。」這裡的飲苦食毒，就是現代所謂的黑心有毒食品，將有毒物或不能飲食之物加入食品當中，如食用油、奶粉、醬油等，使飲食安全充滿危機，而危害的食品一旦被發現，將遭到查封而棄置，又形成一種浪費與環境危害。

另外，破壞他人婚姻的情況，包括在婚前的詆毀破壞或阻撓，或在婚後挑撥離間而引發夫妻不和，或者介入已婚者的感情而攪起家庭風波，例如網路上曾經有所謂的「二奶們」成立「小三」（介入婚姻的第三者）網站協會，還定了一個節日為三月三日「小三節」，她們要向元配宣戰，並嗆言：「沒有拆不散的家庭，只有不努力的小三。」這就是明目張膽地「破人婚姻」，不僅破壞幸福、製造怨恨，更將導致社會的不安定。

《孟子．梁惠王上》：「不違農時，穀不可勝食也。」這是說不違背、妨害農作時間。《禮記》：「昏禮者，將合二姓之好，上以事宗廟，而下以繼後世也，故君子重之。」這是說家庭婚姻不僅僅是夫妻兩人之事，還擔負著祭祀祖先，傳宗接代的責任，為社會所重視。

蒸熟的稗種

有位名叫錢益的僕人，他的主人因為謀求鄰居的田地沒有得逞，就命令錢益拿著幾斗稗草的種子，偷偷散到鄰居田地，來破壞農作物的生長。

錢益便對妻子說：「人家辛勤耕作的農田，我怎能忍心去破壞呢？但是我又不能違抗主人的命令，這到底該怎麼辦？」之後錢益想了一個方法，他偷偷地把那些種子蒸熟，然後再撒入鄰家稻田中。主人看見田地已撒滿稗草種子，就放心離去。但過了很久，卻沒看到種子發芽，主人感到奇怪，也不知道是什麼原因。

之後，錢益生了兒子考中進士，成了顯赫的官員。錢益跟隨兒子上任並受封，但他因為年邁重病纏身，自知壽命不久。但扶乩降神說：「因為你三十年前做了善事，沒向鄰家撒稗子，所以你的壽命將會延長。」後來他的病果然好了。

如果有一天你的主子要你去幹壞事，你該會怎麼處理呢？君子成就他人的善行，不會去成就他人所要造的惡。故事中的僕人有品德，更有智慧。

一紙離婚書的下場

孫洪年少時和同窗學友共遊太學，有一天，學友收到家信後卻隱藏起來，孫洪便不斷詢問，學友告訴他父親信中的內容：「昨天我夢到神人預告登科名單，我看到了考生錄取榜，原本你和孫洪都有名字。但是孫洪名下有行紅字說，某日替某人書寫一離婚協議書，受上天責罰，因而取消名籍，刪除他的功名。」

孫洪很驚訝，學友問是否真有此事，孫洪回答：「最近我遇見一對老夫婦，要吵架離婚，便請我代寫離婚書。沒想會受到上天譴責！」考試後放榜，學友考中，孫洪落榜，兩人這才相信此夢。孫洪因此悶悶不樂，學友說：「不然，等我回去時，替你勸那對老夫婦，怎麼樣？」於是學友找到了兩位老人家，勸他們復婚後，寫信告訴孫洪，孫洪非常感激。之後孫洪以太學內舍生的名義，免除省試，一路青雲直上，做到了侍郎。在他任職期間，凡是遇到離婚之事，就設法調解，保全了很多家庭。

古諺所謂：「寧拆十座廟，不拆一對婚。」勸和不勸離，保全別人的婚姻，這也是一種幸福的施予。

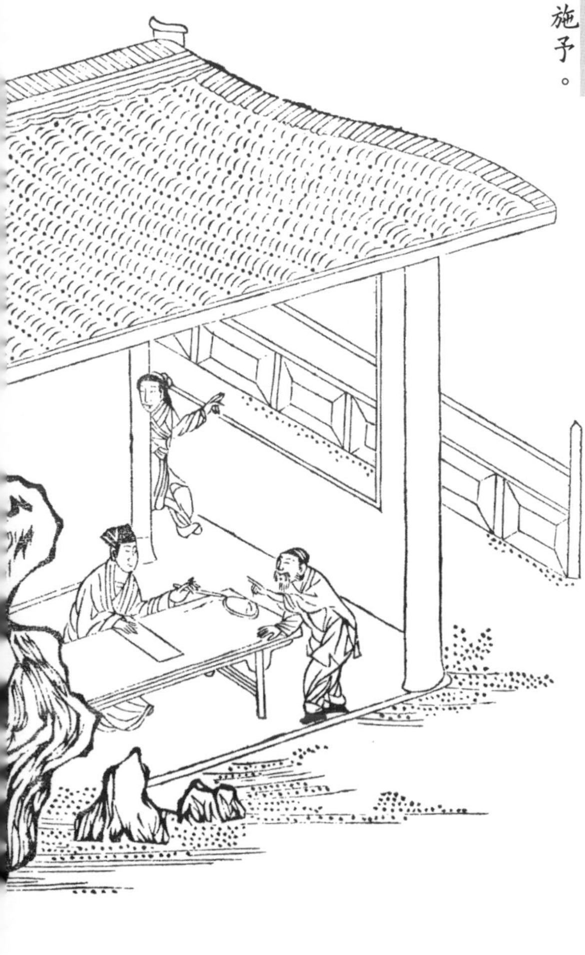

苟富而驕，苟免無恥。

姑且獲得一點財富就驕傲，犯了錯，倖免於責罰，卻無羞恥悔改之心。

「苟富而驕」是指姑且得到了一點小財富，未必是大富大貴，就仗恃著錢財而驕傲自大，如同小人得志，一下子發了財，就無知妄為，甚至奢侈浪費，揮金如土。現今有一種被通稱為「炫富」的行為，也就是展示、賣弄自己的財富，讓別人知道他非常有錢，他們喜歡在網路社群上，炫耀個人名牌包、豪宅、跑車、遊艇、飛機等等。這種炫富心態，古今中外皆有，《世說新語》裡記載西晉的石崇和王愷彼此爭相比較自己的富有，王愷在家門前用名貴絲綢編成屏障，兩旁夾道四十里，石崇為了比富，用更貴重的彩緞鋪設了五十里，但石崇最後的下場卻非常悲慘，在政治鬥爭下遭夷三族。可見世間無常，財產再多，也不能永遠的擁有，因為世間財為五家所共有，即政府、盜賊、火災、水災、敗家子嗣。

「苟免無恥」是僥倖免於責罰，卻沒有悔改的羞恥心，《禮記》：「臨難毋苟免。」是說當一個人面臨災難時，不要心存僥倖，想躲避災難。例如有些人用盡心思，只在求得僥倖逃過法律刑責，卻完全沒有一絲悔改之心。

孔子說：「行己有恥。」就是要對自己偏差的行為感到羞愧。佛陀對弟子的教導中有兩種修持方法，一種叫做「慚」，能自己反省而感到羞恥，即「自慚形穢」；一種叫做「愧」，在面對他人時要感到愧怖，如「愧對父母」。佛陀並說，凡夫能以這兩種方法，來救度自己的心。

《禮記》上說：「小人貧斯約，富斯驕；約斯盜，驕斯亂。」是說小人貧窮時因窘迫而自甘墮落，一富有時就驕奢傲慢。日子一窘困，就想去偷盜搶劫，驕奢就容易犯上作亂。所以孟子說：「人不可以無恥，無恥之恥，無恥矣。」是指無論如何，人都不可以沒有羞恥之心；不知羞恥的那種羞恥，才是最無恥的人。

親自下廚煮粥的主母

宋朝楊誠齋夫人羅氏，年紀已七十多歲，每每在寒冬黎明時，她就會起床到廚房親自煮粥，讓每個僕人喝過熱粥後，才讓他們上工幹活。她的兒子山東對她說：「娘，這麼冷的天氣，您何苦這樣辛勞自己呢？」羅氏說：「這些僕人也是人家的孩子啊！冬天清晨如此寒冷，必須使他們肚子裡有熱氣，才有辦法工作。」

她的兒子擔任太守時，她還在田圃種植，親自紡線織衣，當時她已八十多歲。有一天，羅氏患了小病，痊癒之後，便拿出自己所有積蓄，說：「這些是多餘的，我積蓄太多這些東西心裡就不快樂了，現在就拿出來感謝大夫，相信我自然也就沒事了。」她平時的生活也非常簡樸，生育了四子三女，全部親自哺乳，她說：「餓著別人的孩子來哺育我的孩子，這究竟是什麼樣的心態呢？這事我做不出來。」後來，她的三個兒子都考上進士。楊誠齋父子為人清正耿直，除了與生俱來的特質，也深受羅氏夫人道德典範的影響。

羅氏夫人展現了大戶人家的長者風範，而我們是否也能如她一般，對身旁的一切人，也能將心比心，貼心的對待呢？

跪拜而來的權位

蘇威是隋煬帝的大臣，當時煬帝極為自負，藐視眾臣，只對蘇威敬重。大業十二年，

煬帝到揚州，被宇文化所殺。蘇威沒有討伐，卻上書宇文化勸其稱帝，因此而被封爵。可以說，宇文化的僭位，是由蘇威一手促成。

之後，宇文化衰敗，蘇威又歸順李密。李密敗，又歸附東都越王楊侗，並受封。之後王世充僭位，又封蘇威為太師，蘇威望塵而拜，王世充雖然任用蘇威，心裡其實很鄙視他。後來秦王李世民平定王世充，蘇威求見，秦王沒有見他，並派人傳話，數落他說：「你本是隋朝宰輔，國政混亂時，你無法匡救，逢迎煬帝，以致生民塗炭。君主被殺害，國亡後，你苟且偷生，歸附他人，每次都拜伏下跪。現在你既已老，何不回鄉，為你死去的主子守節。這裡都是少年忠義之士，如果你入朝，恐怕帶壞風氣，就不勞煩你了。」

蘇威聽聞後，絲毫沒有羞愧之心，又至長安求見唐高祖。高祖也未答應，蘇威因此抑鬱而終。

為何古人要說：忠臣不事二君？秦王之所以不再任用蘇威，就像一個主子擔心幕僚的背叛一樣，一個人如果只會貪淫富貴、攀附權位，這種人值得被信任嗎？

認恩推過，嫁禍賣惡。

冒認他人所施恩惠，推卸自己的過錯，將自己的災禍轉嫁給他人。

《菜根譚》：「謹德須謹於至微之事，施恩務施於不報之人。」是說品德修養必須在細微處下工夫，行善施恩就要施給那些無法回報自己的人。既然知道對方無法回報，就是一種無所求的施恩，既然無所求，又何必冒認他人所施的恩惠？《朱子家訓》：「施惠勿念，受恩莫忘。」一個人要施恩於人，做了好事就該放下，不要總是念念不忘，更何況不是自己所施的恩惠，卻去冒認，或許是為了討好對方，有希求回報的心態；但只要對方稍加了解，終究會知道事實真相，如此，對方不但不會感激，反而會輕視這種捏造事實、無中生有的虛情假意。

又，如果過失是在自己，卻推諉給他人，也終究會水落石出，那麼反而更增加了別人對自己狡猾的厭惡和唾棄。《南史》阮孝緒傳：「己所不欲，豈可嫁禍於人？」在現今的《刑法》中，所謂「嫁禍罪」就是「把一個人的過失，冤枉是另一個人造成的，而要沒有犯錯的另一個人卻承擔過失責任」，這是法律上的罪責。而「賣惡」，出自《宋書》蔡廓傳：「與人共計議，云何裁轉背，便賣惡於人。」是指與他人共事，事後卻委罪於他人。總之，無論是「推過」、「嫁禍」或「賣惡」，都一樣是把不好的事物推卸給他人去承受，但有誰會願意承受這些呢？孔子說：「己所不欲，勿施於人。」便是要人凡事都要從自己的內心出發，對待他人，將心比心，自己不想要的，也不要強加給別人。

《禮記》：「善則稱人，過則稱己，則民不爭；善則稱人，過則稱己，則怨益亡。」是說有好事就稱讚別人的功勞，有過失就說是自己的過失，這樣大家就不會你爭我奪，彼此的怨恨也就會逐漸消失。

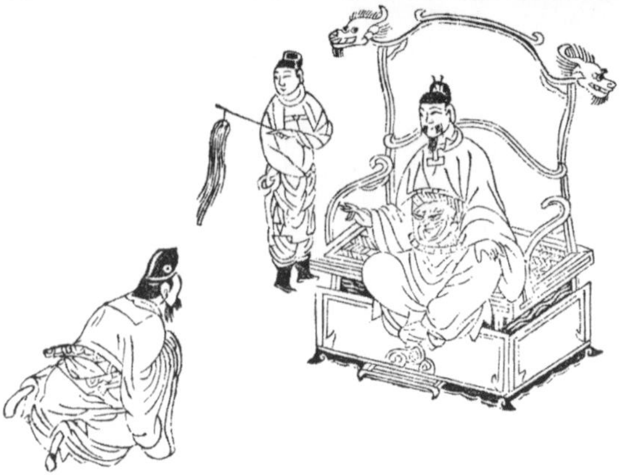

秉公無私的王旦

宋朝寇準因為得罪了他人而遭罷相。他托求太尉王旦（王文正），希望能求得任職官位，擔任使相（即節度使兼同平章事）。為人正直的王旦，立即勃然作色地說：「將相之任，怎麼可以私相授受！我不接受私人請託。」

但後來太尉王旦覺得寇準有才能，還是推薦了寇準為宰相，不久，寇準被宋真宗任命為使相，他參拜叩謝說：「非陛下知臣，安能至此。」但宋真宗告訴寇準，這是王旦的推薦。

王旦也多次誇讚寇準的長處，但寇準卻多次在皇帝面前說王旦的缺失。有一次，皇帝對王旦說：「您雖然誇讚寇準，但他卻經常說你的壞處。」王旦說：「這也是有道理，畢竟我在宰相位子處理政事已久，失誤必然較多。寇準不隱瞞我的缺點而告訴您，也顯示了他的忠誠，這是我器重他的緣故。」王旦的心胸寬大，皇帝也因此更加讚賞他的賢明。

如果你推薦的人在背後批評你，或捅你一刀，你會如何回應呢？有智慧的人，稱讚別人的優點，檢討自己的缺失，三言兩語就消弭了彼此的怨懟，展現厚德寬大的氣度！

殺不義，救無辜

明洪武年間，駐守京城的軍隊中有一校尉與一美貌少婦私通。一日清晨，那少婦的丈夫

剛離開，校尉便進入少婦家中，忽然聽見她丈夫又回來，校尉急忙躲到床下。少婦問丈夫：「你怎麼又回來了？」丈夫回答：「我剛出門發現今天天氣很冷，想起你的腳還露在被子外，怕你凍著，所以特別回來為你蓋被子。」那丈夫為少婦蓋好被子後，才放心出門。

校尉在床下聽到了他們之間的對話，心中十分憤怒，心想：「這丈夫如此疼愛他的妻子，但這婦人竟然背叛丈夫，與我出軌。」於是校尉爬出來，毫不猶豫地拔刀殺了這少婦，之後便悄悄離去，沒人看見。過了一會，一個常送菜給少婦的賣菜老翁來到她家，進屋喊了幾聲，沒見到主人，就自行離去，恰好鄰居看見了。後來，少婦的屍體被發現，官府認定凶手是賣菜老翁，經過一番拷打，賣菜老翁屈打成招，並被判斬首。

就在賣菜老翁將被斬首的那天，校尉闖進了刑場，在刑場上大聲喊道：「那少婦是我殺死的，怎麼能讓老翁替我頂罪償命呢？」並要求要面奏聖上。皇帝聽聞有人明知死罪，卻主動招認，非常好奇，於是決定親自審理。

皇帝見了校尉後，問：「你為何殺少婦？」校尉說：「那少婦姿色出眾，我貪戀美色而與她私通。那天我躲在床下聽見他們夫妻說話，這才知道她的丈夫對她疼愛有加，但她竟背叛丈夫。我一時氣憤就把她殺了。我不敢有所欺瞞，願以死償命。」便低頭領罪。

皇帝卻說：「你殺了一個不義的人，現在又救了一個無辜的人，值得嘉許。」於是就當場赦免，不再追究罪責。而賣菜老翁也一起被釋放。

如果你是故事中犯了殺人罪的校尉，知道別人被冤枉，將被斬首，你會無畏懼死，勇敢站出來認罪嗎？有道義的試探，也有勇氣的考驗，你的抉擇是什麼呢？

沽買虛譽，包貯險心。

謀取虛假不實的名譽，內心藏著陷害他人的心思。

「沽買虛譽」是指用金錢籠絡或以不正當的手段謀取名聲，又稱「沽名釣譽」。《管子》：「釣名之人，無賢士焉。」這是說玩弄手段獲取名譽的人，並不是可以重用的賢才。

《莊子》：「名者，實之賓也。吾將為賓乎？」莊子認為這些名譽是附屬的，是虛的，為什麼需要這些虛幻不實的東西呢？憑藉著財勢計謀爭得地位與獎賞，這些名聲並不是真實的。刻意創造的知名度，如果「名不副實」，自然也是無法長久；事實上有了學識、本領或功業，聲譽自然而然產生，也就能「實至名歸」。

「包貯險心」是指將險惡之心，包藏在內心中，讓別人不容易看出來，通常表面和善，但骨子裡卻藏著陰險害人的心，使人無法覺察，防不勝防。佛說：「一切法從心想生。」心地的巧詐陰險，連高山峻嶺、深河急湍之險都望塵莫及，種種災難其實都源於人們心懷不善的感召，所以《楞嚴經》上才說：「當平心地，則世界地一切皆平。」

《孟子》：「苟為無本，七八月之間雨集，溝澮皆盈，其涸也，可立而待也。故聲聞過情，君子恥之。」是說如果外在的聲望超過了真實情況，有德行的人認為是很可恥的。凡投機取巧，缺乏長久的苦心耕耘，僅是想取虛譽，縱使名利來臨，也有如一時急雨，也無法久留，結果必然會落空。

《論語》：「巧言、令色、足恭，左丘明恥之，丘亦恥之。匿怨而友其人，左丘明恥之，丘亦恥之。」這是說那些甜言蜜語、點頭哈腰的人，心裡卻懷藏怨恨地跟人交友，是可恥的。可見，孔子並不喜歡那些外表看似恭敬，又善於虛偽讚美的人，所以才會說：「巧言令色，鮮矣仁。」

三百萬貫錢的裁處

宋朝時張淇擔任江陰縣知縣，當時有些地方官吏強盜民資錢財達三百萬貫之多，且期間約有二十年之久，張淇發現這件事後，逮捕了數十多人。

轉運使趙廓對張淇說：「我在朝上聽聞了，這些都應該償還、典押，而且要放逐這些盜錢的官吏。」

張淇憂戚哀傷的說：「那就用殺人來求償還，如何呢？」於是召見全部的官吏，告訴他們：「如果能償還錢，則赦罪，不然就必須死。」

所有官吏的親屬聽到後，爭相把全部的錢都償還，十日內就湊足了，張淇又推有強盜錢財的二人已死的人為首，其餘者不追問。

趙廓感嘆道：「張知縣的為人實在不是我能比得上的。」

如果你遇到底下的人犯了錯誤，你會如何處理呢？要如何嚴格治人之惡？又給人一個改過自新的機會呢？

巫毒少年

在江東的一個村落，巫師們造了一座神廟，他們為了招攬信眾，想出一個主意。他們找了一個不相信神明又愚昧的少年，對他說：「如果你跟我們配合，你就可以拿到十萬錢。」

少年便問：「要我怎麼做呢？」

巫師們說：「你明天早上到廟裡咒罵一頓，吃一些供品，然後，假裝被鎊起來的樣子，趴在地上求繞。」少年便答應了。

他第二天果然這麼做了，那時觀看的人很多，少年趴在地上哀求時，卻再也起不來，因為供品被巫師放毒，少年忽然間七竅出血，倒地而死。

這個少年因為侮辱神明而受到懲罰的事傳了開來，人們也因此更加相信這間廟所供奉的神明非常靈驗。巫師們因而取得非常多的錢財，但最後，他們因為錢財分配不均而爭吵，其中一位巫師向官府告發了下毒巫師的罪行，於是他們全被官府緝拿歸案並斬首。

迷惑別人的人，常常自己也糊塗了，忘了自己也是惡行共犯呀！毒死別人的命，最終也毒死了自己的心。

挫人所長，護己所短。

挫損別人的長處，掩護自己的短處。

曾國藩曾說：「說人之短乃護己之短，夸己之長乃忌人之長。」是說那些常說別人缺點的人，內心其實是想掩飾自己的缺點，而經常誇耀自己長處的人，內心其實是嫉妒別人的長處。

孔子說君子「樂道人之善」，君子樂於稱讚他人的善事，也不會掩蓋別人的長處。別人有長處或優點，應該歡喜讚美，使他能夠更進一步發揮；如果是挫折壓抑，使他人不能夠發展長才，這是自己的嫉妒心所造成。因為害怕比較之下，自己曝露了缺點，所以有時為了掩護自己的短處，而對他人的優點加以批評。

在現在的競爭環境中，常強調所謂「雙贏」的策略，冀使彼此互蒙合作的利益。而對於一個有氣度的智慧領導者而言，他並不擔心別人的長處超越自己，反而會運用他人之長，來彌補自己的不足之處。所以「用人所長，補己之短」也是創造「雙贏」的方式之一。

「護己所短」的這個「護」就是想掩過飾非，如此就不會下決心悔改或修正。但事實上，每個人都有所長，也有所短，人無完美。孔子說：「過則勿憚改。」一有過失，內心就不要怕去改正。

《詩經》：「不忮不求，何用不臧？」不忮就是不嫉妒，不求就是不貪求，這樣的人怎麼會做出不好的事情呢？這多用來形容淡泊無求，不做非分之想，這樣的處世態度，就是不忌妒他人長才，不隱匿自己的缺失，坦然以對。

忌妒人才

北宋文學家穆修，以擅長詩文而聞名，他在遊學京城洛陽時，曾經題詩在寺院的壁上，後來被真宗看到，大大的讚賞一番，又問這是誰寫的詩文。那時左右侍從告知是穆修所寫的詩。真宗便說：「像這樣優秀的人才，大臣們怎麼都沒人推薦呢？」

丁謂也是一個有才氣的人，但他內心有所忌妒，便說：「這個人的品行並不及他的文章。」就這麼一句話便阻擋了下來。因此，皇上也不再過問穆修。

丁謂後來被人參奏揭發媚上欺下、陷害忠良等事，而被罷相貶謫，最後在邊地度過了餘生。

如果你的上級要提拔比你更優秀的人才，你會如何回應呢？會擔心別人超越自己而排除嗎？還是會以廣納有才之人，提拔後進為先呢？

杜撰的「顏苦孔卓」

明朝徐階，他在還年不滿三十歲時，就考取進士入翰林院，有一次他前往浙江擔任考官，某考生試卷中引用了「顏苦孔之卓」之語，意思是說顏回把孔子當成學習目標，卻苦於孔子的德行卓然，遙不可及。徐階批改考卷，認為是虛構的，便批語「杜撰」二字，將考卷列為四等。

這位考生領到試卷後，看到評語為「杜撰」，便拿著卷子向徐階說：「您的教導是應該的，但『顏苦孔之卓』的典故是出自漢朝揚雄的《法言》，並不是學生我所杜撰的。」徐階一聽，馬上起身說：「是我太早僥倖考取了進士，以致未能好好鑽研學問，學識還不足夠，今日獲得你大大的指教。」於是就把那學生改判為一等。當時遠近傳頌，很多人都對徐階的雅量感到嘆服。徐階後來官位升至大學士，贈太師，謚號為「文貞」，子孫也都貴盛。

如果你的學生或部屬當眾指出你的錯誤，你該如何面對呢？認錯的勇氣並不容易，實事求是的態度與氣度，正是成功的因素。

乘威迫脅，縱暴殺傷。

藉著威權逼迫別人，放縱暴行殺傷人命。

前面所提到的「逞志作威」，只是表面上任意的作威作勢而已，但這裡的「迫脅」，則是利用著個人的威權力量，去脅迫、壓制、欺凌他人。例如政府以權勢去壓榨百姓，像是為了勾結圖利財團，而隨意徵收人民土地，逼迫他人賣掉土地等。

「縱暴殺傷」就是放縱暴行去殺害人，這在動盪不安的世界局勢中，一旦引爆戰爭，就會發生燒殺擄掠、傷害人民、掠奪資源等事。而在現代社會中，也有人以殘虐的手段來進行威嚇，讓人心生恐懼，例如透過黑道勢力進行暴力討債，或是恐惡威脅、殺傷對方等，都是屬於此類情況。

為何人人都想要「爭權」？因為有了權勢，便可以爭奪「利益」，而「乘威迫脅」即是指對權威勢力的濫用。但善用權勢也是一種治理，鬼谷子說：「古之善用天下者，必量天下之權。」治理者必須權衡利弊得失，有所為，有所不為。

《孟子》：「爭地以戰，殺人盈野；爭城以戰，殺人盈城：此所謂率土地而食人肉，罪不容於死。故善戰者服上刑；連諸侯者次之；辟草萊，任土地者次之。」這些為了爭奪土地而發生的戰爭，被殺的人已經堆滿曠野；為爭奪城池而發生的戰爭，被殺死的人也堆滿了城池；這不就是占領著土地，去吃人肉，這些罪惡，雖死也無法相抵得了的。因此，專事戰爭的人，應該受到最重的刑罰；連結諸侯而挑撥戰禍的人也是罪人；為了開闢荒野而勞役人民眾，擴增殖民地，來增加上位者戰爭的資本，以助成戰禍的這些人，也同是罪人。由此可知，掌權者因野心而發動戰爭，帶來死傷，這是很重的罪責。

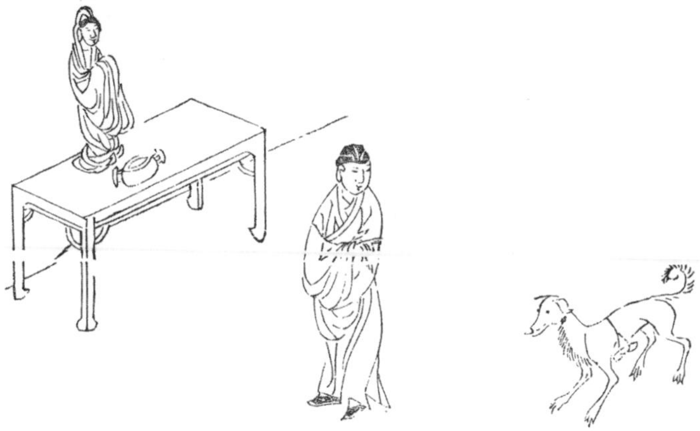

狗腹下的肉袋子

在松江華亭縣，有一官吏陳生，他處理任何事情時不問曲直輕重，只會狐假虎威。為記錄事情，常隨身帶一個便袋，凡賄賂、毒害之事的紀錄都放在袋子中。

後來，他惡疾而死，家人夢見他說：「我在湖州的歇山寺，現在轉投生為狗犬。」家人非常驚訝，因此到寺廟去詢問，那隻狗犬聽到家人來了，突然躲避到僧人的床榻之下，一副羞慚的模樣。家人也因此見不到而返回。僧人隨後告知那狗說：「陳大錄，你的家人已經去了。」那犬即搖尾而出，腹下垂吊著一肉團，形狀便如同一個袋子。

一切相由自心而作，就算是投了胎，換了身體，那些曾經做過的事，就像一只隨身袋，隨時都帶著走，它記錄著過往的那些事，一點也不曾遺失。

大義滅親的葉知遠

葉知遠任職嵐谷縣令時，他的兒子因為私下接受了富有人家的金錢賄賂，並圖謀陷害入人於罪。起初葉知遠還被兒子欺騙，原本已經寫好奏疏呈報了上級主管，該案也罪狀成立，牽連受害的人有數十家之多。

後來，經過審查，才水落石出，知道他們是被誣陷的，葉知遠便努力為他們申冤，並帶著兒子上朝申訴，終於使數十家人獲得了清白，但他的兒子卻難逃法網，受了刑處。

這些還冤得清白的人都到城隍廟祈求，希望能讓失去兒子的葉知遠能再生一貴子，某夜晚即夢到神明說：「葉公壽命本來應當結束，但現今特別奏明上帝，准許他延長壽命，而且還能得到兩個兒子。」那年，葉知遠的太太與妾都各生一子，長大後，兩人都高中科舉。

如果你的至親犯了錯，你會怎麼面對呢？不同的選擇會有不同的故事。命運其實就是一種選擇，以及抉擇之後的結果。

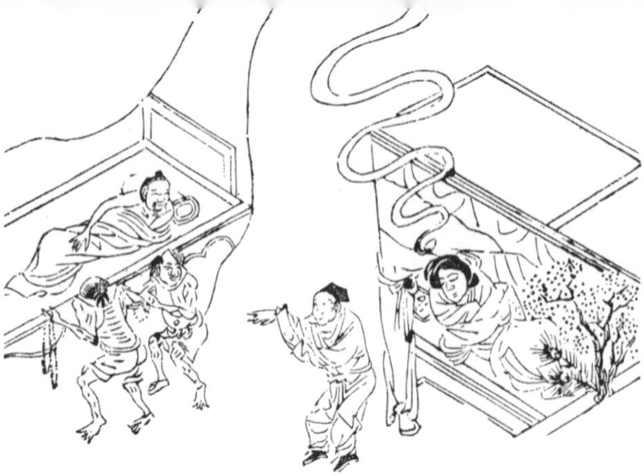

臨終索命

元朝時，在廣州的黃同知與妻子兩人都罹患疾病，他們就在家中分床而臥，休養身體。有一天，他的妻子夢見陰間官吏，拿公文，帶著幾位手裡拿杻械枷鎖的獄卒，掀開了她的蚊帳，正要抓她的時候，卻說：「咦？不是這一位啊！」於是又到對面的床上，揭開蚊帳一看，說道：「對！就是他了！」

夫婦倆同時都驚醒起來，黃同知對他的妻子說：「看來，我是必死無疑啊！因為我在奉命招安時殺了許多無辜的人，他們都來了，正要向我索命啊！」隔天，黃同知就死了。

一個人一生所做的善行或惡行，走到生命的盡頭時，心中都會有數。因為，自己所做的善與惡都記載在自己的記憶中，不曾抹滅。

無故剪裁，非禮烹宰。

任意裁剪衣服而浪費布帛綢緞，違背禮法而烹宰牲畜。

《朱子治家格言》：「半絲半縷，恆念物力唯艱。」古人製作衣服，一絲一縷，都要耗費許多物資人力，不論是絲織品或棉衣，從收成、到織布剪裁，有時一件絲綢衣服甚至要犧牲千萬條蠶命才能做出來。所以衣服夠穿就好，過多的追求，就是無故的奢侈浪費。

《禮記》：「天子無故不殺牛，大夫無故不殺羊，士無故不殺犬豕。」孟子說：「七十者可以食肉矣。」古人的殺生是因為祭祀，或者重大禮節，有時為了祭祖、宴客，或為了孝養親長，才烹宰雞鴨魚肉。可見這行為都是萬不得已才做的事，並不隨意就去烹宰生命，放縱口腹之欲，這便是「非禮烹宰」。

現今貂皮毛衣等流行於市場中，這種以殺傷動物而製作出來的物品，乃至類似的產品，如鱷魚皮包，或動物皮革的鞋子等，都算是一種「無故剪裁，非禮烹宰」。近代的動物保護人士，也頻頻呼籲人類不要為了自己的一件時尚皮衣，而殺死成千成萬的動物，可見古今中外，人們都有這樣慈悲與尊重生命的共識。

《書經．武成》：「今商王受無道，暴殄天物，害虐烝民。」其中「暴殄天物」就是指殘害滅絕各種鳥獸草木等自然界生物。《孟子》：「君子之於禽獸也，見其生，不忍見其死；聞其聲，不忍食其肉。是以君子遠庖廚也。」是說君子對於禽獸生靈，希望看見牠們活著，而不忍心看到牠們死去。聽見牠們臨終哀嚎的聲音，便不忍心吃牠們的肉，所以仁慈的君子總是遠離宰殺畜牲的廚房。

浪費的罪過

趙士周的夫人王氏，她在死了幾天之後，便附在她的婢女身上說：「因為我過去非常浪費奢侈，使用過多的綾羅布帛，在洗頭洗腳時，也使用了過多的水，所以陰司就以這個原因而定我的罪過，讓我每天都要遭受許多苦楚。希望你們把我的意思傳達給趙士周！盼他能拜懺唸經，多行善事，來救度我。」

趙士周的家人知道之後，感到很難過，趕緊迴向功德給王氏。

這世間的福報是有限的，而地球的資源也是有限的，如果每個人都濫用而不珍惜，等資源耗盡後，最後便是共同匱乏而受苦的時候。

殘忍的烹調方式

唐朝張易之得寵而任控鶴監，他的弟弟張昌宗則任秘書監，張昌儀也任洛陽令。但他們卻時常互相爭比誰比較殘忍奢侈。

張易之做了一個大鐵籠，抓了很多鵝鴨放在裡邊，並在籠中燒炭火，又在一銅盆內倒入五味醬汁，讓鵝鴨繞著燒熱的炭火行走，等被烤得渴了之後，牠們就會去喝那些五味汁，被火烤痛了，自然就會在裡面轉圈圈地跑，不多久，那些鵝鴨的內外便都烤熟了，羽毛也全脫落了，等於是被活活的烤死。

而張昌宗則是把一頭活驢拴在小屋子裡，然後烘起炭火，再放入一盆五味醬汁，殘殺的方法就如張易之的手法一樣。張昌儀則是在地上釘了四個鐵橛子，將狗的四隻腳爪綁在上面，然後放出鷹鷂，吃牠們的活肉，一直到把肉都吃盡了，狗有時都還沒有死，期間狗的哀號聲極為慘烈，讓人不忍再聽。

有一次張易之路過了張昌儀家中，想吃馬腸，張昌儀便牽來下人騎的馬，現場剖開馬的肋骨取出腸子，哪知馬過了很久的時間才死。

後來，張易之、張昌宗等被誅殺而死，老百姓把他們的肉剁成小塊，又肥又白的肉就像豬脂肪，被人們煎烤後吃掉。張昌儀則是先被打斷兩腳，再取出他的心肝之後才死去，最後被砍下人頭送往京都。

為了滿足口腹之欲，極盡奢侈而殘忍的對待一切生命，如孟子所言，這的確卻不是仁慈的君子所願意見到的事。

不吃牛肉的狀元

有一金陵人朱之蕃，他在進京考試之前，夢到神明指點說：「原本今年的狀元注定是鎮江人徐希孟，但他因為和一位女子私奔，因而被除名，所以依順序，應當輪到你上榜。但你家前三代都堅持不吃牛肉，只是到了你父子二人時，卻沒有堅守這個規範。如果你們能馬上懺悔改過，戒吃牛肉，還是來得及的。」

朱之蕃就在夢醒之後，告訴了他父親，他父親原本不相信。但當天晚上，他父親也做同樣的夢境，因而大驚失色，便發誓不再吃牛肉。

那年，朱之蕃果然中了狀元，而徐希孟原本應該狀元及第，卻只獲得二甲第三。

古人以農立國，牛為人耕作，而天下人有糧可食，不食牛肉也是表現一種飲水思源的感恩。古代因為糧食戰備的考量，也曾經立法禁止民間私殺牛隻。

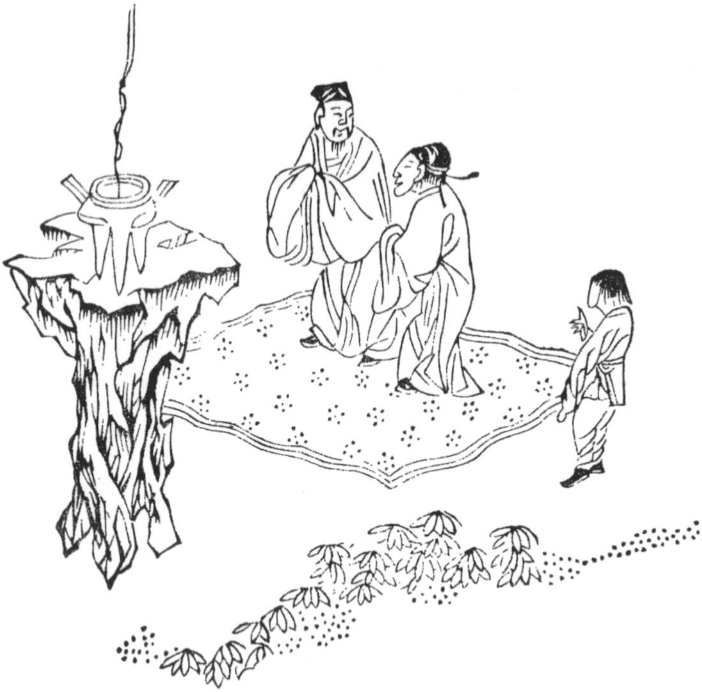

散棄五穀，勞擾眾生。

隨意丟棄五穀雜糧，任意勞動打擾人民。

唐詩人李紳詩：「鋤禾日當午，汗滴禾下土，誰知盤中飧，粒粒皆辛苦。」一顆米糧都要經過農夫春夏秋冬辛勤的勞動，得來不易，所以古人非常珍惜食物。《尚書》上說：「民以食為天。」這個「天」也有看天吃飯的意思，風調雨順耕耘才能豐收，若是天旱暴雨，就難得能有收成，因此，對於天地所賜、農民所勞的糧食，怎能不珍惜愛護呢？

「散棄」就是拋棄，有時因生產過剩而被棄置為堆肥，這也是有損福德的，所以國家生產食物，政府都要妥善規劃。另外，有些大賣場或商人也會把過期食物大量丟棄，這些也是相當浪費的，對於即將過期或仍可以食用的食品，應該妥善運用或捐贈給有需求的人。

「勞擾眾生」就是驅使擾動人民的意思，顏淵告訴定公說：「鳥餓了就會到處啄食；動物餓了，就會拚命的獵抓；人窮餓了，就變得奸詐；馬跑累了，就得休息；從古到今沒有一個政權，因勞擾驅使百姓，而沒有危險的啊！」這裡的「眾生」，除了指百姓，更廣泛的還包括一切被人所使役用的動物，如某些荒野地區仍使用駱駝、象、馬來騎乘或運送，也應該愛護，讓牠們適度休息，而企業雇用勞工，也應多加體恤。

《孟子．滕文公上》：「後稷教民稼穡，樹藝五穀，五穀熟而民人育。」能使穀物成熟才可以養育人民百姓。《易經》：「說以先民，民忘其勞。」這是說要自己率先示範，說服人民歡喜認同，人民才能忘記那些辛勞。

被藏匿起來的尋寶圖

在明朝成化年間，宮中喜好賞玩珍寶，有一些宦官提起在宣德朝時，曾經派遣了三保太監下西洋之事，因而獲取不計其數的珍寶，皇上因而命令兵部巡查有關西洋的航線。但當時，劉大夏為兵部郎中，他事先把那些圖冊都藏匿了起來。因此尚書項忠要小吏去找時，即使翻遍所有的庫房，再也找不到那些航線圖。

後來劉大夏對項忠說：「你知道嗎？三保太監下西洋的時候，因為勞擾軍民，前前後後死了上萬人。就算是能取得這些珍寶，試問，對國家人民又有何益處呢？」

項忠於是走下了座位，向劉大夏作禮，表示感激，並指著自己的座位對他說：「您的公陰德深厚，未來這個位置就屬於你了。」

能思維利弊得失，以眾人的福德為前提，不製造人民的困擾，有這樣格局德行的人，才是可任大位者。

山神的風雨

西晉名士劉元真是得道的人，曾夢見一位道人吃了仙桃，而能禁食修行辟穀之法（一種道家修行方法）。

有一日，在終南道場逢遇了一位貴人，當時貴人的左右侍衛大聲呼喊，以示威嚴。元真說：「就以人民為念，願貴人能允諾啊！」

而同行的人便問曰：「這是何人呢？」

劉元真說：「這位是山神，上天讓麥子大熟，人們卻不知珍愛，所以我才為人民請求開恩。」才過不久，果然便風雨大作，麥子也敗了。由此可知五穀實在是不可隨便棄散啊！

人的受用，各有其定數，就好像有錢千貫，每天用一百，那麼萬日才會用盡，每一天用一貫，則僅能使用千日。千日和萬日，哪一種時間長呢？

天地的資源有其極限，地球資源一但無窮盡被消耗殆盡，所有眾生的福祿也享盡了，離滅亡的日子就不遠了，個人的福祿也是如此。

破人之家，取其財寶。

破壞他人的家庭，奪取他們的財富。

「破人之家，取其財寶」是指破壞別人家宅的方式，來獲取他人的財富。包括破壞他人的住所或營業場所，然後搶奪錢財，更惡劣的，更會傷害對方全家，甚至使其喪命。

這種爭奪資產的方式，自古以來就有，至於為何要「破人之家」？原因很多，很可能為了爭奪土地資產的利益，而涉及種種惡劣手段，如土地開發或是都更，因為利益龐大，在驚人的利潤之下，為了強拆住戶的房舍，可能發生惡勢力介入，或用種種伎倆，造成別人家宅被破壞。

《彙編》上說：「事出無心，偶被破壞，已為損德。況為財寶而致破人之家乎？」是說不小心破壞了別人的物品，已有損道德，更何況是為奪取別人財寶，而不擇手段破壞他人的家舍，更損陰德。

無論是運用勢力，或是暗地使用陰謀詭計，這些罪責都很重，《彙編》說：「視人間計贓論罪之法或倍蓰之耳。」即說陰間的罪責比陽間更為嚴厲五倍，甚至更多。

因此，縱有再龐大的利益，也不要為了一時貪財而造惡。

《易經》：「貨悖而入者，亦悖而出。」如果我們是以不正當的方式獲得錢財，那這筆錢財也會以同樣的方式流出去。相反的，如果我們是以努力付出而掙得的財富，就會很珍惜，這樣反而能守得住財富。

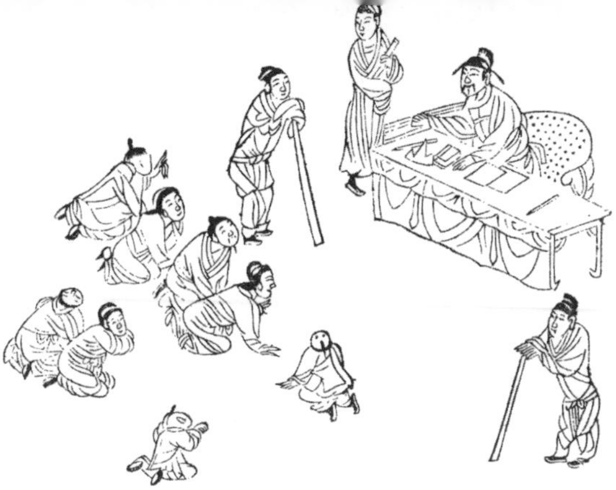

冤冤相隨

元朝時，在浙江有一大戶人家，兄弟二人，在父親死後為了爭奪財產起糾紛。那時鄉里有位名叫米信夫的人，他挑撥那兩個兄弟之間的關係，造成他們相互打官司，兄弟二人也因此家庭破碎。而米信夫便趁著這個機會，占有了他們的財產，兄弟二人很後悔，後來就相繼抑鬱而終。米信夫就這樣占用了他們的財產，過了二十年富裕生活。後來，米信夫犯錯而受牽連被審訊，他見到問案的縣官，外貌與他之前所陷害的兩位兄弟中的弟弟長得一模一樣，內心便十二萬分的驚恐。

這個縣官命令他招供，他怎麼也死不認帳，後來被迫交出所有的家產方才罷休。米信夫心裡因此官司而憤憤不平，就向上一級官府申訴，在審訊時，他又驚訝地發現，那問案的州府官員，外貌竟然與那兩兄弟中的哥哥長得一模一樣，結果還遭到嚴刑逼供，使得米信夫不得不招供，米信夫一家八口也全部死在監獄之中。

寧多累積感恩的緣，也要不去累積他人冤恨的緣，一旦累積太多別人對自己的怨，心中就容易浮現那些怨恨的面孔，而充滿恐懼不安。

被兒子嚇死

湖廣盛某擔任縣刑吏，他因為素性險惡，所以人稱號為「黑心」，他想建造樓堂，卻苦於土地太窄，便詢問鄰居張某的土地，對方不允許，因而圖謀張姓鄰人的土地。密令大盜誣陷張某，張某無法申辯而冤死獄中。之後張某的妻子只好出售了這塊土地。

當樓蓋成時，盛某生了一個兒子，但兒子到了六歲還不會說話。

一日，盛某帶著兒子出現在樓中，這小兒子匍匐前進地向他靠近。盛某看著兒子說：「我為了後代子孫生計，才設下此計謀。」但這小兒子忽然厲聲作色說：「你何苦如此？我就是張某，你設計陷害無辜的我，把我殺了，又圖謀我的土地，我來此正是要報復！」

盛某於是大驚倒地，七孔流血而死。兒子在費盡財產後也死了。

該留什麼給子孫，才是真正的資產呢？有些人想要為後代留下房產，但是不義之財，能留得住嗎？算計來算計去，害人又害己，終究一場空。

決水放火，以害民居。

放水沖毀或是放火燒，來毀壞他人的居所住處。

水火無情，災禍最慘烈的莫過烈火焚燒或洪水氾濫，其所到之處，男女老幼、牲畜及草木昆蟲等生命，頃刻即片甲不留。人民居住的房屋，如果被無情水火毀壞，家中資財也將隨之一空，即使性命暫保，所存儲的糧食或資具等也都遭受毀壞，生存也是痛苦難以忍受的。

更何況是惡意去決堤放水，沖毀他人的住房，或是以放火的方式，燒毀他人的房屋。因此，水庫的管理就要非常謹慎，或注意有點火放花砲導致房屋被燒毀的可能，雖然是無心之過，但終歸造成了傷害，所以應當謹慎！此外，更有因為挾怨報復，而去燒毀他人的工廠或住處，這些社會新聞都時有所聞，不僅違犯法律受制裁，也累積了重大惡行。

由於氣候的異常，世界各地都容易有豪雨，進而引發水患災情，而隨著地球溫度的改變，近期森林大火也是非常頻繁，造成無辜生命的大量死亡，所以人們應該要有先見之明，努力做好防範，環保實在是不可忽視的課題。

元代道家祖師丘處機說：「修橋補路，拯溺救焚，皆大方便事。富貴者行之，德廣報豐；學道者行之，功全行滿；若力薄者行之，尤為難事，難事能行，功德十倍矣。」因此，我們都應該盡一己之力，累積無形功德。

《孟子》：「子過矣！禹之治水，水之道也。是故禹以四海為壑。今吾子以鄰國為壑。水逆行，謂之洚水；洚水者，洪水也，仁人之所惡也。吾子過矣！」夏禹治水，是順著水的自然特性，以四海為放水的方向，而不是有人居住之地，這是人溺己溺的最高仁善表現啊！

放水禍民

唐朝中書令楊再思過世之後，管理每日膳食的僕人也死了，他們一同到了冥界，冥司見到楊再思，命令左右去取善惡簿驗證，吏者唱說：「某年突厥人占領了瀛、檀等州，楊再思為了邀功，疏通了水道想沖擊突厥人，卻淹沒了州郡萬餘人民。大足元年，又鬧洪災，楊再思不但沒有開糧倉賑災，救濟災民，還決水疏通鄰近的州郡，淹沒地區的居民，使老百姓流離失所，餓死數萬人之多，這樣的罪業惡報足以入無間地獄，並投生為水族的業報。」

唱完了善惡錄之後，又問起旁邊膳夫活著時的善惡記錄，吏者說：「他曾經在水邊救過一位溺水的人，因此應當延長壽命，放他回去。」

那位膳夫在醒來之後，便把所看到的、聽到的告訴了身邊的人，唐中宗曾召問他，並命人把這事列在中書廳上，使後人能所警戒，凡是為地方長官的，都讓他們知道。

一個決定的錯誤，毀了數萬眾人的性命，罪業深重。我們也要想想自己在做某些決策時，是否會對大眾造成很大的影響。

一把火燒死自己

李輳事母非常孝順，某天傍晚日落後，突然有一位客人想來投宿，李輳剛好在烹煮雞，但在給客人的飯食裡，卻只有去除皮殼而未精碾的粗米，客人於是發怒，沒有吃就出去。

李轅據實以告地說：「因為母親有病，想吃一些肉食，但山林中並沒無這些，所以烹煮了一隻雞，以致來不及給您好飯菜。」客人於是更加憤怒，那天晚上，便從屋子後面乘風勢放了一把火，就快燒到房子時，突然天下起雨，風逆向吹，不久，那火隨即就滅了。

當時鄰里的人都群聚來觀看，看見有一個人臥在火中，火把仍握在手中。細細一看，正是那位客人。眾人將他救出後，只聽他說道：「我乃一位俠士，因為亡命而到此處，沒想到主人待我這般，但當我要縱火燒房時，清楚地看見一位大神，外形如神君，立於空中，對我怒叱一番後，讓火勢反向，所以燒死了我自己。」說完後便死去。

僅僅為了一些小事而起了瞋恨心，而放火燒害他人。我們在生活中，有沒有因為一些小事，就起了瞋恨念頭，由小惡瞬間造成了無可彌補的大錯呢？

紊亂規模，以敗人功。

擾亂規模制度，敗壞他人的成功。

所謂「規模」就是制度、規矩，擴大範疇來說，是指法律政教，小範圍也包括一企業、團體、家族等的制度或規矩，所謂「家有家規，國有國法」，乃至於社會或宗教團體也有自己的制度規範。人類是群居的生活型態，共同一起生活，就一定需要律則的規範，不然整體就亂了方寸。

「紊亂規模，以敗人功」，整句是說通過破壞辛苦建立起來的規矩制度，因而毀壞了這些功勞或成果。所以「以敗人功」，不只敗壞別人的成功，從更廣大的面向來說，是破壞了整個制度，敗壞前人建立的成功典範或法令規章。

國家與企業，乃至團體，甚至一家族，之所以能運作，都有一定的章法或規矩。而破壞這既有的規矩，就如現在有些人利用所謂的「特權階級」的管道或關說，藉著某些特權勢力，不遵照規矩來行事，這就會亂了典章、壞了制度，甚至違反法規。如果制度被破壞了，人人無所適從，也無法彼此信任，團體便將難以合作與運作。因此，遵守規矩，就是尊重一種社會共識與團體默契。

《尚書》：「率自中，無作聰明亂舊章。詳乃視聽，罔以側言改厥度。」是說凡事都能依循中道法則，不自作聰明的去擾亂了典章制度。所以，凡事都要一再審慎自己所見所聞，不要因為片面之詞而去輕易的改變法度，這是對法規典章的謹慎與尊重。

維州事件

唐朝李德裕鎮守西川時，當時吐蕃維州守將悉怛謀想要投降於朝廷，於是向李德裕獻城。維州地處險要，是關鍵之地。李德裕率軍入城鎮守維州，並向朝廷說明占據維州的重要性，建議攻下此處，因而獲得朝臣一致贊同。

但是，當時牛僧孺因與李德裕之間有嫌隙，便反對說：「吐蕃疆域廣闊，幅員萬里，失去一維州，也無損於國力。但如今我唐朝已和吐蕃和好，也約定罷減邊疆防守的兵力，怎能失信於人呢？更何況吐蕃蓄有戰馬，如出兵直取平涼原，他們三日便能抵達咸陽橋。到時將可能危急長安，即使收復一百個維州，又有什麼用呢？李德裕的建議，只會讓我朝廷失去誠信，百害而無一利。」

於是唐文宗便命令李德裕將維州歸還吐蕃。李德裕數年苦心的經營，原有收復良機，卻因為牛僧孺諫言的「守信為上」，便前功盡棄。即將收復的城池被退掉，又遣還叛將，悉怛謀因此在邊境上被殘酷處死，也斷絕了日後外夷將領主動投降的可能。

當我們為國家、企業，乃至一個團體組織，或家族，提供決策的時候，是否能排除私心，以大局為重，以遠見智慧，做最明智公正的決斷？

損人器物，以窮人用。

損壞器物，使他人無法使用。

孔子說：「工欲善其事，必先利其器。」是說想要把事情做好，就必先準備好要使用的工具，如果沒有好的工具，就難以把事情做好。

日常生活也是一樣，所謂「器物」，古代如文人的筆墨紙硯、工匠的刀斧、軍人的刀槍、農夫的犁鋤，現代如辦公室的公用電腦、公共廁所的設備、公園遊樂的運動器材等類，乃至一切的公共設施，這些設備工具，如果無故去毀壞，就會造成他人無法使用的不方便。

刻意損壞他人必須使用的東西，這種行為便是一種惡行，有些人則為了報復而暗地損毀他人器物，例如人與人之間有過節時，去刺破他人的車子輪胎；有些人為了競爭生意，毀壞別人做生意的餐車；有些人為了競賽勝利，去損毀對手參賽用的工具，這都是一種自私瞋恨的惡行。

「損人器物」除了暗地損毀私人物品，也包括任何公用物品。例如，有些人不珍惜公用的設備，故意毀壞這些工具，而導致他人無法使用，這就是缺乏公德心。因此，一點一滴，凡事不能只圖一己之私，更要在生活中的微細之處思慮是否造成了他人的不便。

《易經．繫辭傳》：「備物致用，立成器，以為天下利，莫大乎聖人。」早先預備東西供人使用，且在需要之時做成「器物」，來為天下人謀福利，這功勞便超越了於那些發明創造的聖人。這就是時時能想到他人的方便與需求，常懷著服務人群的心。

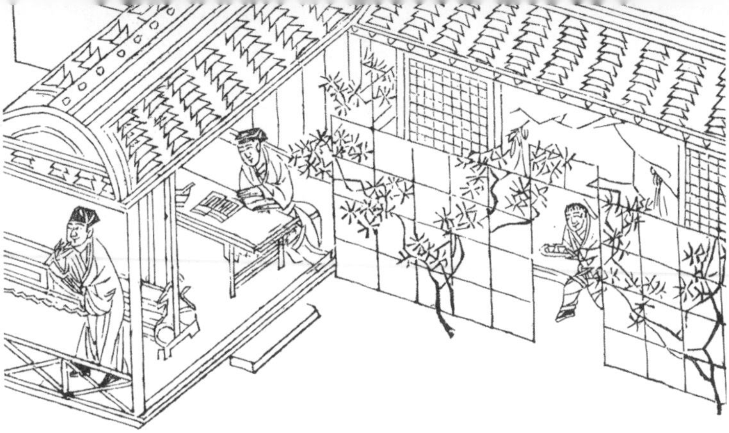

禿筆奪魁

在浙江有兩位讀書人，他們都是一起研習《春秋》的經論。在秋季考試前的一個晚上，有一位考生，拿了另一位考生的謄真筆，嚼壞了他的筆頭。等到那位學生到場要使用的時候，才發現筆已經禿了，完全無法使用，於是哭著想要放棄卷子離開。忽然間，感覺到有人催促他快寫卷子，他起來一看，筆依然完好，他一邊疑惑著，一邊寫完試卷。但寫完試卷後，他再看一次，那支筆仍然是一支禿筆。交卷之後，他走到了門口，遇到了那另外一位考生，便問他：「你試卷內容答得還滿意嗎？」他勉強說：「只能稍稍作完答題而已。」說完，那個人就臉紅了。

隔天，那咬壞人家筆頭的學生落榜了，而那個使用禿筆的學生，竟然奪得了第一名。

考場的考試，考的是筆試；而人一生的考試，考的是心地。我們也要時常考察自己的心，有沒有忌妒或傷害到別人？

惡怨化龍的逆襲

過去在太倉沙溪鎮有位富民姓沈，非常凶狠暴戾，而且為富不仁。凡是和他地界相鄰的，他就設法占領過界，並奪為己有。如果有人網罟車犁，他就設法偷偷弄壞，擔心侵害了自己的利益。他的鄰居有一對名叫劉智金的父子，都從事雕工，工匠技藝高超，刀具都是

從雲南買來的，極為鋒利。沈某建造方屋時，雇用了劉氏父子在梁柱上雕刻，他們費盡心思，將近半年才完工，希望能多得到一些報酬。但沈某卻少給了工錢，劉氏父子便與他爭執起來，這位沈某於是懷恨在心。

某一天，南京報恩寺要建造五百羅漢，得知劉氏父子的專業，於是雇用他們，給了訂金，定了日子前行，沈某卻暗中派人喬裝成客商，隨同劉氏父子一起前往南京，並在途中把他們的雕刀全部損毀，然後逃走。到了那寺院，劉氏父子發現器具都毀壞了，又在異鄉，就不敢和別人再爭攬這工作。於是做些零碎工作，來償還訂金的錢。完工之後，空手而歸，身上亦無分文。他們父子仰天而嘆，內心痛恨著那位損壞工具的人，但他們不知對方是沈某指使的。

這沈某作惡日比一日更過分，他的兒媳婦便勸他說：「您造的罪孽也夠深了，如果老天要降罪，您要到何處逃避？」沈某大怒說：「我有什麼罪過，怎會招到老天懲處？你這樣惡言詛咒我，才是最大的罪惡。你這不孝的兒媳，留你又有什麼用？」於是就把媳婦驅逐回去她娘家。

就在媳婦剛剛離家行去不遠，忽然雷雨大作，那媳婦躲在樹下，遠遠看見黑色雲霧中隱隱有一條龍衝入其家，席捲一切家產，一家老幼全都死去，只有那兒媳婦因回娘家而獲免一死。

如果別人暗中損毀了我們謀生的工具，使我們沒有收入，而無法生存，你不會想詛咒或怨恨，甚至報復嗎？所以，不要累積別人的惡怨啊！

見他榮貴，願他流貶。

見到別人榮華顯貴，便生嫉妒，但願他人被流放貶職。

為什麼會「見他榮貴，願他流貶」呢？這主要是看見別人比自己好，而生起嫉妒他人的心，當嫉妒心產生的時候，就會有不好的念頭產生，希望這個人遭到貶官流放或落魄，而失去一切，這就是內在的瞋恨心。

這裡的「願」是內在的心念，從嫉妒心到瞋恨心，只是使自己內心多製造了些惡念的種子，因此進一步造了害他的行為，徒增自己的惡行。

在人生的過程中，有起有落，這與每一個人的過去、現在的善惡作為有關。

我們看到別人外在的榮華富貴時，不要只是看到表面，如果只看到表象，或許會心中產生不平的心態：為什麼別人可以擁有，而自己卻沒有？

或許我們可以試著去觀察，他們有什麼品德善行值得我們學習？能夠享有榮貴的人，有些是在今生努力行善，白手起家，辛苦打拚；也可能是在過去生中修持善德，祖宗庇佑，世代累積，後代子孫才享有的成果。

《易經》上說：「積善之家，必有餘慶；積不善之家，必有餘殃。」這是說榮華富貴是積德來的，人有多少德，就能享有多少福，失德則散盡。

《中庸》：「忠恕違道不遠，施諸己而不願，亦勿施於人。」是說人如果能做到「忠恕」，那麼中庸的道就不遠了。如果加諸在身上的，是我們所不喜歡或不願意的事物，那麼也就不要加諸在他人的身上。

宦官典兵

唐朝郭子儀等人在當時都有復興軍功的戰果，身分顯赫。唐肅宗為了防止軍人不服管制，特設一個觀軍容使，由信任的宦官魚朝恩擔任，讓他擁有統轄九路大軍的最高指揮權，但他完全沒有帶兵的常識。因而導致後來相州、邙山接連挫敗。後來，郭子儀更因魚朝恩的推諉而被解職，猛將們也各個背了黑鍋。

然而，魚朝恩他不能讓文臣心服，也不能帶兵打仗，不能安邦定國，也不能濟世救民，只因為掌管禁軍，而囂張跋扈，甚至對外炫耀車馬服裝等等，來表示自己權位高人一等。

然而，魚朝恩卻更進一步地做了非常多得罪皇上的言行舉止，卻完全不自知。所以，唐代宗很謹慎地暗中處理魚朝恩的事務。為了讓魚朝恩放鬆警惕，大舉升遷魚朝恩的親信，宰相元載並以重金賄賂魚朝恩親信等人，暗中觀察魚朝恩。

某次宮中宴會後，代宗便命令魚朝恩留下討論議事。魚朝恩一到，代宗立即當場責難他圖謀不軌。魚朝恩死到臨頭還不自知，他為自己辯護，態度更是極為狂悖傲慢，此時，那些被收買的人，以及他的左右將領當場受命將他擒住，縊殺而死。

代宗隨即下詔罷免了魚朝恩的觀軍容使等職，宣稱魚朝恩受詔而自縊，將其屍體送回，賜安葬費。從此後，宦官不再參與典兵。

一個人在職場上如果沒有真正的實力，卻又囂張跋扈，不知進退分寸，甚至得罪他人而不自知。試想，這樣的做為能不遭到他人反擊嗎？

自食惡果到春州

宋朝太祖趙匡胤時期，盧多遜與趙普一直是對頭，據《宋史．盧多遜傳》記載，趙普雖有高功，但在遵紀守法上，因自恃功高，而被盧多遜多次攻擊檢舉貪腐之事，最後趙普被趕出京城。不久，盧多遜便出任宰相。

後來，太平興國七年趙普告發盧多遜與秦王趙廷美暗通，在趙普的反擊下，盧多遜被冠上了結黨營私、私藏軍械、圖謀不軌等種種罪證。原本是要滿門抄斬、株連九族，但趙普又求情，說大宋歷來刑不上大夫，盧多遜也曾是有功之臣，因此未下重手，最後判盧多遜流放崖州（今海南島三亞崖城鎮）。

開封知府李符得知此消息後，就對宰相趙普說：「崖州雖然在海外，但水土等條件還可以居住，而春州雖然在內地，那裡窮山惡水，被貶到春州的官員，後來都無一能生還，不如讓盧多遜改發配春州。」並刻意表明自己與盧多遜等惡勢力不共戴天，趙普便同意了。

沒想到僅僅過了幾個月，李符嚴重違法犯紀被立案調查，被貶為宣州司馬，宋太宗將他貶到安徽，甚且餘怒未消，打算再把他貶到嶺外，趙普就把之前李符說的那番話，又對皇上講，皇上便說：「既然如此，那就請他到春州去吧！」後來李符不到十天就一命歸西了。

當初如果沒有這番建議，誰會想得到這窮山惡水之處？原本是要算計他人，卻回過頭來送給了自己，如果處處逼人於絕境，最後自己是否也會走到絕境呢？

看見別人富有，就希望對方家財破散。

見他富有，願他破散。

為什麼會仇視別人的富有，而希望他人破產衰敗呢？這是因為嫉妒心的緣故，酸葡萄的心理，自己沒有，也希望別人失去。

不可諱言，社會的確存在著「仇富」現象，特別是貧富差距太大，所導致的一種心理失衡狀態，如果再加上有錢人的「炫富」，使貧窮人更容易產生嚴重的不平衡感及被剝奪感，這種仇視特別是針對那些使用不當手段的暴富者，或是「為富不仁」，而激化了仇富心態。

然而，富有者並非都令人憎惡，很多富有的企業家便常行慈善利他，讓人心生景仰。人的富有，或因現世努力，個人節儉積累，或因過去行善積福，都有其原因。

事實上，財富有聚有散，財富一旦遇到水災、火災、盜賊、敗家子、怨家討債、疾病或官司纏身等，也就隨緣聚散。所以佛陀說，人生最重要的是儲蓄七種財富：信財、戒財、慚財、愧財、聞財、捨財、定慧財，是說累積因果正信、守法守戒、有慚愧懺悔心、多聞學習、內心平等無私、禪定智慧等，這些才是我們生命真正可以帶得走的財富。

《論語》：「衣敝緼袍，與衣狐貉者立，而不恥者，其由也與？『不忮不求，何用不臧？』」這是孔子稱讚子路的話，能穿著破衣服，與穿著貴重狐皮貉衣服人站在一起，也絲毫不感到慚愧，這才是有品德的君子該有的心態。

仇恨下的判決

在虹縣（今安徽境內）地區，有位周義夫，他非常富有，但驕奢不節儉，性情又蠻橫，做人處世也不講理。他的朋友孫識之曾經多次告誡他應該改過，但周義夫非常生氣且不屑的對他說：「你竟然敢來干預我的事！」

孫識之因此對周義夫非常嫉恨，並且說：「好，我就等著看，看他怎麼落敗！」後來孫識之科舉登第，又擔任司法審判官，而且管轄到虹縣一區；剛好有人到衙門控告了周義夫，說他在光天化日之下，在市集公然的毆打人，周義夫於是被衙門傳喚偵查。但控告周義夫的人，卻突然死去，孫識之就判了周義夫謀殺罪而處死，登記沒收他的家產入官。但這件事過了沒有多久，孫識之便被調職到河北一帶，他家產被竊盜，全家也不幸都死於盜賊的手中。

這其中的問題仍在審理是否公正，如果是挾怨報復而誤判，那當然日後要付出慘痛代價。如果審判是公正的，這便純屬當事人之罪責。

見他色美，起心私之。

見到他人美色容貌，便生起想要占有的私心。

「色美」主要是指一個人的外型美好。人的眼睛總是追求美的事物，每個人也都有自己對他人外貌的偏愛喜好，因為這樣的「渴愛」，很可能進一步發展成為貪求與渴望擁有，而當這種渴求的念頭強烈生起時，就會產生想要占有的私心。自古以來，「欲」本是人之常情，「情愛」亦人皆有之。人因為情愛而正當的追求，當彼此又有意願共同生活，這是一般合情合理的戀愛與婚姻生活。

然而，這裡「見他色美，起心私之」的問題是什麼呢？當某一方因為私心愛欲，而以不正當的方式去占有對方；或是對方沒有意願，卻使用種種計謀、或以權力逼迫強姦等等手段而得手；或是因為婚外情等狀況，而造成種種怨恨情仇與傷害，而結下了種種惡緣，甚至是悲劇收場，這些都是問題所在！

所謂「酒不醉人人自醉，色不迷人人自迷」，在佛典裡有一位修行人因為外貌莊嚴，因此有很多愛慕者，有一次他告訴一位愛慕的跟隨者說：「這是你貪愛的眼睛，我的外貌像是不淨的膿瘡，我的嘴巴是盛裝唾液的器具，不斷流出臭穢不淨之物，我身體腐爛後，萬蟲竄動，只剩白骨一堆，這色身像水泡一樣虛妄不實，這一切有什麼好貪愛的呢？」聽後，那位愛慕者也瞬間覺悟了。

《論語》：「君子有三戒：少之時，血氣未定，戒之在色；及其壯也，血氣方剛，戒之在鬬；及其老也，血氣既衰，戒之在得。」這是孔子針對人生三個階段不同的警戒，可見人生每個階段要警戒的課題都不同啊！

一根琵琶弦的情殺

唐朝四川節度使嚴武，少年意氣俠義。在京城一軍使家裡有一位未出嫁的女子，天生麗質，嚴武看見後，便以金錢賄賂收買身邊的人，把這個女子引誘到他的家裡，然後，他將此女子偷偷地帶走，私奔逃出了東關，隱居在淮水、泗水一帶。

這時軍使查明了女兒下落，便緊追不放。詢問情況後，向當地官府告發，並呈狀告到皇帝面前。皇帝於是下詔捕捉嚴武。捕賊官沿路打聽嚴武的行蹤。嚴武到了鞏縣，正要僱船南下，聽到有人要追捕過來，因為害怕被逮捕，就灌醉女子，夜晚解下琵琶上的弦將她勒死，並沉落河底。第二天追緝的兵官搜遍了嚴武的船，並沒有發現軍使的女兒，只好作罷歸去。

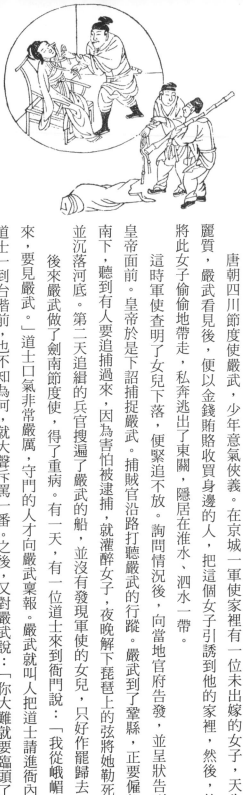

後來嚴武做了劍南節度使，得了重病。有一天，有一位道士來到衙門說：「我從峨嵋山來，要見嚴武。」道士口氣非常嚴厲，守門的人才向嚴武稟報。嚴武就叫人把道士請進衙內。道士一到台階前，也不知為何，就大聲斥罵一番。之後，又對嚴武說：「你大難就要臨頭了，現在你的冤家就在身邊，你還不懺悔自己的過錯，上香謝罪，還如此執迷不悟。」

嚴武十分憤怒，但不發一言。道士又說：「剛才我上到台階前，就看見一個冤死的女子，披頭散髮向我哭訴。我以為她是精怪鬼魅在這裡做祟，所以就大聲責罵她，後來這女子說，她是被你所殺的，但已經得到復仇的允許了。你難道忘了這件事嗎？」

嚴武又問道士說：「那女鬼長什麼樣子？」道士說：「那女子，年紀約十六七歲，脖子上繫着一條琵琶弦。」武嚴恍然大悟，給道士叩頭說：「天師，你可真是聖者，那我該怎麼辦呢？」

道士說：「她想要和你見面，你應當自己去求她。」於是就叫人清掃廳堂，上香，嚴武到了裡面，僅留一小僮侍奉。道士則在堂門外坐着，一面噴水，一面用柳枝掃地。

過了一會兒，屋子出現影子晃動，發出了嘆氣的聲音。道士說：「你可以出來了。」於是一位女子披着頭髮，脖子上咽喉的下方繫有一條琵琶弦，她捲起帘子走出來，到了堂門，頭髮整理了一下，面對嚴武下拜。嚴武一見，又恐懼又懺悔，用手把臉遮住。女子說：「你也太殘忍了，我跟着你逃亡，已經是很大的錯誤，我可是對得起你的。你如果害怕有罪被捕，把我丟棄他方就可以了，怎麼如此忍心把我活活的勒死呢？」

嚴武萬分悔恨，向女子謝罪，並祈求赦免。道士為嚴武請求，但女子說：「我不甘心，我是被他親手勒死的，已經向上天申訴此事，限期三十年，現在已無法改變了，他的死期就在明天黃昏。」說完便輕輕的飄走，道士也告辭離開，隔日黃昏時，嚴武果然死了。

什麼是真心相愛？什麼又是見他色美，起心私之？如果是真愛，為何要畏罪而殺人？如果愛只是私人情欲的占有，關鍵時刻只會想到自己，殺了人，結了惡緣，也只剩仇怨的回報了。

吃人的蓮花娘子

經行寺中有位出家人名行蘊，某年初秋，正在清掃殿堂準備法會佛事時，那行蘊僧人看見佛前有一個新的美艷女子蠟塑像，手拿蓮花，似乎正眉目傳情。那行蘊僧就開玩笑地說：「世上如果有這般美貌女子，我就娶她為妻。」

夜晚他回房，忽然聽到有人敲門，行蘊僧便說，「現在廟門已關閉了，還有誰會來呢？」沒想到門一開，就見一位嬌美絕倫如似天仙的蓮花娘子帶了一位侍女，她對行蘊說：「我本有幸親自侍奉佛，原已六根清淨。不料聽到你那番話，而頓生凡念。現在我已被貶到人間，但願為你鋪床疊被，共結夫妻緣分。」

行蘊僧人說：「我雖天性愚昧，也記著佛家戒律。我從來不認識你，為什麼你要說這些話騙人呢？」蓮花娘子說：「你白天向我吐露的話，你難道都就忘了嗎？你今天早上在佛堂看見我，就對別人說，如果遇到我這樣容貌的女人，就娶為妻子，我受到你的感召，才投奔來找你。」於是從袖中取出那個塑像給他看，「你看看，我有騙你嗎？」

行蘊僧暗想，這個女子肯定非人類，正在猶豫時，蓮花娘子就對侍女說，「你去準備床鋪錦帳。」這時，行蘊僧雖懷疑害怕，但已被女子的容貌所迷惑，就對她說：「我已色迷心竅，豁出去了！但寺院戒律不容，你無法久住。」娘子大笑說：「我乃天仙，凡人之眼如何能發現我呢？放心吧。」於是兩人情意綿綿，娘子語軟情深，吹滅了蠟燭。

不一會兒，忽然行蘊僧失聲大叫，十分痛苦，大家趕緊拿來燈火照明，但門反鎖著，進不了屋，只聽見屋內傳來撕肉啃骨之聲，又聽到一胡人口音大罵：「你這禿和尚，剃髮出家，還心生邪念，我若是女人，也不會嫁給你這個禿頭！」於是外面的人告知寺院僧眾，一起推倒了房門，竟看到兩個夜叉，頭髮矗立，牙齒如鋸，吼跳地逃奔離開。後來，寺院的僧人在牆上的壁畫中看見有兩個夜叉，嘴上還留著剛吃完僧肉的血痕。

貪愛最初也只是那一念妄心，而看似美艷溫柔的蓮花娘子，一下子變成了恐怖吃人夜叉，想一想，這一切的事物幻化，不也是從心念感召而來嗎？

負他貨財，願他身死。

因欠他人的財物，而求他人早死不償還。

《赤松子中誡經》提到愚人的九種心念：「世人多行五背，心常九念：見他人家榮貴，說他往日風塵，起心願他流貶；見人富貴，笑他往日貧窮，願他破散；見他財帛豐盈，起心教人劫奪；見他妻妾美麗，起心欲作姦非；見他屋宅宏壯，起心欲擬焚燒；欠他債負，起心願債主身亡；借貸他人財物不得，起心懊惱恨多；見他偶有危難，說他往日之非；自生身父母，早願亡歿，要財物、屋宅。」這愚人的九種心念，其中之一就是這裡說的：「負他貨財，願他身死。」誡經上又說心行五德之人，應常懷九思，其中便提到：「欠他債負，目下未有還填，長思憂負勤償之；或欲借貸他人財物，自思舊無恩力。」是說我們有負欠他人錢財貨物，即使當下還無法有能力償還的話，就應該要牢記在心中，心懷感恩，勤苦節用積蓄，經常思考要如何把錢財歸還給人家。

若心中因為不想償還，而希求他人身亡，一筆勾銷，以滅除自己欠債的事實，這根本是愚痴人的思維，這使自己除了欠債之外，又多了罪加一等的咒害他人之心，忘了當初別人施予的恩德。所以，有了這樣愚痴心、貪心、害心與非道義之心，就要常以「慚愧」自省。

《論語》：「愛之欲其生，惡之欲其死，既欲其生，又欲其死，是惑也。」當我們喜愛一個人時，就百般希望他生命能長壽，等到厭惡他時，就希望他早日命亡，想要他人生、又要他人死，這樣情緒愛恨不定，便是一種迷惑愚痴的心。但是，我們為什麼要被迷惑的心所牽引，而失去了公道正義呢？

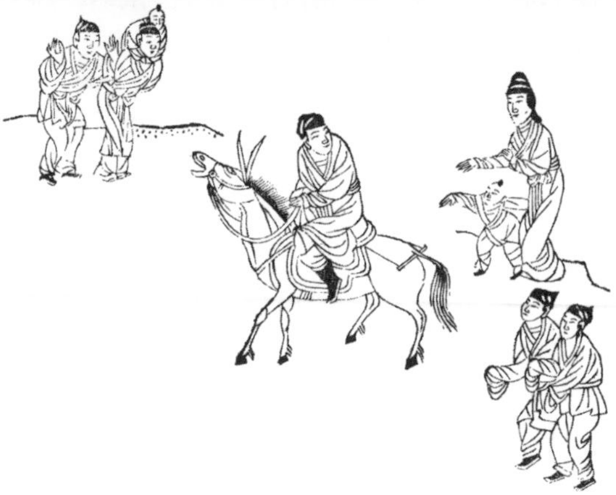

驢身償債

白元通原本欠了楊筠四千五百文錢，楊筠屢屢向白元通催討，但白元通卻始終沒有償還。後來，在楊筠家中生下了一頭小驢，這小驢竟然能說人話，牠說：「我就是白元通，因為過去世欠了你們家四千五百文錢，這一世才會變成今天這個驢身。現在市場賣驢子的店家也欠了我四千五百文錢。你們可以把我變賣給他們，這樣我所欠你們家的債，日後便可以一筆勾銷了！」

楊筠的兒子聽了之後，便照著這驢子所說的去做，那頭驢子被賣到那家店之後，楊家便收到了四千五百文錢，白元通生前所欠楊家的錢，便就此還清了。過了兩天，那頭驢竟死了，驢店的老闆原先所欠白元通的錢，也就一併償還了。

透過不同物質的轉換，讓彼此所欠的以及該償還的，都償還了，也都獲得了補償。形成了一種彼此的互動現象，這不就是相互牽動的命運鎖鏈嗎？

討債兒子

清代浙江永嘉人徐輝，因為家境貧困而經商，他和丹陽是好朋友，丹陽非常富有，也不因徐輝貧窮而瞧不起他。有一次，丹陽借了一筆巨款給徐輝，讓他用來做生意。他回家之後便對家裡的眷屬說：「如果有一天丹陽死了，就沒人索債了，我便有了這些錢。」

後來丹陽果真去世了，丹陽家屬並不知道這借款的事，自然沒人去催債，而徐輝也因為貪圖這個便宜，便隱瞞這件事。祭拜當天哭得非常傷心，丹陽的家人也對他非常感激。

之後徐輝發財，人生順遂，後來還得了一子，聰穎可愛，家人也十分寵愛，只是身體不好，八歲時患病，許多醫師都無法治癒，轉眼不到兩年，家財便散盡了。

某天，來了一位老比丘尼，那孩子就對她說：「我想走了！」老尼說：「這裡是你的家，父母這樣疼愛你，你要去哪裡？」那孩子回答說：「我是丹陽，因為徐輝向我借巨款，希望我早死，就可以不用還債，所以我是特別來討債的！」說完，便斷了氣。

徐輝抱著兒子痛哭，哭著說：「你真是個討債鬼！」從此徐輝又如以前一樣過著貧困生活。

世間的債，有時被人欠錢，有時虧欠人，這筆債難道是人死之後就能了的嗎？

此生不償還，何時還呢？如果可以不欠他人債，不就沒有所謂的債主了嗎？

干求不遂，便生咒恨。

向別人懇求事情，若不能順心如意，就咒罵生怨恨。

「干求」就是請求的意思，凡一切大小之事，有懇託於人者皆是，如請求升遷、財物、情面，寬宥、赦免等。廣泛來說，這種以私事相求，還可能涉及：走門路、通關節、賄賂之事，當然，後者所指的就不是一種好事。

請求於人，即使不如意，也應安於命運，如果還惡心險毒、惡語傷人、生怨恨，就不是一種美德了。清末民初鐵樵先生說：「向別人請託，我的情況雖然是非常的迫切，然而我所請託的人，或許因為他的力量有所不及，或是情勢上有所不便；則所請託的事情，十件就有九件不能成功，而成功的只有一件，這也是情理之常。若是因此而妄生咒罵，怨恨對方，對方豈會因為我的咒罵怨恨而一改常態，反過來體諒幫助我？這只是徒然的增加自己的煩惱障啊！這種人不但不知道天命，而且也不懂得人情世故啊！」

《易經．繫辭上》：「樂天知命故不憂。」這是說君子能順應天意的變化，守本分，通達人情事故，又悠然自得而不憂慮。因而不會隨便的向別人懇求，如果向人請託，不能夠順遂，也不會心生惡念而咒罵仇恨對方。

《論語》：「富而可求也，雖執鞭之士，吾亦為之；如不可求，從吾所好。」富貴如果可以透過正道而求得，雖只是擔任執鞭人的小小職務，也值得去做；如果富貴不是以正道而求得的，那寧可放棄那些富貴，依從自己所好的正道而行。這裡，暗示了我們君子所求，皆是問心無愧，依循心中的正道。

一百兩黃金的咒怨

宋朝時，有位盧某，他乘著天黑的夜晚，拿了一百兩的黃金，想賄賂當時的宰相王旦，目的是為了請求王旦能夠幫助他，獲得到江淮的職位；然而王旦為人正直，便對他說：「你的才能還不足以擔當這項重要的職務，雖然我們是好朋友，但是我也不敢以私廢公啊！」

盧某聽了王旦的這番話，感到非常的羞慚不好意思，於是就帶著百兩黃金暗自離開了宰相府。

從此後，盧某心有不甘，他每天黃昏時，都會焚燒咒語，一直盼望王旦早死。就在某天晚上，他夢到神明苛責喝斥他說：「王旦為人盡忠為國，不圖私利，你卻一直咒他早死，上天因此降罪於你，你將獲得處罰了。」果然，過沒有幾天，盧某就過世了。

賄賂原本就是非正道之事，所求不遂，又橫生咒怨於他人，這種瞋怨只是不斷在傷害自己的身心而已。

見他失便，便說他過。

見到他人失意，就說他以往的過失之惡。

「失便」就是一個人處於不得志的失意狀態。人生在世總會有起伏，古人說：「不如意事十之八九。」這些失敗、不順心或逆境形成的原因很多，有時固然與自己的抉擇或努力有關係，但有時也會因為大環境，或時運不濟，或偶然遭遇事變，而有所影響。俗諺說：「人無千日好，花無百日紅。」即比喻人世間變化無常，人生在世，不可能永遠處於順境。

管仲曾說：「我曾與鮑叔共事，然而當我變得窮困時，鮑叔並不認為是我的愚笨所致，他知道時機有好有壞！我曾三次任官，但三次都被皇上驅逐趕走，而鮑叔也不認為是我不好，他了解我是遭遇的時機不對，無法施展抱負啊！」可見朋友就是要彼此互相扶持勉勵，特別是在不如意時的雪中送炭。

所以，一旦面對不如意的逆境時，大可不必太斥責自己，同樣的，如果看見他人遭逢困境或災難，也不需要指責他人的過錯或短處，沒有一個人會是完美的聖者。要明白，即使是聖賢，也難免會有疏失。

所以，看到親友遭遇困難或是失敗，就不該還在旁邊譏笑掣肘說：「這是他過去造惡的下場！」這樣的冷嘲熱諷，只會讓人更加難過，也非厚道之語，只會結下惡緣。想一想，如果別人在自己失意時這樣說自己，我們會是什麼心情感受呢？

《詩經》上說：「人亦有言，柔則茹之，剛則吐之。維仲山甫，柔亦不茹，剛亦不吐，不侮矜寡，不畏彊禦。」這是形容一個人言行作為，不卑不亢，心中有道，不欺侮鰥寡孤獨，也不怕強暴和歹徒。

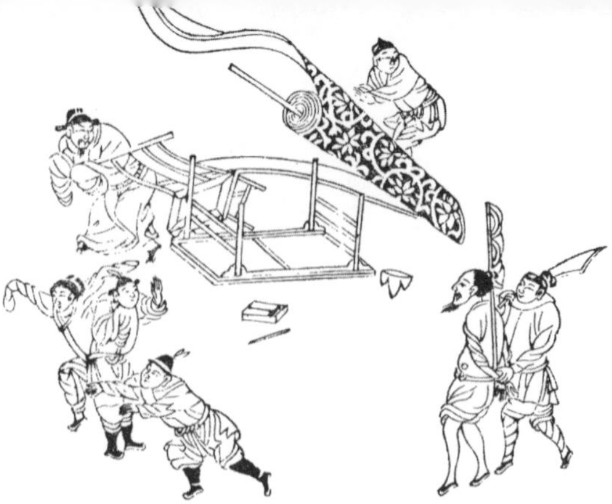

杜悰之怒

唐朝咸通年間，杜悰任命節度使鎮守在鳳翔。那時，黔南廉使秦匡謀，因為蠻寇大舉進犯，而他兵力不敵，於是投奔杜悰。

杜悰以為他貧窘好欺負，就命令他向自己叩拜。但秦匡謀不肯，杜悰就叫小吏去責備他說：「你不過是鳳翔的小百姓，而杜悰可是兩次擔任鳳翔的節度使，如今你情況不好，想來認祖歸宗，竟還敢違抗鳳翔節度使？」

秦匡謀回答說：「我雖然是鳳翔人，但年輕的時候就已離開此地，杜悰任節制於鳳翔時，我也受命領符為官，所以不能俯伏於你的階下。現在和我談什麼鄉里之事，恐怕也不適合吧！」

杜悰聽後，非常氣憤，將他扣押，又上表彈劾秦匡謀，說他擅自放棄城池，不能以身殉職，請求賜他死罪。朝廷便依著杜悰的意見處置了秦匡謀，杜悰還親自到刑場監斬。

那天觀看的人很多，但當劊子手揮刀時，杜悰受驚嚇而得了病，坐車返回的途中，又突然颳起旋風，天空捲起塵土一直飛到王府。當晚，獄吏發了瘋，說完倒地上而死。

那年，秦匡謀被斬首於六月十三日，杜悰則死於七月十三日。

眼見他人落魄，就仗勢欺人，展現個人的權勢，這只是一種驕慢，令人難以折服。人生有起有落，如果有一天，是自己失意，別人又會怎麼對待我們呢？

嘲諷亡者

過去有位名叫何申錫的人，即將拜官任職，卻在突然間得了疾病而死。何申錫的妻子正在靈堂悲傷痛哭時，她的嫂子趙氏，卻在一旁冷言嘲諷，對著何申錫說：「你啊！生平的時候就喜歡隨意去那些妓館，好像沒人知道似的。早知當初，何必如此下場呢？」何申錫的妻子聽到後，自此也就遺忘了這段情感。

有一晚，嫂子趙氏突然夢見申錫對她說：「一個人的生死是注定好的，你何必要取笑我呢？你看看你自己，也不過只剩四年，而且你死時，狀況將更不如我。」

趙氏從夢中驚醒，十分恐懼，到了期限，果然就逝世了。當她死時，丈夫正出遠門還未回家，妾所生的孩子尚愚痴幼小，也真如申錫所說的，還不如他。

臺灣有句俗諺說：「龜笑鱉無尾，鱉笑龜頭短短。」就好像是半斤八兩，兩個其實輕重是一樣的，卻彼此嘲笑。所以，若要取笑他人時，請先想想自己有幾兩重？

見他體相不具而笑之。

見到他人肢體殘缺或是外貌不揚而譏笑他人。

殘疾的人，有些是天生的，有些是後天的受傷而造成的，但無論是什麼原因所造成，那些外在的肢體殘缺或形相醜陋，並不會影響人們當下內在的修為。生命的尊貴與價值並不是依靠外表來決定的，即使殘疾或外貌不揚，也有可能是有修德的聖賢。

有位「常不輕菩薩」，時常讚嘆別人，非常恭敬每一個人，不敢有任何的輕慢心態。為什麼呢？祂說，每位眾生都是菩薩，將來也都會成佛。「常行不輕慢」，就是以恭敬心對待每一位眾生。

何況每一個人都有他的自尊心，如果我們嘲笑他人身體殘缺、外相美醜、胖瘦等，這種輕慢、污辱，將使他人內心痛苦、惱怒，只會增加我們的惡緣。換個角度立場想一想，如果我們自己或家人，因為這樣的情況而被人嘲諷，我們會是怎麼樣的心情呢？

生命是互助的，所以當我們看見他人有這樣的情形時，應心生憐憫，多給予關懷，幫助他人，甚至要盡己所能，去協助他們因為種種不便所遭遇的生活困難。

《論語》：「子見齊衰者，冕衣裳者，與瞽者，見之，雖少必作；過之必趨。」孔子看見穿著孝服或禮服禮帽的人，還有瞎眼的人，即使對方年紀比自己輕，也會站起來；如果從他們面前經過，也會低下頭急步走過，以表示尊敬。我們實在應該像這樣對殘疾之人表現出尊重才是。

殘缺四使的報復

曹宣公五年十月，四位使臣結伴而行，一起出使齊國。魯國大夫季孫行父是個禿頭、晉國大夫郤克瞎了一隻眼睛、衛國使臣孫良夫瘸了腿、曹國公子首則是個駝背，他們生理上都有缺陷，卻不約而同地一起出使來到齊國的國都臨淄。

但齊頃公卻故意安排了禿子、獨眼龍、瘸子、駝子等為他們四人駕車，禿子給魯使駕車，獨眼龍給晉使駕車，瘸子給衛使駕車，駝背者給曹使駕車。齊頃公的母親站在高樓台上，邊看邊笑，笑聲傳了出去。

這件事讓那些使臣知道後，非常不高興地離開了，他們在胥閭門聚在一起商量了好長一段時間，知道他們聚謀的齊國人都說著：「齊國的災難，從此將要開始了。」

就在曹宣公六年六月，魯國季孫行父、晉國郤克、衛國孫良夫，以及曹國公子首，一起率領諸侯聯軍，在鞍（今山東濟南）這個地方打敗了齊國。

輕蔑、污辱、嘲笑他人的缺點，就像在別人的傷口上灑鹽一樣。如果是我們自己遭受這樣的待遇，你會不記恨嗎？何必為自己徒增種種未知的報復禍害呢？

見他才能可稱而抑之。

見到他人有才能值得讚揚推舉，卻隱匿抑止。

這裡的「稱」是稱讚或推舉，是指人才的推薦與運用；「抑」是壓抑或隱匿，是指還未得到晉用的優秀人才，無法獲得晉用。整句話的意思是，當見到他人有才能，卻不願稱讚或推舉，反而去壓抑或隱蔽他人的才能。

前面曾談到「貶正排賢」，「貶」與「排」有謫貶、排擠的意味，是指他人已經晉用，卻要黜退了他，「正賢」還包括了人品的正直與賢明。

另外，前面提到的「蔽人之善，挫人所長」，則是隱蔽他人的善行，挫折別人的長處。

無論是「抑」、「貶」、「排」、「蔽」、「挫」，都是因為妒嫉別人的才能、名譽、地位等等，對於比自己優越的人，而產生了負面想法，這樣的人，內心長期處於焦慮、猜疑、自卑、怨恨、敵意的黑暗中，沒有光明照耀，沒有寬廣的心靈，自然就容易落入惡行之念中。

其實人生並非如此狹隘，別人的成功並不表示自己就沒機會了。反過來說，懂得「用人唯才」或「廣納人才」，透過彼此合作，反而可能為我們創造更多意想不到的機會。

《論語》：「臧文仲，其竊位者與！知柳下惠之賢，而不與立也。」是說掌政者如果不知賢者，便是缺乏明智；知道了賢者而不能推舉，是有失其職。臧文仲掌魯政，居高位，卻阻礙了賢能之人，所以孔子認為他是竊位的人，如果要為國舉才，當然要提拔柳下惠這樣的賢德之才，如此魯國才會強盛。

龐涓自刎

戰國時代，龐涓和孫臏兩人都在鬼谷子門下學習兵法。後來，龐涓到了魏國任官，但是他自認為才能比不上孫臏，就召請孫臏到魏國，先以官位留下他，之後再找機會將他定罪，砍斷他的雙腳，並在他臉上刺字，作為受刑人的標誌。從此孫臏成了一個殘廢人，但他藉著裝瘋賣傻，才得以逃了一條性命。

某天，有位齊國使者出差到魏國，孫臏暗中求見，齊國的使者偷偷將孫臏藏匿在車上，將他帶回齊國。田忌於是把他推薦給了齊威王，又任命他為軍師。

當時龐涓正率兵討伐趙國，並取得了大勝。齊國為了搶救趙國，就採用了孫臏的計策，率軍隊直搗魏的國都大梁，魏兵只好馬上回兵國都大梁，於是齊、魏兩軍交鋒，魏軍大敗而退。

後來，龐涓又率兵討伐韓國，孫臏也率兵伐魏來解救韓國，魏兵只好撤退至馬陵，那時正好是半夜時分，齊國早已設下伏兵，當下萬箭齊發，魏兵全軍覆沒，龐涓更在大樹下自刎而死。

在職場或團體中，可能原本是想要任用人才，卻又因為忌妒害怕自己受到威脅，而陷害對方，這種矛盾心態，反而是種下了對自己的危機。

李斯腰斬

戰國時代，李斯和韓非都曾經是荀卿的門生，但李斯的才能遠不如韓非。

當時，韓非的才能秦王早就有所耳聞，秦王看過韓非的著作後，想親自見到韓非，便出兵攻打韓國，期望能得到韓非。後來，韓王讓韓非出使到秦國，秦王和他交談了一會兒，雙方都感覺非常愉悅，秦王想重用韓非，十分期望能夠留住韓非。

韓非才華橫溢，李斯很擔心秦王對他的恩寵會超越了自己，於是就在背後讒言毀謗，上書說韓非並不是真心想留在秦國，而是想為韓國謀利。韓非因此被打入獄中，儘管韓非想為自己申辯說明，卻再也見不到秦王了，最後李斯將其毒死在獄中。

之後，為了獲取更多利益，李斯又與陰險歹毒的趙高合謀殺害他人，因而走上了不歸路。當趙高地位鞏固之後，李斯被趙高在背後中傷，以莫須有的謀反罪名讓李斯入獄，遭受嚴刑拷打，刑訊逼供，李斯也想自陳無罪，但李斯的奏書呈上之後，趙高讓獄吏丟於一邊，根本無法上報秦王。

之後，李斯遭受五刑，被腰斬於街市中。而在後來，趙高也被宦官韓談一刀砍死。

見到他人的才能超越自己，又為了圖謀自己的利益，而去設計陷害他人，這樣一連串的陰謀算計，最終卻是使自己陷於危難之中。

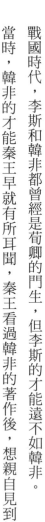

埋蠱厭人，用藥殺樹。

用巫蠱術來害人，以毒藥來迫害樹木。

將各類毒蟲放在瓦罏中，互相咬殺，吞食屍體，最後存活的毒蟲叫做「蠱」，可見其毒。蠱惑又被引申為迷惑人心。而施用「巫蠱」又稱下蠱、放蠱，屬於一種暗黑毒惡的邪術，以咒詛害人，盛行於部落中。

《玄都律》上記載，替人暗中下蠱或起心唆使覡男巫女去毒害他人，將有極重的地獄罪報，不僅國家的法律理應處斬，陰間律法則更加嚴重。漢武帝時期，就曾經發生所謂的「巫蠱之禍」，是指以一種巫術，埋藏木偶人，並詛咒所怨者，使被詛咒者發生災難，因有人被告發，以致多人下獄誅死，導致數萬人因之而死，而冤枉者眾多。

仁者不以巫蠱害人，也不會破壞山林，《禮記》：「斷一樹，殺一獸，不以其時，非孝也。」魯國執政季康子曾經向孔子討教，為什麼五帝之太皞氏推動「木德」？孔子回答他，日出之地為東方，樹木青青象徵著萬物生命之源。五行萬物皆生於木，木為萬物祖。孔子曾也經稱讚過弟子高柴：「啟蟄不殺，則順人道也；方長不折，則恕仁也。」是說高柴不傷小蟲，不攀折草木，踐行了道德與仁。

所以，我們要尊重大自然一切草木。近年全球氣候劇烈變化，森林對氣候的調節非常重要，更應加愛惜有限的樹木，維持氣候與土壤自然生態永續。

《孟子》：「斧斤以時入山林，材木不可勝用也。」是指砍伐樹木有一定的時節，按照季節有計畫地砍伐，木材才不會被用完。因為自然生態資源的再生性有其極限，要懂得妥善利用，才能維持它的永續。

奴婢埋蠱

在唐朝時，王屋縣衙主簿公孫綽才剛剛到任，就暴斃而亡，某日他託夢給了縣令說：「我心中有怨，懇請長官為我洗刷冤屈。因為我的命本不應當死的，但我被那些奴婢埋蠱所陷害，他們都是為了圖利竊奪我的財產。我住在河陰，長官如果能暗中挑選部屬追拿通緝，前往抓人，一定不會漏掉的。在我家堂院的屋簷，從東算起第七個瓦片下埋有一個雕像，是梧桐木所雕而成的，上面釘滿了釘子。」

隔天，縣令果真命令部屬，依著公文，照會河陰縣令，把這些奴婢全都捉拿，並在屋簷下找到一尺長的木頭人形，上面也真的釘滿了釘子，一敲擊，啞然發聲。那公孫綽所有的粟米麥子，也全部都被盜賣了。縣令於是將所有的實情都稟報知府，犯事的奴婢都被處以極刑。

巫蠱之術是透過心念詛咒來引發，想一想，這是要匯聚多大的惡念能量，才能引發有影響力的咒怨呢？所以，一旦起了惡心咒念，便是在種植內心的蠱毒啊！

銀杏來求救

某天晚上，住在太倉州（在江蘇東南）的吳怡夢見兩位穿著綠衣的人被枷鎖鐐銬來到面前，不斷叩頭向他求救。

吳怡醒後以為是有人快死了，正向他求救。天亮之後，他就出門查察，看看附近的狀況，果然見到有幾個人手裡拿著斧頭鋸子，於是問他們要做什麼，那些人回答：「我們正準備要砍掉剛買回來的兩棵銀杏樹，好賣一些銀兩。」

吳怡這才明白昨夜夢中的事情，於是說：「這兩棵銀杏樹有神靈，我給你們錢，你們就不要砍了。」於是吳怡馬上拿錢買了下來，兩棵銀杏樹才免於被砍。

樹木象徵著萬物生命的源頭，大地萬物需要樹木，人類也一樣需要。我們尊重、愛惜大自然的一切，也等於是保護自己的生命。

恚怒師傅，抵觸父兄。

憤恨師長的教誨，衝撞觸犯父母與兄長。

指師長教導時，受到教訓和責備而產生了怨恨與憤怒，但這不但無法使自己成長進步，也辜負了他人的苦心。

有一次，孔子在上課，發現宰予未到，於是派人去找他，結果發現他還在宿舍裡睡懶覺，孔子忍不住大罵：「朽木不可雕也，糞土之牆不可杇也。」又說：「以前我聽了別人的話便相信，但現在我對待別人，聽了他的話後還要觀察他的行為。就是因為宰予，才讓我改變了對人的態度。」

雖然宰予常常被孔子批評與責怪，但宰予還是對孔子抱持欽佩和尊敬，沒有任何的恚怒。宰予還說：「我的老師孔子，比堯舜還賢德。」

「抵觸」是指在言語或行事之間的頂撞和觸犯，父兄為五倫之首，孝悌為先，所以凡事應以柔和語氣、臉色和悅來面對，孔子便曾說孝敬父母最難的事情是「色難」。某次，子夏問孔子什麼是孝道？孔子回答他：「當子女的要盡孝，最不容易做的事，就是一直對父母和顏悅色，僅僅拿酒飯給父母吃，就認為這樣可以算是盡了孝嗎？」現今做子女的稍微有忿怒之氣，必定導致抵觸，孝道中的「色難」這件事，千古至今，能做到的還真是「難得」呀！

《禮記・檀弓》：「事親有隱而無犯，左右就養無方，服勤至死，致喪三年。」侍奉雙親時，對於他們的過失不可多說，也不可直言去冒犯，應在其左右侍候，任勞任怨，直到雙親離世，哀痛守喪也需要三年。又說：「事師無犯無隱，左右就養無方，服勤至死，心喪三年。」而侍奉師長，對其過失也不可直言冒犯，也應如同對待雙親那樣侍候，直至到老師去世，雖不披麻戴孝，但三年內心中的悲哀，也應猶如喪親一般。

還有一招沒傳授

隋朝末年，有位阿謨，全名昝君謨，他擅長閉著眼睛射箭。即使閉著眼睛射，依然百發百中，怎麼射怎麼中。他有個徒弟叫王靈智，機靈聰敏。阿謨對徒弟也頗為疼愛，並將一身本事教給了他。王靈智也不負師傅的教導，非常認真學習。學了三年的時間之後，他覺得自己應該已經把本事都學完了，並自認為射箭的技術達到了精妙地步，所有技藝也全都學到手了。

有一天，他動了一個念頭，如果師傅死了，那麼全天底下能有這樣奇準箭法的，就只有他能獨占鰲頭，天下第一了。他觀察了一陣，在心中萌生殺意，一次，王靈智就趁著師傅不注意時，以熟練箭法瞄準了師傅的心臟，還胸有成竹的露出了冷笑。

「咻——」王靈智射出完美精準的箭，卻在師傅面前落了空。師傅面色極為冷淡，手中持一把短刀，無論徒弟的箭法再怎麼迅速，他都能準確瞬間地截斷。唯獨最後一支箭，師傅任由箭矢飛到眼前，才微微的偏了偏頭，張嘴一咬便咬住了那箭頭，然後一個使力，咬掉了箭頭。然後又冷冷地吐掉嘴裡的箭頭，所有動作一氣呵成，王靈智簡直嘆為觀止。

昝君謨放聲而笑，似乎正在嘲諷這不自量力的黑心徒弟：「你跟我學射箭學了三年，什麼都教給了你，這一招，幸好沒有傳授給你。」

王靈智這才明白自己的心思，師傅早已看穿。

人外有人，天外有天，成為天下第一等人，不但要有虛心學習的態度，還要有一顆真正恭敬師長與善德之心，如果失去了這樣的德行，拜師學藝也難有成就。

難以刪除的罪過

張義在每日清晨，都會非常虔誠的向上天祈禱，並懺悔自己以往所犯的罪過。某天，張義的魂魄忽然間被帶到了陰間，審判官出示了他生平所犯的罪過冊子，讓他看仔細。這黑簿中所記載的是他生平所犯下的一一罪過，但由於他虔誠的懺悔，也都已經刪除了，唯獨只剩一件惡事，並沒有勾除掉。

張義就問了審判官：「到底那件沒有被勾除的罪過，是什麼呢？」審判官就說：「這是在你小時候，父親責罵你，你不但沒有認錯，還生氣的睜著眼睛，回頭瞪著你父親，又罵了不敬的話，這罪過很大，還未除去。」張義這才明白罪過深重，於是沉潛修道。

父母親辛苦養育子女，其恩重難報，所以不敬不孝的罪過，也因此更加重。

強取強求，好侵好奪。

以強迫的方式取得或向人要求，或使用侵占奪取的方法強占他人的財物。

這裡所指的取求與侵奪，是指獲取不是自己「本分」所應得的，《彙編》上說：「分所不當得，而必欲得之，謂之強。」凡不應當得到的財富、地位、人事等利益，用盡心思計謀去求取，甚至是以陰謀、詭詐，暗地取得的即稱為「侵」；以權勢、地位去逼迫，則稱為「奪」。

諺語說：「命裡有時終須有，命裡無時莫強求。」如此勉強得來的一切，自然無福消受，縱然可以「侵奪」得到，也不過是把命中本有的提前求取而已。如果命中本無此福分，又不當取得，日後恐怕得付出代價。

《昨非庵日纂》：「乍來乍去，倏貴倏貧，其籠絡一世者，大抵福於人少，而禍於人多，嘗熟視其形模，金傍著戈，真殺人之物，而人不悟。」錢這個字，有金，旁邊有著兩戈，看來錢是個可殺人的東西，有時突然讓人顯貴，又突然讓人貧賤，它帶給人們真正的福報少，卻帶給人們的災禍多，然而能夠覺悟的卻不多啊！古云：「人為財死，鳥為食亡。」如果以違背常理的方式，去求取強奪非本分應得的事物，有時候可能連性命都不保。

《論語》：「富與貴，是人之所欲也。」財富和尊貴，是人人期望得到的，但用非正當的方法獲得它，讓人無法接受。《孟子》：「求則得之，舍則失之，是求有益於得也；求在我者也。求之有道，得之有命，是求無益於得也；求在外者也。」如果所求的是自己本性上所具有的仁義禮智，這種祈求是有益的；但所求的是身外之物，如富貴利達，能否得到，在於天命，刻意的追求並無益於所得。

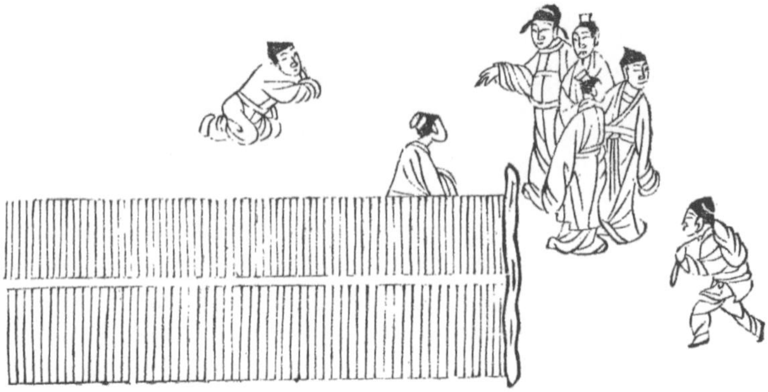

布囊中的橫財

宋時淳熙年間，臨安府有一市民沈一，本性貪財，賣酒營生，在錢塘門外開了酒店。某日快到二鼓時分，忽然湖中出現一艘大船，鼓吹喧鬧，絲管樂曲，五個貴公子戴著錦袍花帽玉帶，隨伴了姬妾十數人，登樓暢飲。

沈一見他們舉止不凡，心想：這樣打扮的五個貴人，舉止飄然有仙氣，絕對不是凡人，必是五通神來到我店裡了。他忍不住便向前跪拜說：「今日有這分幸運，能得遇尊神，有此遭際，願求賜小富貴。」這客人說：「要賜與此富貴不難，只是你所求何等事？」沈一說：「小人只是一般平民小輩，不奢望，只求多賜些金銀便可。」客笑着點頭說：「不難、不難，可使你滿願。」

於是附耳低語，吩咐了一位力士，那力士背來了一大布囊擲於地上。告知沈一：「此布囊中的金銀器皿，全部賞給你。但你必須到家之後再看，此處不可洩漏！」

沈一伸手拿了布囊，大為歡喜，叩頭稱謝。在回家的路上，他擔心入城時，囊袋裡的東西被城門的守衛盤詰。於是他拿來大錘，錘擊、踏扁整個布囊，使其發不出聲音，再背上肩，急忙回到家裡。沈一連忙叫醒在牀上的妻子說：「快起來，我得一筆橫財了，拿秤來秤秤看。」妻子說：「什麼橫財？昨夜家中櫃子有怪聲，我懷疑有賊，起來一看，又看不見什麼。為此我一夜睡不着，你先去看看櫃子吧，再來尋秤也不遲。」沈一取了鑰匙，打開櫃子一看，全部都空了，那些金銀首飾，櫃子內值錢的東西，全不見了！

沈一慌忙打開布袋一看，一件件都是自家櫃子裡的東西。可惜被他一頓錘踏，弄得歪匾，都壞了。妻子說：「你為什麼要打壞？」沈一說：「我怕被城門盤問，所以敲打了一

番。」沈一只好請匠人逐件恢復，反而費了好多工錢，沒有橫財，反倒折了本。這消息傳了出去，頓時成了笑話，沈一一時間也不敢見人了。

人有時候想貪求財富，但那些強求而來的，真的都能得到嗎？其實只是原本自己櫃子裡的東西而已，多半也只是白忙一場。

三尺地的責難

郁丙和張先是鄰居，但都遭到了火災，家產全都化成灰燼，郁丙先死數年，同村邑有位叫湯福的人，因病而進入地府，郁丙看到湯福後哭泣說：「我之前與張先為鄰居，以我的屋柱為界，簷的部分應該是張先所有，我為了圖利這塊地而巧訟於官，將它奪了過來，所奪取的也不過三尺，但幽冥官府的譴責至今還未結束，我想告訴我的家人，但張先之子已遷居陝府，我的兒子也遷移至建昌，這幽冥路遙遠，不是我所能通達的，麻煩你幫我轉告，讓我了結此事，不然我無法出離這場責罰。」

湯福還陽到人間之後，於是傳達了這二人之間的事。

非自己本分所應得的財物，以侵奪的方法去強占，總是會有牽扯不完的糾紛。未必要等到陰間的審判，人間不就有訴訟不完的恩恩怨怨嗎？

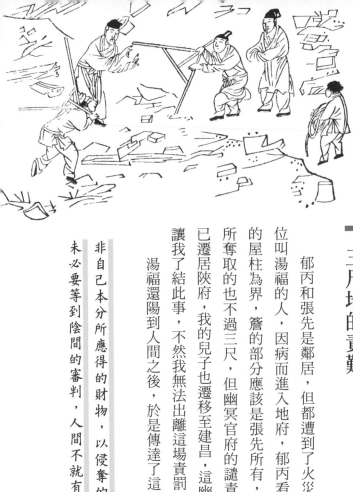

擄掠致富，巧詐求遷。

用搶奪的方法致富，以奸巧詐偽的手段求升遷。

所謂的「擄掠致富」，是以擄人劫奪的方式求取財富，例如用爭鬥、搶劫的方式，但有時也不一定用兵火刀槍來劫奪，凡是以非正當手段，去剝削、吞併他人財產或竊取公款，甚至放高利貸款，也都算是擄掠致富。

「巧詐求遷」是以奸巧詭計的手段來求得升遷，而非腳踏實地努力，不以忠誠、正義、公正、廉潔的本分來做事。以投機取巧或欺騙的手段，爭取晉升到高位的人，這樣的人無論是在國家政府，或是在私人企業公司或團體組織，如何能秉公忠誠？如何能做到真正廉潔？如何能以正確方式治理管理呢？如果真有智慧、能力、實力，又何必「巧詐」求取高位？

君子應以正直之心，作好自己分內之事，不以非正當的手段取得財富，也不以奸巧詐偽的手段來求取升遷，該有所獲得的利益或升遷機會，自然會臨到自己的身上。

《孟子》：「非其有而取之者，盜也。」不是自己所有，而強取來的，就算是強盜。

《論語》：「鄙夫可與事君也與哉？其未得之也，患得之；既得之，患失之；苟患失之，無所不至矣。」能和一位人格卑陋的人一起侍奉君王嗎？那種人還沒取得官位，就擔心得不到；已經得到後，又擔心會失去，如果他這麼擔心官位的話，就什麼壞事都做得出來了。

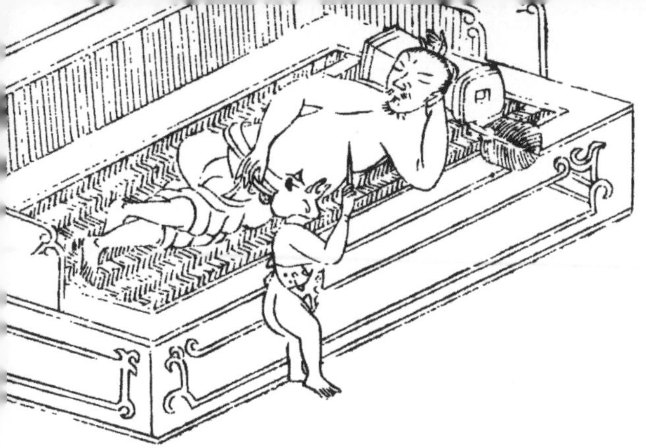

銀簪刺心

在蘇州盤門外的某甲，以賣油為業，他常挑擔著油到蘇州城一大戶人家賣油，這富有人家的獨生子才四五歲，是個可愛小娃，全家人也非常寵愛，全身穿戴的首飾價值千金，極盡富貴。這賣油的某甲見此便萌生惡意，起了賊心，每次都帶水果去給那孩子吃，而這戶人家與他相熟，對他根本毫無警惕之心。

某日傍晚，某甲來到富家的門口，見那小孩獨自一人在大樹下玩，便用食物誘惑他，引到一個僻靜無人之處，把那孩子貴重的衣飾都搶奪走，然後又活活將他掐死，屍體扔到一枯井中。那父母找不到孩子，整夜哭泣，雖然有人懷疑某甲就是凶手，但並無證據，拿他沒辦法。

之後，某甲就典當那孩子的首飾，換銀錢，做大生意，沒幾年家中越來越富有。他妻子生了兒子，長到了四五歲時，相貌極像那大戶人家的孩子，某甲心中有鬼，忐忑不安，一直不敢直視孩子，也小心翼翼，但時間久了，也沒見到發生什麼事。

某個晚上，天氣炎熱，某甲翻來覆去睡不著，將涼蓆和枕頭拿到戶外臥睡。他的兒子很調皮，拿了把銀簪輕輕地放在他的胸口上刺弄著，某甲在昏睡中感覺到胸口刺癢，以為是蚊子叮，便狠狠一拍，銀簪就這樣直直插入他的心上，某甲一聲慘叫，命歸黃泉！

以謀殺人命的方式，將掠奪來的錢財作生意而致富。夜半鐘聲，摸摸自己的「心」，真的能安心嗎？那種暗夜的恐懼不安與譴責，不正如那銀簪刺進良心的痛嗎？

稱病躲避差事

在西溪的龍霓就住在京城的寓所裡，有一位同年考中的官行人來拜訪他，告訴他暫時想在門籍裡注冊幾日，這是為了要躲僻去湖廣任差。

龍霓對他說：「湖廣也不算是偏遠的差事，何況您父親也那裡，何不順便去看望一下，這不也是很好，為什麼要躲僻呢？」

那人卻說：「不可，因為吏部將要選拔，如果我承接了這件差事，恐怕就不能得到選拔。所以我想姑且躲僻一下，那麼讓楊子山前去好了。」龍霓這番話他聽不進去，所以故意謊報生病，在門籍注冊。

才過幾天，吏部就開始選拔推舉，然而楊子山竟然得到選拔的官職，而那人仍然必須完成他之前應該去做的差事。

種種盤算謀略，只為求升遷，卻未必如願，最後也只是白忙一場，一切又回到了原點。人生命運，與其要計算而得，不如踏實修得！

賞罰不平，逸樂過節。

獎賞及懲罰不公平，逸樂過度而無節制。

前面所說的「賞及非義、刑及無辜」，其中包括賞罰與刑處施予的不當，而這裡的「賞罰不平」，則如有功勞者沒有獲得獎賞，犯錯者沒有得懲罰；或者是無論功勞大小，所給予的獎賞都一樣；或者犯錯有輕有重，但處罰上並沒有差別，這樣便會給人不公平的感覺，人心就難免不服了。可見所謂「齊頭式」平等，只是形式上的平等，並非真正實質上的平等。所以，如何做到真正的賞罰公平？《孫子兵法》提到「賞罰之道，在於正義，明法，彰功，標罪也」，因此賞、罰都要有清楚的標準，才能有所依循，所以特別強調賞罰分明，主張先獎勵取得戰果的士兵，重賞功勳卓著的特殊人才。

《禮記》上說：「禮曰，樂不可極，欲不可縱。」這是說逸樂不可以過度，欲望不可以恣意放縱，享樂過度，沒有節制，就會失去警戒，容易樂極生悲。宋朝范文正公說：「吾每夜就寢，必計一日奉養之費，及所為之事。若相稱，則熟寐；不然，終夜不能安枕，明日必求以稱之者。」是說他每晚就寢時，都會計算一下今日的俸祿，是否和所付出的相稱；如果相稱，就能夠安心入睡，不會到羞愧；如果不相稱，就會整晚不安眠。這是自我內心的一個衡量秤子，警戒自己不要過度放縱，而沒有節制。

《尚書．大禹謨》：「臨下以簡，御眾以寬；罰弗及嗣，賞延於世。」對民眾要求簡明，治理寬大；刑罰不及子女，獎賞則可延續到後代，這是古人對法典賞罰的寬容之德。《論語》：「樂驕樂，樂佚遊，樂宴樂，損矣。」孔子指出有害的愛好有三種，包括言行的放蕩、閒逸、狂吃喝等。所以，言行飲食都應當有節度。

何必將人關到死

宋朝時，范純仁剛任慶州知州時，某一次巡察監獄，發現監獄裡罪犯人滿為患，便詢問起原因，裡面有屠夫、販卒、強盜、小偷，有些是犯了劫盜罪而被扣押。

通判州事說：「這些人都十分凶暴，一旦釋放了，沒多久，他們可能就又要犯事了。」

范純仁問：「那遇到這樣的情況，最後都怎麼處理呢？」

通判州事說：「就讓他們自己生病，老死在獄中，這也是為民除害的一種方式。」

范純仁公蹙著眉頭說：「按照情理，不應當這樣把人關到老死，因為一些原因，用這樣的方法讓他們死去，這又如何能說得過去呢？」

於是范公把那些犯人叫到庭院裡，告誡他們說：「你們作惡不悛，官府不想釋放你們，怕你們又作犯，危害百姓，又吃上官司。你們能立誓改過自新，重新做人，我就給你們一個機會。」范公非常嚴肅。犯人們聽了非常感動，說：「您如此仁慈，我們都欽佩您，一定會服從您的教誨和命令！」范公見他們誠心改過，就下令將他們釋放。罪犯非常感恩，回去能跟他們的家人團聚，也特別珍惜。而那一年，犯法的人比往年減少了一半！范公也做到了宰相之位，死後謚號「忠宣」。

犯人雖然有錯，但罪不至死，如果用扣押的方式將他們關到老病而死，便是「賞罰不平」，不合情理。所以，要處處留給他人重新改過的機會。平時對待他人也是一樣，不要嚴苛過度了。

狗妖扮人

唐朝宰相宗楚客，他的生活極為奢侈，所營造的新豪宅都是用文柏作為樑木，有的還是用沉香做牆，以瑪瑙做階梯，極盡奢華享受。太平公主知道後說：「看那個宗楚客，一切的享受，連我這位公主也遠不及他。」

宗楚客在韋后手下擔任宰相時，常私下說：「過去我職位卑賤，時時想要得到宰相，但得到之後，我並不滿足，希望有朝一日，能當天子，讓萬人朝拜，即使只有一天，也滿足了。」可見他對權力的貪欲已到了極致。

據說，當時宗楚客家有隻狗，某日突然戴上了宗楚客的冠帽，行坐站立都如人一樣，宗楚客說：「你這隻畜牲妖怪，越犯你的本分，應斬殺！」不料那隻狗突然開口說：「你才是人中妖怪，越犯本分，應當處死！」宗楚客一聽，大驚失色，但他並沒有悔改，依然貪求財富權力。不久，李隆基起兵聲罪討伐韋氏，韋氏等人皆被剷除，宗楚客一樣被誅殺。

以狗的荒謬行為，來比喻人們不自知自己正是「人中妖」。過度而無沒節制，越犯自己的本分，不知禍之將至，這個「禍」不就是來自內心的「妖」嗎？

苛虐其下，恐嚇於他。

苛刻虐待下屬，恐嚇威脅他人。

「苛虐其下」是指苛刻虐待自己的僕人或下屬，一如現今勞資之間的關係。

在許多經典中（如《善生經》等），佛陀曾經教導主僕之間的對待方式：給予溫飽不受饑寒、提供生活所需的標準工資、醫療上給予保障、不可過度勞累、時常教育訓練、不隨意處罰責備、依工作表現定期獎勵、不可隨便扣錢、不可偏袒、佳節贈禮、給予假期等等；除了此外，佛陀也說僕人或下屬也應該對雇主盡忠職守、擁護雇主與公司名譽、完成主人交辦事項、節省物資等等。

「恐嚇於他」是指以虛張聲勢的方式，使人害怕恐懼，其目的多半是為了貪圖利益。現今法律已訂有「恐嚇罪」，包括恐嚇加害他人生命、身體、自由、名譽、財產等事，泛指一切言語、舉動足以讓人心生畏怖者都屬之。因此，即便我們對他人有所不滿，也不能隨意以言語或舉動來恐嚇他人，因為這已侵犯他人意志，觸及法律責任。

賢德的人看到人們有憂愁恐懼，便給予安慰，使他們心裡寬解，這便是功德。

《論語》：「君子易事而難說也，說之不以道，不說也；及其使人也，器之。小人難事而易說也，說之雖不以道，說也；及其使人也，求備焉。」人們容易與君子共事，但難以博得他的喜歡，只要不合於道，他就不會喜歡，他重視的是才能，適才而用。小人容易討好，但在他底下工作很難，雖然不合於道，他也能喜悅，但等到他要用人的時候，就會苛刻要求。

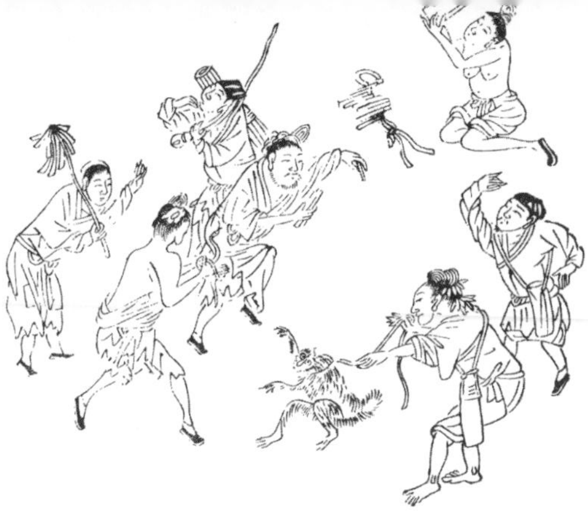

乞丐臉上的掌痕

明朝人凌漢章，某日經過市場，看見一位相貌魁梧的乞丐，面頰上有一天生的掌痕，後面有十多個乞丐跟隨。等這乞丐走後，凌漢章便問店主人，店主人告訴他說：「這乞丐姓聶，他父親曾做過司務官。某次上早朝，他的隨從弄丟了笏板，他一氣之下，賞給了他一個耳光，隨從立即倒地而死。之後，他妻子有身孕，竟看見那死去的隨從在妻子臥房。不久後生了兒子，那掌痕還清楚地印在臉上。那司務心裡才明白是怎麼回事。兒子長大之後，一直想殺死父親，父親也常提防他。後來，司務偷偷帶著妻子逃往異鄉，下落不明，兒子因為縱酒好色，家產耗盡，淪落為乞丐。」凌漢章便寫了一首詩：「平生不信有陰魂，丐面而今見掌痕。寄與世間君子道，莫教結怨種冤根。」

因為過分嚴苛的要求下屬，而導致他們的傷害，就會累積不滿與報復。因此，對下屬的要求應合情合理。

湖州薑客

湖州一個賣生薑的小販到永嘉去賣生薑，因為爭執價格問題，和當地的富豪王生發生口角。小販惹怒了王生，王生一拳打去，小販應聲倒地，王生嚇了一跳，趕緊帶去救治，那小販才醒了過來。王生有愧，便買了他所有生薑，給他一大筆銀兩和幾匹布，將小販送走。

小販乘船離開時，向船夫抱怨說：「我差點丟掉了性命，被打死做了異鄉之鬼。」船夫便問他怎麼回事，他才說出原委。船夫是個狡詐的人，聽了小販的話，暗自想出了一些計謀。於是他花錢買了小販的衣服、筐子、布料等，那時，剛好河裡有具死屍，他便將屍體換上小販的衣服，並藏到樹林中，走去王生家。船夫編了謊說：「剛才有位小販坐船，說是被你打了，突然發病，拜托我叫他家人到官府告狀，留下絲絹和籃子為證據，就咽了氣死了。」王生嚇得大驚失色，那屍體的穿著確實是那個小販，於是他給了船夫一大把銀兩作為封口費，一塊跟著船夫將屍體埋藏在森林裡。

過了幾天，王生家中有個品行不端的僕人，他曾被王生狠狠責打一頓，一直懷恨在心，便不斷以此來勒索王生，但貪求無厭，王生無法再支付，於是那僕人便到官府報案，說王生打死了人。王生被押到公堂之上，言語笨拙，不善辯解，官吏命令重責，嚴刑拷打，便死於杖下，這案子根本沒有仔細審訊，竟然就結了案。

隔年，小販知恩圖報，帶了新的生薑要送給王生，王生全家以為是鬼魂，便說：「我家的主人已死於非命。」小販於是告知王家所有的實情，王家人才知小販根本就沒死，馬上向官府報案抓拿以前的僕人，並將船夫逮捕，這才審訊出船夫利用死屍恐嚇王生的真相。船夫因恐嚇欺詐，導致害死人命，而那僕人因為誤告，而將主人逼迫致死，兩人皆判處斬刑，原來審問案件的官員也被撤了職。

以恐嚇的詭計謀取他人財物，是一個罪過，但因為主僕之間的恩怨，又引發其他罪過，而導致惡的循環，如果最初沒有那貪念或害人之心，或許就不會無法挽回了。

怨天尤人，呵風罵雨。

埋怨上天，責怪他人，又因風雨不調，而呵斥颳風，咒罵下雨。

常常「怨天尤人」的人，表示一個人對事情的看法常傾向於負面思考，一遇到不如意的事情，便喋喋不休地抱怨，怨恨人、怨恨事，進而「呵風罵雨」，怨恨天、怨恨地，怨恨風、怨恨雨，使內心積聚怨恨。

「怨」是一種負面的情緒，當它在內心累積到一定程度時，不僅對個人身心造成痛苦，而且內心也會感到無助；一旦怨恨擴及他人外物，那麼就會更加混亂，對我們的人際關係將造成極大傷害。

人們遇到不如意的事，總難免會抱怨，只是如果一直朝著負面方向去胡思亂想，就更容易擴大內在的怨恨，這樣對自己不僅沒有幫助，而且還可能造成種種隱形的傷害。因此，我們對這種負面情緒是需要警覺的。

子曰：「不怨天，不尤人。下學而上達，知我者其天乎！」孔子說，他不會去埋怨天，也不去責怪人，他向人間學習禮樂，而能向上通達天命，所以他說能了解他的，大概也只有天吧！這其實是一種豁達的人生態度，把自己的心門敞開，天底下沒什麼大不了的事，任何挫折都當作是一種學習，隨時隨地都天寬地闊。

《中庸》：「正己而不求於人，則無怨。上不怨天，下不尤人。」是說君子無論處於什麼狀態，都能安然自得，在領導的位置，不會輕賤下屬；在下屬的位置，也不會諂媚上級。他一如以往地做好自己，端正自己的心，不會抱怨，也不去責備他人。

十六字天書

明朝時有一位焦俊明，在很年輕時就登第，但很長一段時間，都沒有獲得任何升遷。因此，他常常為自己的仕途坎坷，而抱怨天帝不公平。

某天，他寫了一則禱告上天的文章，放在香爐中焚燒，那天晚上，有一張紙飄到了香爐前，他仔細一看，發現上面有十六個篆書文字，他看不懂這篆文意思，於是他專門去請教有道行的何仙姑，請她解說內容。

但何仙姑原先並不肯說，在焦俊明苦苦哀求下，何仙姑才告訴他：「這天書的意思是說，你曾收受賄賂了五兩黃金，就折去十年的福壽，也曾錯殺一人，你還故意掩蓋錯誤。你真有做這樣的事情嗎？」

焦俊明一聽，完全無言以對。

當我們人生遭遇到不如意時，與其埋怨，不妨靜下來反省自己，有沒有什麼過失，因為檢討自己的過失，更能使自己進步。

灑酒罵天

過去有一位胡昂，落魄而不事事，每次科舉都沒有登第，於是常灑酒罵天。

就在宋朝太平興國初年，他羈遊河朔的途中，突然有一張黑紙從空中落下，落在他所

騎的馬前面，他拿取這張黃字的天篆書一看，是上天譴責他的文字，他看完後非常憤怒地說：「這些都是狂妄不實的話。」於是撕毀丟棄，匆匆騎馬離去。

但這一瞬間，烏雲密布，傾盆大雨，霹靂一聲，人馬都跌了下來，意外傷亡。

人生遇到挫折，應謙卑地接受神明的啟示，或前輩的建議，太多負面的情緒並無助於改善現況，反而會因此而導致更多不順遂的事情發生。

鬥合爭訟，妄逐朋黨。

唆使人鬥爭訴訟，為圖私利而結黨營私。

「鬥合爭訟」是指在爭訟的雙方中進行挑撥，火上澆油。這在口業中，是屬於「離間語」的惡業，也就是利用言語來進行挑撥離間。

這樣的人，他總是希望別人不和睦，相互爭鬥，一旦發現人與人之間稍有什麼矛盾，就利用這些矛盾，進一步挑撥，製造他們之間的對立關係，企圖從中坐收漁之利，或是暗中挑撥，或是唆使他人爭鬥，或代為捏造證詞，或包攬訴訟，目的都是為了從中謀取利益。

在現代社會中，人心躁動，一有不和，就要相互爭鬥訴訟，小從個人之間，大到團體之間，如果又有人再從中加以挑撥，就更難得到平和，這實非群體之福。

「妄逐朋黨」則是不講原則、違背道德，拉幫結派，只是為了圖利，「妄逐」指的沒有分辨奸邪和正義，發現他人有權勢、有利用的價值，就攀權附貴、阿諛奉承，擾亂團體運作，陷害忠良。這種以利益結合為主的團體，無論是政黨、法人或財團等等組織，目的只是為了謀求私利，並沒有辦法為社會帶來更多的公益，也只是烏合之眾。

《論語》：「聽訟，吾猶人也，必也使無訟乎！」審理訴訟案子的方法是一樣的，把案子審查清楚，但重點是在於「使無訟乎」，目的在於使這個訴訟不再發生，盡可能讓雙方平和的結束，而非再挑起爭端。

受不完的牢獄災

文光贊的父親，從小到老，每一年都有訟案牢獄的事，因此他各種刑罰都受過，也吃盡了種種苦頭。

文光贊於是前去拜訪曇相禪師，請教這是什麼因果所導致的。

禪師便說：「這是由於你的父親在前生常寫狀紙，唆使別人去打官司訴訟，所以今生才會受此種報應。」

文光贊於是懇求禪師給一個解救的方法，禪師告訴他，請他父親自己戴枷自囚，閉關三日，虔誠向佛祖懺悔，並發願日後多行善事，之後情況才有了一些改善。

教唆雙方詞訟，廣泛的說就是使雙方不和睦，而挑起彼此的鬥爭，這樣的事也會發生在日常生活當中，如果有這樣的過失，應該多懺悔改過。

神明也救不了

過去有一位劉願質，他的背上長了一個大毒瘡，找了許多醫生，也用盡各種藥方治療，但是都沒有效果。醫生就對他說：「我們已經盡了全力，恐怕你是會有大災難！」劉願質便請了位道士，向北斗星君祈求祝禱，晚上他就夢到神明告訴他說：「你因為觸犯了天庭律法，縱然是禱告北斗星君也是難以免除的。」劉願質便對神明說自己並沒有犯罪。

神明便說：「你之前受聘到別人家中教書，卻製造了種種事端，並教唆別人爭訟，因而導致這家人都受到你的迫害。」

劉願質便說：「這是不是我做的，是弟弟願立所做。」冥王就命判官再次核對案件，確實是如此，於是就免除了劉願質的災難。隔年，劉願立便離開了人世。

從中挑撥離間，而使雙方受到迫害，這種「離間語」的惡語業，其所累積的罪惡，連神明也難免除，所以心要正直，語言也應當謹慎。

用妻妾語，違父母訓。

因聽從伴侶的話，而違背父母訓示。

這裡主要是指人們容易聽信身旁親密的人，因感情用事，而疏忽了客觀的判斷考量。父母為長輩，人生閱歷既多且廣，對於事情的看法或見解，必然較為周延恰當，因此父母的勸勉是值得我們傾聽與參考的，更何況父母愛護子女家庭的心也是非常殷切的，他們為子孫謀劃，必定也會更為周詳。自己與身旁的伴侶，畢竟都是後生晚輩，當意見不同時，不妨冷靜下來，再三思索父母及長輩所說的話，或許便能從長輩給予的建議或提醒中，得到一些啟示，也可以使自己在抉擇的時候，發現到自己的疏失。

《孟子》：「好貨財，私妻子，不顧父母之養。」如果貪吝錢財，只私愛妻子和孩子，不贍養父母，對父母不聞不問，這是孟子所說的五種不孝之一，其他部分還包括：懶惰、酗酒聚賭不贍養父母，或是放縱情色使父母羞辱，或是逞勇好鬥連累父母等。

低賤出身的老母親

在青田縣的居民倪九，從小就與母親相安無事的一起生活，但自從娶進了妻子後，便受到妻子種種耳語的迷惑，便認為母親原本就是婢女侍妾的低賤身分出身，他們夫婦就再不

尊敬自己的母親，甚至夫婦倆讓老母親收完稻穀後，又叫母親去殺雞煮飯。有一日，忽然之間狂風暴雨驟起，一顆大石頭碎裂，從山上滾了下來，就剛剛好砸在倪九夫婦的房間上，兩人就這樣被壓死，而老母親正在廚房煮飯，所以安然無恙。

無論自己的父母是什麼出身背景，都是養育自己長大的恩人，應當恭敬感恩撫養自己的人，並和伴侶一同孝敬父母。

三畜人面

在福建漳浦衛氏，妯娌三人，非常不和順。每天都盡其所能的互相詬罵，各自以最惡毒的語言來唆鬥她們的丈夫。就在嘉靖辛卯七月中，在白天，突然轟雷一聲，將他們三人化為牛、羊、犬三種動物的身體，但他們的頭面依然不變。而雷神出現在空中，他觀視良久之後才消失，三個動物見到人，再也不能說話了，只能低頭垂淚。

化為三種動物是一種比喻。畢竟在家族內說長道短，又互相詬罵，只會破壞了一家族的和諧，所以沉默少語，多忍辱包容，則可以避免不必要的爭執對立。

得新忘故，口是心非。

喜新而厭舊，表面聽從，私下卻不一致。

人和事物都有新舊交替，從衣服器物，到親情友誼，乃至於伴侶。有情義的人，總是珍惜人世間的情感，如果因為有了新人，便忘了故舊，這似乎也未免薄情。

東漢光武帝時，有一位大臣宋弘，他非常有德行，光武帝於是想把自己守寡的姊姊下嫁給他，就看他願不願意把原配放下而結新歡，宋弘便說：「貧賤之交不可忘，糟糠之妻不下堂。」所謂「糟糠之妻」指的就是原配，通常是陪伴自己身邊一同成家立業的妻子，怎麼能「得新忘故」而隨意拋棄呢！

「口是心非」就是心口不一，指嘴上所說的和心裡所想的並不一致。《抱朴子》：「口是而心非者，雖寸斷支解，而道猶不出也。」純善之人，心口皆是一致的；而口是心非者，最難測度，事君則不忠，事親則不孝，交友則不信，臨難時則不義，所以沒有道德正義，人人得防範之。

《論語》：「故舊不遺，則民不偷。」這是說我們不遺棄故舊老友，人情風俗便不會澆薄而無情，這是對情感的一份珍惜。

《尚書．益稷》：「汝無面從，退有後言。」雖然當面答應或順從，但在人背後卻有種種非議。這就是口是心非者，沒人能夠接受這樣行事的人。

焦氏索命

淮南人滿少卿是世家子弟，放縱不羈，有一次他到了長安，正值寒冬，他臥在旅館，飢腸轆轆。鄰家老翁焦大郎看他可憐，送了飯給他吃，不厭其煩送了十天，滿少卿滿懷感激拜見焦大郎，向他道謝，焦大郎說：「我不富裕，只是看你窮困潦倒，量力救濟而已。」滿少卿下跪說：「如果將來我富貴了，絕不忘恩負義。」

於是滿少卿常常到焦大郎家中飲酒談笑，後來他看上了焦大郎的女兒，以致兩人通姦私情。不久此事被焦大郎知道，厲聲責備他：「我將你從困境中解救出來，哪會料到你做出如此不義之事，事情既然如此，後悔也來不及，如果你們能成婚，我就不再追究。」

滿少卿叩頭謝罪，接受了焦大郎的要求。兩人成婚後，夫妻恩愛和睦。滿少卿在焦大郎家住了兩年後，考中進士。之後他到了京城，被朝廷任命為東海尉。原本打算接丈人與妻子一同赴任，不料族人看見，便拉著他衣錦還鄉。

於是在朝中任職大官的叔叔，便親自替滿少卿作主，擇定了一門婚事。滿少卿原本還有些掙扎的念頭，心想不能辜負了他們的恩情，但那門親事的家族財產豐厚，女子模樣姣好，也就心動了。左思右想，起了喜新厭舊之念，為攀附權貴，他便與宦門的朱氏女又結了婚。成婚之後，他見新人才容兼備，兩人生活快活，心裡便忘了焦氏之事。

十年後，滿少卿晉升至鴻臚，到齊州作官。某日，他在後院散步，沒有預料到會遇見焦氏，她一把拖住少卿，哽咽哭了起來。

滿少卿先是驚惶失措，又一時心慌，胡編了謊言，為自己開脫。焦氏哭倒在他懷裡，這情意感動了滿少卿，不禁也落下了眼淚。

而朱氏胸襟甚寬，便安頓了焦氏，彼此和睦相處了一陣子。過幾日，滿少卿酒後念舊，到焦氏房中就寢。

隔日天明，卻未見起身，一直到該去坐堂時，房中仍無動靜。朱氏於是命下人破牆而入，只見滿少卿一人口鼻流血，已氣絕身亡，又尋焦氏，房中卻已無行蹤。

那一夜，朱氏夢中見焦氏對她說，自從滿少卿離走後，她翹首懸望，受盡苦楚，早已抱恨而死，焦父也悲哀過甚而相繼死亡。於是她在冥府向閻王告了狀，獲准前來索命。朱氏這才知滿少卿是被索命而去。

世間感情，有人真情真意，有人薄情寡意，若是將真心換成了絕情，只空留了餘恨。把感情當作遊戲的人，難道辜負別人付出的真感情，就不用償還情債嗎？

斧與毒酒

明神宗萬歷年間，在湖北省孝感縣有兩人，一人姓劉名尚賢，一人姓張名明時。他們兩友人非常友好，還發誓要共同生死。

某天，他們在行走時，看到地上閃閃發光，發覺是像竹筍狀的銀條。於是，兩人互相約定，必須祭禱神明後才能一同取用。

但當他們兩人祭禱完畢，在一起飲酒時，劉尚賢竟然暗地將毒藥放在酒器之中，來敬張明時，而張明時也在腰部暗藏了一隻斧頭，他想趁劉尚賢酒醉之時，動手砍殺。

結果，劉尚賢先被斧頭砍死，而張明時不久後，也毒發身亡。他們兩人的妻子知道原因，特地去挖掘那塊地，卻始終沒有找到任何銀條。

價值萬金的銀條，回頭再找，再也看不到了，比喻世間財寶虛妄不實。口是心非的人，竟然為了這虛妄不實的東西，以毒酒與斧頭互相殘殺致死。人世間種種利益的爭奪，不也是如此，值得嗎？

貪冒於財，欺罔其上。

昧於心的貪圖財利，而欺瞞上級長官。

「貪冒於財，欺罔其上」，是指對錢財貪得無厭，因而昧著良心，欺騙蒙蔽上司或長上，如此，臣子對於君主便無法真忠心，兒子對於父親便無法真孝順，奴僕對主人也不會講道義。

《說苑．節士》中有一段故事：「昔者，有饋魚於鄭相者，鄭相不受。或謂鄭相曰：子嗜魚，何故不受？對曰：吾以嗜魚，故不受魚。受魚失祿，無以食魚；不受得祿，終身食魚。」

當時有人要饋贈魚給鄭國宰相，但他卻不肯接受，於是有人問他：「你平時非常喜愛吃魚，為什麼你不接受別人贈送的魚呢？」鄭國的宰相回答說：「因為我如果接受了別人所饋贈來的魚，將可能使自己失去了官職，如果沒有俸祿，也就無魚可吃，所以不隨便接受這些餽贈，則可以清廉，以保官職，這樣可以一輩子有魚吃。」

這位鄭國的宰相深諳「得魚失祿」的道理，雖愛吃魚，卻不願意接受任何的饋贈。不昧著良心，去貪圖財利，如此內心才能坦然，也不會有任何的欺瞞，這才是真正長遠的福祿之道。

《孟子》：「為人臣者，懷利以事其君；為人子者，懷利以事其父；為人弟者，懷利以事其兄；是君臣、父子、兄弟，終去仁義，懷利以相接；然而不亡者，未之有也。」如果做臣子的只存著利益而去事奉君主；做兒子的只存著利益去事奉父親；做弟弟的只存著利益去事奉兄長。如此，每個人彼此之間只存著利益來互相對待，則國家必亡。因此，人與人的對待不能只是利益衡量，更應該有道德仁義為基礎。

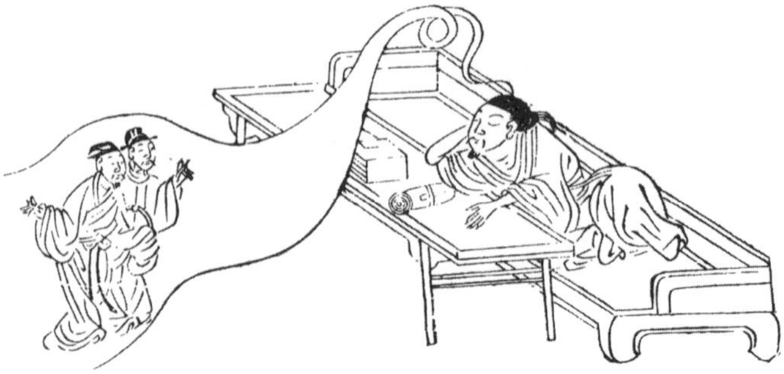

貪污之財留不住

在紹興府有一位布政使，他擅於貪污金錢之事，因此，所累積錢財有數十萬兩之多。一直等到他丟官之後，回到了家鄉，還能買十萬畝良田，使他在郡中成為最富有的人家。夜晚，其祖父常常來託夢對他說：「你這樣貪污所得，在陰間的懲罰就快要到了。」但他卻怎麼也不相信。他只有一個兒子和一個孫子，竟然都沉溺於嫖妓與賭博，完全不知悔改，最後都短壽而亡。而布政使在不久後身體也漸漸癱瘓，他的子媳婦和孫媳婦皆不守婦道，這是遠近皆知之事，所以想占便宜的人非常多。布政使親眼看到了一切，他到臨死時，家產都已經全敗光。

但他在臨終前，仍張著眼睛說：「我官位已經做到了布政使，也不能算小官，所擁有的田產有十萬畝，也不能算是少的，這些都是在我的手中所購置的，但也都是在我手上敗光的，我不曉得這是什麼道理？」說完之後就離世了。

貪污之財最終都難以守留，正因為這些財富並非屬於自己應得的福祿，所以當然要歸還他方。

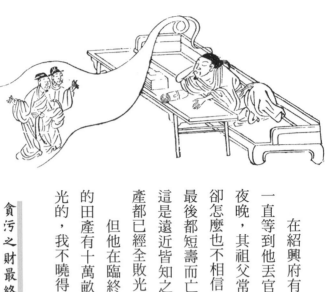

進獻大魚

南宋的秦檜，有一天，他的夫人王氏進宮去看望顯仁太后，太后隨口說：「最近這些

日子，能食用的大魚實在太少了。」王夫人便殷切地說：「臣妾家裡有很多大條好魚，明天我為您進獻一百大魚！」於是他回家馬上跟秦檜說，秦檜一聽，發覺不對，便馬上責怪王氏說錯了話，兩人整晚就這麼琢磨著補救的方法。

隔天進宮，秦檜便為顯仁太后進獻了一百尾的大青魚，這是一種不好吃也上不了檯面的大魚。顯仁太后於是拍掌大笑說：「我就說呀，那婆娘村裡的魚就只是如此罷了。」

王夫人對太后有阿諛奉承的心，卻不小心說漏了嘴，秦檜心思極為縝密，於是用「我夫人很土，是個沒見過世面的村姑」，以這樣的假象向太后示弱，因為進獻了貴重的大魚，等於暴露了自己攬權與貪污的事，但他不進獻又是欺君，就用此計將一場禍端消弭了。

常貪污算計的人，總是會用種種謊言欺罔其上，這樣的人如何忠誠於君？這樣的人又如何可以被信任呢？

造作惡語，讒毀平人。

編造壞話，讒言詆毀無辜之人。

古詩：「讒言慎莫聽，聽之禍殃結。」有人刻意說一些惡語，將原本沒有的事，編造流言，捏造事實，中傷平白無辜的人。如果有人聽了這樣的煽動謠言，再加上小人附和，判斷力被迷惑，不能夠分別其中的是非對錯，因而隨聲附和，以致本來無罪之人被妄加罪行，由此而敗壞名節，或家庭的和樂被破壞，甚至因此性命被傷害致死，這都是言語造就的罪孽，可見語言的殺傷力有多大！

有一次，某人以惡口辱罵佛陀，佛陀並沒有生氣，只是告訴他：「如果有人惡口罵你，你也回罵他，這是瞋心相贈。但是，如果你惡口罵他，他不理你，那這些惡言，又會回到誰身上呢？」於是那位惡口的人當下明白並懺悔。

所以古人說：「言出如箭，不可亂發。一入人耳，有力難拔。」縱然是別人有了一點過失，或是因為疏失犯錯，也應該善解，理解他們的難處，而不是一味批評他人，讓人無地自容，更不用說讒言毀謗這樣的惡了，傷人也傷己。

《論語》：「浸潤之譖，膚受之愬，不行焉，可謂明也已矣。」有學生問孔子，什麼才是明察事理？孔子認為如果有人一天到晚，在你面前說別人的是非，如同水浸濕物品一樣，而你卻能不讓這些讒言進入你的心中；當有人在你面前像切膚般的控訴著他的冤屈，你也能不受到他的影響，只聽信他一面之詞，這就算是一種明察事理了。由此可知君子審慎判斷，不會輕易地相信中傷他人的言語。

無端出現的四個字

順治辛卯年蔣虎臣主試浙闈時，在閱覽試卷後，已決定入選者。但候選人還在後場，尚未到達，便傳話尋找門簾外考生。這時，卻發現一份試卷上面有「好談閨閫」（閨閫：指男女之事）四字被貼出來。

於是發榜後召集那位考生詰問原因，但那考生也不知道為何有這四個字，當時只見考場內有一婦人進入，磨了墨，好久未去，而試卷上面已出現了這四個字。

蔣虎臣覺得詭異，因而詢問他人，才知道這位考生過去喜歡談論男女之事，並造謠毀謗他人，所以才被含冤負屈的亡者貼上這些字，這似乎是一種報復。

以不善的言語來造謠詆毀他人，時間久了，傷害的人多了，難道他人就不會以同樣的方式來報復自己嗎？

楊收復仇

唐朝丞相楊收，他被貶官，後死於嶺外。當時的尚書鄭愚，鎮守海南。有一天，賓司報告說：「楊相公想要見尚書，他正在客廳等你。」鄭愚一聽，心中十分驚怕，心想：「他怎麼會來到這裡？」他以為楊收又復活了，就前去迎接了。

楊收說：「我當時被軍容使楊玄價誣陷詆毀，因而不幸被殺。此刻，我已請求天帝，

天帝賜我陰兵來報此仇，因此，想要請托尚書犒賞他們，另外，再借錢十萬緡。」鄭愚答應了，只有錢的部分，鄭愚推辭說軍府的事忙，只能借給他一半。楊收說：「我要的不是銅錢，只要紙錢就可以了，焚燒的時候，千萬不可著地。」鄭愚就答應了他的要求，而楊收則從容作了一個長揖，人便消失了。

鄭愚命令人在北郊外準備酒菜和紙錢，為楊收祭奠，在場的還有一個主管壽陽的兒子。只見楊收騎著白馬，拿著紅色弓箭，一個穿紅衣的天吏則牽著馬。楊收對壽陽的兒子說：「現在天帝允許我殺楊玄價報仇，我射中了他，他必然會死。」果然，不一會兒楊玄價突然得急病身亡。

蜀地的毛文錫曾作潮州牧，在鄭愚手下辦事，也熟悉此事。

說話就好像射箭一樣，如果是自己被不實的言語毀謗中傷，而導致身亡，你會是什麼感受呢？

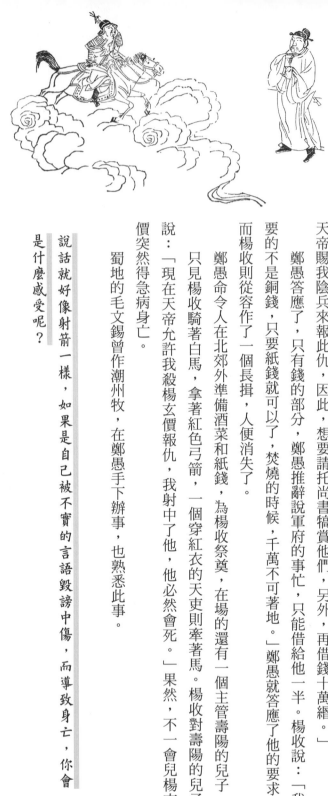

毀人稱直，罵神稱正。

毀謗他人而說自己正直，辱罵神明而說自己正義。

現代人常犯一種毛病，就是別人有過失，一定要加重他的過失；即使他人沒有過失，也會把過失加諸於人，又認為自己非常正直。宋朝程伊川說：「君子於人，當於有過中求無過，不當於無過中求有過，而責己當反是。」君子在對待別人的時候，應該在他人有過失之處，找出沒有過失的原因，而不應當在對方沒有過失的情況下，挑剔他的過錯。然而，要求自己的時候，應當與這標準相反。因此，正直的君子心地一定忠厚，不會以毀謗他人的方式來彰顯自己的名聲，如果先污損他人名譽，又自稱自己是正直的，這不是很難說服人嗎？

孔子說：「鬼神之為德，其盛矣乎。視之而弗見；聽之而弗聞；體物而不可遺。」鬼神的德行變化莫測高深，其廣大充塞於宇宙間，鬼神看不見，聽不到，卻體現在萬物之中，也是不可或缺的。「神」者，乃自性光明正直為神，而有賢德的人，也是自性光明正直，他們以自己的意念，檢查約束自己的身心，如同時時有廣大無邊的神明在身旁，又怎麼可能辱罵神明呢？咒罵神的人，所顯示的只是自高自大，而那憤怒的心，將可能隨時為自己帶來災禍。

《論語》：「惡訐以為直者。」子貢問孔子，像您這樣的君子也會有厭惡的人嗎？孔子就指出那些他所厭惡的人，其中之一就是厭惡攻訐他人隱私而自以為正直的人。

《中庸》：「《詩》曰：『神之格思，不可度思，矧可射思。』夫微之顯，誠之不可揜如此夫！」神的來臨是無法測度的，我們怎麼可以不敬呢？鬼神雖是隱微的，卻又顯著，所以我們真實的心是無法掩藏的！

雷劈流言人

漢朝的河南有位李叔卿，是郡府的工曹，他被舉薦為「孝廉」。但有些同事因為起了嫉妒心，就散布流言，捏造謠言說叔卿和他寡居的妹妹兩人通姦，因此，他沒有資格得到「孝廉」這樣的名銜。

李叔卿感到很委屈，便閉居不願出門。而他的妹妹十分悲憤，含冤到官府門前自縊而死。後來，叔卿也含恨自殺，只為了表明自己並沒有做這些見不得人的事。之後，家人就悲傷地把他們都埋葬了。

某天，一陣霹靂從天而降，那些造謠中傷叔卿的人全被意外雷擊而死，並將這些人的屍體拋到叔卿的墳墓邊。他們的家屬將屍體收葬後，這些人的墳墓又被霹靂的雷電擊開了。

捏造謠言、散布不實流言，對人的傷害重大，甚至使人痛不欲生而死，等同殺人罪業，現今也有因為網路霸凌攻擊，使受害者自殺，難道這只是小惡而已？

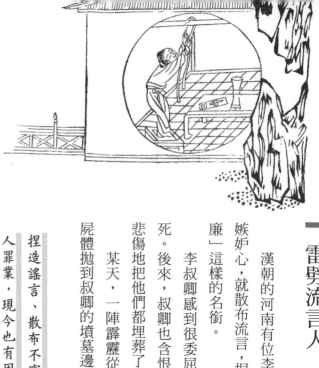

罵神毀像的讀書人

在清代康熙年間，福州舉人林逸、王元升，多次參加舉試，卻一直沒有中選，他們心裡非常氣憤不滿。

某天他們偶然喝醉，一同去了文昌宮，還指著帝君的像不斷謾罵：「現在我不拜你了，

你憑什還在這裡接受人們的祭祀呢？」甚至還爬上了神明座位，推倒了神像，神像跌下來，摔得遍地粉碎，隨後又瘋狂地在牆上胡言亂寫。

他們踉踉蹌蹌地回到家裡後，便都發熱病，帝君附體痛罵說：「你們這兩位狂妄的書生，前世才修了一點點的小福報，上天給了你們一次中榜機會，作為你們的善報，況且你們家產不薄，為什麼還敢如此猖獗，囂張作惡到如此地步，這已經超過了該有的本分了。我立即交付給幽冥審問治罪。」家人非常驚慌恐懼，於是連夜修造神像，但最後兩人還是因熱病死了。

把自己不順遂的命運怪罪到神明，這種瞋恨憤怒最終傷害的是誰呢？與其怨天怨地，為何不先反省自己，並珍惜眼前所有？

棄順效逆，背親向疏。

抛棄聖道而效法逆道，為了利益，背離了親人，親暱著生疏的人。

順者，順理也；逆者，逆天也。簡單的說，做人就是要順天理、順人心。公道天理自在人心，每個人都知道基本的善惡標準，如五倫之道：君仁臣忠，父慈子孝，兄友弟恭，夫和妻順，朋友相信，相應順服便謂之順，反之即是逆。棄順者，就是背棄順應天理與人倫之善。效逆者，是追隨逆天之惡。抛棄聖道，效法逆道，違棄至親的人，卻向著生疏的人，這都是因為不明白是非善惡，糊塗的造作。

孔子在《孝經》中講：「不愛其親而愛他人者，謂之悖德；不敬其親而敬他人者，謂之悖禮。」父母親都不愛的人，他還能愛誰？父母親有深厚的養育之恩，我們不能夠報答已經很慚愧，卻背離他們，這正是逆天逆道之舉。為什麼人不先愛敬自己的父母，而先去敬愛外人呢？難道是因為外人可以滿足私利欲望，所以就裝出愛敬的樣子嗎？

所以，「順」要從哪裡做起？從至親開始，從孝順父母、愛敬至親開始做起。

《孟子》：「夫夷子信以為人之親其兄之子，為若親其鄰之赤子乎？彼有取爾也。赤子匍匐將入井，非赤子之罪也。且天之生物也，使之一本；而夷子二本故也。」這裡指出，對同樣的一個問題使用了兩個不同的衡量標準，而所謂的「無差別」博愛，是心靈的昇華層次，但依照人性來說，卻是從至親開始的，由「親親而仁民」、「仁民而愛物」，最後，「老吾老以及人之老，幼吾幼以及人之幼」，循序漸進的方式，才是比較契合人性的實際面。

冒充兒子

吳郡有一個有錢的老婦人，失去兒子十多年了，她有一鄰居張曾，探知了老婦家這件事，便找機會向老婦人哭泣說：「我正是您所失去的兒子，因為遭到竊賊掠奪，所以長期流盪在外。」這老婦人非常良善，但不久後，有一些知道實情的人說：「這是那姓張家人的兒子。」老婦人才知道真相，便怒斥驅逐了張曾，鄉里鄰居也不齒他這種欺騙行為。

為什麼會敬愛這些外人來當自己至親呢？難道是因為可以滿足私利欲望嗎？這居心叵測。

糖蜜天子

在閩中有一富戶人家張璉，隱藏著叛逆之心，所以他以糖蜜在樹葉上寫下「張璉本為天子」，螞蟻因為吃這葉片上的糖蜜，葉片就出現了字跡，人們都爭著去看，果然浮現字樣，很多人一看便追隨他行叛逆之事，且越來越多，不久更攻破了興化及漳南諸縣，便改元僭號龍飛，但他們入寇平和時，卻被守城官軍所擒，械押至京城磔殺而死。

以盜世欺名、假借天意的方式欺騙社會大眾來追隨他，自古至今皆有。所以，我們要追隨這些表面的假象？還是要追隨內在的道德呢？

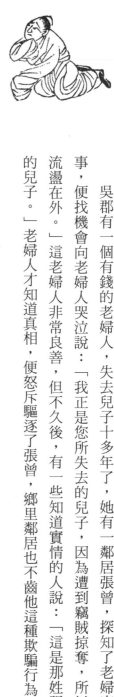

褻瀆章

褻瀆是一種不敬或不尊重，這除了包括對天地、對鬼神，也包括了對一切生命，以及對自己。

人們學習尊敬天地，將會更珍惜地球資源；尊敬鬼神，做事則有節制；尊敬一切生命，而能開展自己的慈心；由於尊敬自己，才能覺知內在的德行。

指天地以證鄙懷，引神明而鑑猥事。

指著天地為自己卑鄙心懷做見證，引請神明來鑑察自己猥褻之事。

「鄙懷」，即鄙陋的心懷；「猥事」，即猥褻之事。以一些不堪的事，借天地來作證明，或求神明來作鑑察。然而，天地至大，神明至尊，這豈不是褻天瀆神？或認為沒有天地神明的存在？一個人心中若真有天地神明，那麼要懺悔自己鄙懷與猥褻都來不及了，怎麼還會請求作證呢？

天地乃公正無私，神明正直不偏，人若能順著天理而行，自然一切吉祥，而違逆天理將招凶險，這感應如同回音一樣，即使小心敬畏，尚且還怕有過失之處而得罪之，更何況是指著天地，請神明印證、鑑察那卑鄙心懷與猥褻之事，試想，天地神明怎麼會助紂為虐呢？這不過是加重自己欺瞞的罪過，又速招災禍罷了！

《詩經．氓》：「信誓旦旦，不思其反。反是不思，亦已焉哉。」立誓時一副誠懇的樣子，想不到最後卻違背了誓言，這是指人對自己的誓約不具真誠之心，好像只是隨口說說罷了，可見人的承諾並不在於華麗言辭，而在於實際的行動。

牆壁裡的錢

唐代官使李景遜的母親鄭氏早年就守寡了，他們居住於洛陽，家中窮苦，孩子又幼小。

原本家裡有一堵牆，因為年代久遠而坍塌了，才發現裡面有非常多的銅銀。但鄭氏點起香燭，向上天祈禱：「我曾聽說不勞而獲的財是會危及生命的，如果老天是因為李家祖先曾經有福德，憐憫我們現在的貧困而給予賞賜，我只願我的孩子能讀書成才，這才是我真正的願望，這些錢財我是不敢要的啊！」於是便找人把這些錢放回了原位，並修補了牆。

鄭氏的這一番心願，一方面是感恩上天，一方面是要教導子女，不要滋長不勞而獲的懶惰思想，這才是傳家之道。

竊銀變驢

明朝弘治時，在揚州鹽場官府，有甥舅同夥，那舅舅偷竊了銀錢四十兩，於是外甥有了疑問，舅舅便指著天地引神明發誓說：「我如果偷竊這些銀兩，我就當場變為驢。」

那時正遇到東嶽大帝從空中而過，那天晚上，兩人同住在一屋室，到深夜時，外甥聽到舅舅榻下有一種不尋常的聲音，便呼叫舅舅，卻沒聽到回應，外甥起身一看，舅舅竟然已經變成一隻驢了，唯獨他的頭仍然保留原貌，但他已經不能言語了。那外甥雇了一輛車，將他載回家中，但沒過幾年就死了。

背離了自己的良心，又假借毒誓，請神明來作證讓人相信，那麼神明也只有成全他了，這不是自己所祈願的結果嗎？如何怪得了神明呢？

施與後悔，假借不還。

施捨卻又後悔，向人借用卻故意不還。

施捨是給予救濟的一種善行，或基於憐憫他人困苦，或體恤他人急難。但為什麼已經布施給人，心裡卻又後悔了呢？如果布施時不是來自真心誠意，布施之後，想著想著又後悔了，或是捨不得，這是因為心有所求，做了善事希望能得到回報的心理。

《金剛經》：「應無所住，行於布施。」布施的修練就在於能捨、能施的一種廣大心量，如果心中還有計較，有不捨，有想得到什麼的念頭，就很難圓滿布施的功德了。

《弟子規》：「借人物，及時還，後有急，借不難。」借用他人的物品、錢財，能還就立刻歸還，以後如果有急用，再向人借時，就不會有困難。如果是有歸還的困難，也要勇於面對，將事情說清楚、講明白。

但千萬不可借了別人的東西，又起貪心，而不想還，甚至起惡念，如「借他貨財，願他身死」，這就是貪心再加上毒害心，便成了不仁不義之人。

總之，布施無所求，沒有後悔的心，借物不起貪念，不佔有，才能無愧於心。

《孟子》：「非其義也，非其道也，祿之以天下，弗顧也。繫馬千駟，弗視也。非其義也，非其道也，一介不以與人，一介不以取諸人。」是說不合義理，不合正道，就算把天下的俸祿都送給了他，他也棄之不顧。縱使拴住四千匹馬在面前，他也不屑一顧。因此，凡是不合於道義，即使是一絲一毫、一支小草，也不應隨便給人或從別人那裡收取。

開倉賑災

在湖南茶陵有位陳天福，某一年，收成不好，又鬧饑荒，他便打開糧倉，將所有的穀米以平價拍賣給缺乏的民眾，沒錢買米的就送米給他，或直接提供白飯，或者直接發錢給民眾。因此，鄉里百姓都讚嘆他是個仁德的長者。

有一天，有位道人以一百二十銅錢買了一斗米，陳天福便布施一斗米給道人，並將錢又還給了道人。那道人在離開之前，在牆壁上寫了四句偈：「遠近皆稱陳長者，典錢糴米來施捨；他時桂子與蘭孫，平步玉堂與金馬。」

陳天福之後果然大富大貴，他常在荒年賑災，開糧倉賑濟窮苦百姓。之後，生了三子，長子季忍、次子季雲、三子季芳（季芳名蘭）均有成就，他的孫子在登第後，也做到了翰林院的官職，掌管宗廟禮儀，應驗了道人所題的偈子。

無所求的布施，所累積的福德是不可思議的，布施就在於能捨、能施的心量，心中沒有計較，才能功德圓滿。

欠債的女兒

山西有一位張玉，他有個女兒叫佛兒，好誦經典，十五歲時，有一日忽然暴斃，但半日後就甦醒過來。她說自己被兩個陰司役卒挾持著越過了一個叉嶺，送到一戶陳姓人家，又看見役卒把兩個人用黑布包裹起來送到陳家。

最後又以花布把佛兒包裹起來，並對她說：「你欠了他一千五百錢，今天應該馬上還給他。」這時有一位穿綠衣的人前來說，這個女子念了佛經，你就姑且放了她。她因此失足而墮到地上，驚醒後，她趕緊告訴了父親。

隔天，她的父親到訪叉嶺，果真有位陳姓人家，昨夜家中的母狗生了三隻狗，兩隻是黑的，一隻是花斑的，但花斑的狗生下後便死去了。張玉於是回家拿了錢，如數還給了陳家，陳家也不肯接受，反將這錢為張家作了功德。

凡有所欠，就該即時歸還，如果沒有歸還，無論天涯海角，就像糾纏不清的烏雲緊緊追隨，心裡真的能自在嗎？

分外營求，力上施設。

營求非自己所應得的，竭盡心力設法達到所求。

「分外營求」是指本來就不是自己所應得的，即本分之外的鑽營謀求，也就是指過分的妄求，以不擇手段的巧取豪奪，而不是以正道或正確的方式來獲取；「力上施設」的「施設」原指鋪張或陳設華麗的彩席、衣飾或飯食器具等，基本上，只要是力量使得上，便用盡自己的威勢權力，想盡辦法進行設置，全力施展以達到欲求之目的，這表示做人太過奢侈，甚至過分放縱了。

這樣百般的使盡勢力，來營求過分的欲望，如「乘威迫脅」、「虐下取功」、「凌孤逼寡」等等，施展威勢來逼迫人，甚至是擄掠致富、巧詐求遷的用盡心機，這便是強取強求、好侵好奪，只知道有利可圖，卻不知其中隱藏的禍害。

孟子說「求之有道，得之有命」，便是說人生的福祿都有其本來所應得，如果是「分外營求」，額外的妄想貪圖，又「力上施設」，使盡一切所能去謀求，這樣恐怕只是提早用盡自己的福報而已。

《中庸》：「君子素其位而行，不願乎其外。素富貴，行乎富貴；素貧賤，行乎貧賤；素夷狄，行乎夷狄；素患難，行乎患難；君子無入而不自得焉。」這段話的大意是，君子一向依著自己所處地位，不踰越自己的本分行事。這是建立在對自己及所處環境的充分認識，而採取的適宜做為。人生的境遇有許多的變化，或富或貧、或順或逆、或吉或凶，無法預料，無論在何種處境，守本分，行所應行，便能安住於任何境遇。

童子算命

宋朝時，夏侯嘉正，荊南人，還未及第時，有位劉姓童子，雖從小瞎了眼睛，卻擅長於「聲骨及命術」。有一次夏侯嘉正便向他求教，劉童子說：「你將來可以登科及第，並且有福祿職位，聲望富貴。除了有這些薪俸之外，你還會有百金的橫財，只是一旦有了這筆橫財後，你的壽數就即將終了。」

之後，他官至右正言，直史館兼直秘閣，後來果然得了一筆百千金幣的橫財，但他全部都歸於私人宅第中儲藏，想作為修潤屋舍之用，忽然一串一千文銅錢自地起立，很久之後才傾倒。他非常驚訝，馬上召感疾病，不久即亡。

橫財是指意外獲得的財富，有時是指用非法手段所取得的財物。君子不取不義之財，如果是獲得意外的財富，也會分享出去，布施給窮苦的人，廣結善緣。

焚燒人骨

宋徽宗政和初年，宋昇擔任京西轉運官，負責修築城內工程，他說：「只要趕緊完成這項工程，就可以得到皇上封賞。」但工程材料需用到牛骨，當不夠用時，他就去挖掘貧困無依亡者的埋葬地，掘取慕塚的人骨，將之燒成灰替代。

當時轉運判使孫貺曾多次勸阻，但宋昇不聽，孫貺只好藉病請辭職務。宋昇因及時完

工有功勞，升任為學士，授命殿中監。但他忽生重病，且自言自語說：「焚燒人骨的惡業之報，是要滅門的。」最後竟吐血而死。不久後，他的全家人也都跟著亡故。

之後，孫旣因病昏亡，到陰間見到了宋昇，看他遭受睡鐵床抱銅柱之懲罰，而且滿身是血。到冥殿後，冥官對他說：「你曾勸阻宋昇不要焚燒人骨，但他不聽，你便辭官返鄉，此仁人之心，當延壽十二年。」孫旣因此得以復生，並向世人敘說此事。

因一時起了貪念，而不擇手段，使盡全力去營求本分之外的事。古云：「治惡之法，首在去貪。」所以去除惡行，首先要去除非本分應得的貪念。

淫欲過度。

淫欲超過正常範疇，失去了節制。

「淫欲」是指內心貪淫，常多嗜欲；「過度」則是已經超越了常軌，完全沒有節制。

孟子說：「養心莫善於寡欲。其為人也寡欲，雖有不存焉寡矣；其為人也多欲，雖有存焉寡矣。」這是說修身養心，沒有比減少追逐欲念更好的事了。能夠減少欲念，無形中便自然產生了養心的作用，即使偶有放失的時候，也就是偶然還有欲望升起，但也不至於放失太多的本心。但是，如果欲念太多，就很容易散失本心，所保存的善性也就所剩無幾。

其實人生的苦惱，大多就是因為欲求太多，當欲望不能實現，便會感到煩惱，實際上有些欲望不一定是必須要有的。如果終日為欲望所困，就容易自尋煩惱，自然無暇養心，導致身心受苦。

所以，寡欲可以養心，多欲則會失心。情欲也是如此，過度追求超越了常軌，不僅身體受到損害，心性也迷惑不清。

《書經‧伊訓》：「敢有殉於貨色，恆於遊畋，時謂淫風。」過度昧求於財貨美色、遊戲田獵等，就是淫奢過度了。凡欲求之事均應該要有所節制，否則恐遭受傷的下場。

夫妻平等之禮

樊英擅長道術，發生災異時朝廷便向他詢問，都得到了應驗。有一次，樊英生病，他

的妻子派了侍女探望拜問病情，樊英便從床上下來，向侍女答拜。

跟隨樊英學習的潁川人陳蹇，覺得十分奇怪，就請問原因，樊英回答說：「妻子與丈夫，兩人既然是一同供奉祭祀祖先，就表示夫妻間的地位是平等的，所以依禮是應該回拜的。」樊英居家的恭敬謹慎態度一直如此。他享年七十多歲，並於家中安然地辭世。

這表示凡事都有節度，即使是夫妻之間，也依禮相待，相敬如賓，不縱情恣意，有禮規、節制。

淫欲如火

王黼為宋徽宗時的宰相，他的生活奢侈、作風腐敗，臥室裡設置有大床，用金玉為屏，翠綺為帳，四周再圍數十小榻，還挑選了許多美麗姬妾與其共居，日日夜夜恣意淫樂。

有些親友規勸他說：「這是非常危險的事呀，你沒見過飛蛾撲火嗎？牠飛翔於燭上，揮之不去，終究會燒得焦爛，必死無疑。聲色之害不只是膏火而已，你這樣日夜迷戀不已，淫欲無度，就算以後要後悔也來不及呀！」王黼只當耳邊風，完全不聽。

果然不久後，金兵進入汴京，他便帶著妻女逃跑。皇上下詔貶謫他，沒其家財。有人請求殺了王黼，於是開封府派人追殺了王黼，百姓則取了他的頭獻上。

恣意淫樂，淫欲無度，毫無節制，就如同飛蛾撲火一般，終究會自取滅亡。

內心惡毒，卻面貌慈祥。

心毒貌慈。

古諺語：「知人知面不知心。」僅看人的表面，是無法洞察真正的人心。有些人表面上滿面笑容，內心卻非常險惡，甚至隱藏暗黑殺機，就算碰到討厭的人，也會表現得非常親近厚愛。心意惡毒之人，已經讓人難以防禦，這樣的人又裝出面貌慈祥，更是令人難以測度啊！

如果我們察覺到自己的心地惡念，應痛切的加以懺悔；如果是遇到表裡不一的人，我們則可以禮貌對待，一視同仁，他雖心存毒害，也不要與他結怨，以平等心來相處。

《論語》：「巧言令色，鮮矣仁。」孔子認為一個人在說話時，故意在言辭上修飾巧妙，臉色也表現得格外美好，一味地向人諂媚示好，這樣的人，是很少有仁心的。

《弟子規》：「言不諱，色不媚。」有仁德的人說話坦誠，沒有什麼避諱，而且外表不會有諂媚之態。

無眼之蛇

唐朝貞觀年間，廣州化蒙縣丞（副縣長）胡亮跟隨著都督周仁軌討伐，他在得勝後，奪得部落首領的小妾，便帶回家，並強占了她。

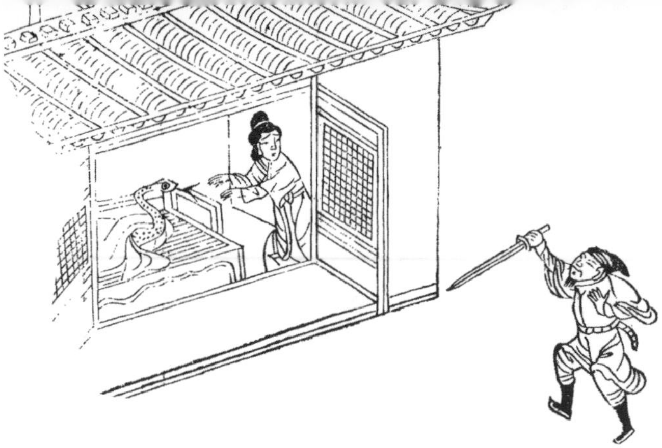

胡亮平常隨著軍隊征討，很少在家，他的老婆賀氏內心起了嫉妒心，但一直沒表現出來，便趁著胡亮不在家時，用燒紅的熱鐵釘，把那小妾的兩隻眼睛燙瞎。小妾極度悲憤，便自縊而死。

不久後，賀氏懷孕，竟生下一條沒有眼睛的蛇。賀氏找了一位得道禪師，禪師告知，那是她曾經用燒紅熱鐵釘烙瞎過的一位女子，因為她生性狠毒，所以這女子化成一條蛇前來報復。並特別告誡：「你能好好的把這條蛇養活，便可幸免於難。否則，災禍速來。」

賀氏養了這條蛇有兩年之久，蛇逐漸長大，卻什麼都看不見，賀氏擔心放出去會出事，便每天養在被窩裡。

但是，她一直沒跟丈夫說，有一次胡亮回到家，掀起被子忽然看見這條蛇，一陣大驚，情急之下一刀將此蛇殺了。這時，賀氏的兩隻眼睛也瞬間瞎掉，什麼都看不見，但一切都已後悔莫及。

內心惡毒的人總是想蒙騙別人的眼睛的人，掩飾自己的惡事。他的良心就像眼睛失明一樣，失去了光明。

穢食餧人。

販賣或給予他人不乾淨的飲食。

「穢食」就是不乾淨的食物；「餧人」是讓人吃。弄不乾淨的食物給人吃，這是對他人的不尊重，嚴重的話，更會導致別人的身體傷害。

例如製造不乾淨的油品，如餿水油（又稱地溝油，一種從廢棄食物或殘渣所提煉的油），或如某些黑心油品業者，從餐館飯店等回收使用過的廢棄油，再進行重新加工處理，製造成食用油，以獲取巨大利潤。

「穢食餧人」，這個「穢」，如果是汙穢而有毒，就會直接傷害他人的性命，如製造「黑心食品」，這是一種有計畫提供被污染的食品。有些商人為了降低生產成本，偽裝食品的味道和外觀，甚至使用化學毒物，危害了食用者的身體健康，此不但會被消費者所憤怒，嚴重者也將遭受違法重辦。

食品製造者應本著良知和本分，提供給人新鮮良好的食材，萬萬不可「穢食餧人」，將不乾淨的，乃至有毒、不可食用的食材，給予他人食用。因此，食品製造業者，乃至烹煮飲食的小攤販，對食材的處理都應該要小心謹慎。

《曲禮》：「毋反魚肉是也。」是說不要將已經放入口中的食物，再放回到共用的器物中，讓別人吃自己的剩飯剩菜，這樣是不禮貌的。

穢水潤米

南宋紹興乙卯年中，有一位瞿永壽以販賣米糧為業，在路上忽然聽到米價飛漲，於是取稻田的水來潤米，也就是將稻米加水，藉以增加重量以求得更好的利潤，卻不知這稻田中已經下了不乾淨的糞料。

這時烏雲忽起，雷霆大作，瞿永壽內心已經知道自己做錯了事情，他恐懼自己不能免除這場災禍，便將腰間一串銅錢給了一位同行的人，並祝禱他回去後，能奉養他的母親。他禱告的話才說完，天色瞬間轉晴，他的罪也得到了免除。

「穢食餧人」，這個穢不只是食物的汙穢，更是內心的汙穢，為貪求一點私利，枉顧他人健康性命，就是穢而不淨的心。

左道惑眾。

用非正之道迷惑欺騙世人。

《增韻》：「人道尚右，以右為尊，故非正之術曰左道。」因為古人「尊右卑左」，所以走偏道路就稱之「左道」。這裡的「左道」又稱邪道，或稱「旁門左道」，指心念不正之道術，多指非正統的巫蠱、方術等，也就是不正派的教派。又用來比喻為不遵循正規的途徑、法門，例如民間巫師邪術或妖術，他們煽惑愚者，以奸謀，來騙人錢物。

此外，也包括以個人私欲權力，而假借天道來廣聚徒眾，以造勢叛逆，圖謀不軌，如東漢末年太平道首領張角起義，而有黃巾之亂，元末又有白蓮教發動多次民變，也屢受鎮壓。因其事發之後，擾亂了民生，耗盡了國庫積蓄，都造成了不少禍害。

正道者心念純正，他們希望世人明白正道，目的是教化培植人材，並流通聖教；而一些非正道者，他們在心念或思想上並不純正，另有私欲。

正道與不正道的差別，重點在內心是否真實純正利益眾人，還是另有所圖謀，這也包括現在許多宗派大師，我們也要觀察聽其言、觀其行，了解他是否真的符合真實正直，而沒有欺偽惑眾。

《禮記》：「析言破律，亂名改作，執左道以亂政，殺。」那些凡是斷章取義、曲解法律的，或擅自竄改，另外編造一套，使用邪道擾亂政令，操邪術以動搖民心的人，都應該處以死刑。

侯元失道

侯元為唐代上黨郡銅鞮縣山村裡的樵夫，家境貧寒，靠賣柴維生。有一次他在山裡砍柴。休息時，看到一塊巨石，侯元便對著巨石而嘆息，說自己命太苦了。話未說完，巨石豁然開出一洞。洞內有一老者，戴著黑帽子，髮鬍全白，拄著拐杖走出來。侯元驚訝愕然，起身叩拜。老者說：「我乃神君，我可教你法術，求得富貴。你隨我來。」老者又進入洞中，侯元跟隨而去。

走了幾十步，前方頓時如世外桃源，景致極為優美，台榭重疊，甚為壯觀。他們坐在小亭子上用餐，飯後兩個童子請他去沐浴更衣。僕人準備好乾淨席子鋪地，老者教侯元變化隱身之術。侯元過去蠢憨，但這些口訣他一聽便記住了。老者告誡他說：「雖然你年少有福，可學法，但你晦氣尚未除盡，應謹慎保密，好自為之。如果你圖謀不軌，必遭殺身之禍。千萬記住這一點。如果你想見我，就在這塊巨石間敲幾下，我就會應答。」

侯元謝別老者，小童送他出洞。隨即，巨石又恢復原狀，侯元便回到家中。父母兄弟驚喜地說：「你已經失蹤十天了！」但侯元在石洞裡才宛如一天。由於他的服裝華美，大家也頗為驚訝。侯元也瞞不住，便把實情告知家人。

之後，他進入房間，練習老者傳授的法術。一個月後，他終於練成了，能變化百物，役使鬼神，草木土石等也能變成千軍萬馬。於是，他便在村子招兵買馬，鳴鑼旗幟，陣勢如同諸侯出巡，又自稱聖賢，封爵將相並設將軍等官職。

每至初一十五，他都去拜謁神君老者。但神君告誡他不可舉兵，舉事要等上天答應。但庚子年，縣裡擔心他造反，便向上呈報。上堂元帥高公尋受令將帶兵討伐他。侯元謁見神君，請他想辦法，神君說：「我已經說過。你只能偃旗息鼓。記住，千萬不要輕易應戰。」侯元雖點頭，心裡卻想，憑自己道術是綽綽有餘的，再來大批人馬那又怎樣？

那天晚上，潞州的兵馬趕來，侯元領一千軍突圍，但他先勝而後敗，最終被擒住。被繩捆入監獄，重兵看守。天亮時，枷鎖被打開，侯元以法術離去，他回去向神君處謝罪。神君大怒說：「你這蠢才，竟沒有聽我的話！今天雖倖免一死，但腰斬的時刻將到來。你不再是我徒弟，你走吧。」說完拂袖而去。

侯元抑鬱離開山洞，之後，那石門再也不開了。從此，他漸漸地失去了道術，那年秋天，他率兵至並州大舉掠奪，兵騎疾速趕到，侯元的道術失靈，當場被斬於陣前。

一個人有了一點小小的能力，就想招搖惑眾，內心多半是權力欲望在作祟。我們也可以反省，是否常被權力欲望所迷失，所作所為有無合於天理？

青城道士

五代時在後蜀青城山，一位道士擅於幻術，他經常去成都，用幻術來斂財，把財物帶回山洞藏起來。官府非常厭惡此人，道士也引誘一些富家子弟跟他學法，悄悄把他們帶回山，或在幽靜宅院設立道場，他常在房中施法術，召喚種種神仙女子，來陪他喝酒睡覺。青山道士故意讓學生在外面窺看他逍遙快活的樣子，以顯示他非常有本領。

有時候，他會在城中忽然變化出一座金銀寶山，召引許多百姓來圍觀，因此相信他法力高深的人，也就越來越多。民間的富家子弟，更是被他迷得如醉如狂，滿城都變得神魂顛倒。

後蜀君主知道此事，認為他是妖魔之術，便命令人祕密去捉拿他，但一直都無所獲。後來有人密報說，他正從後門的索橋逃走，君主便派人追捕，終於把他追拿到手，並當場將豬狗的血全澆淋在他的身上。這使得青城道士再也不能施展法術，然後，將他關進監獄進行審訊。他也供認說：「我每年都會擄一些民間處女帶進山中，行黃帝之道（男女陰陽房術）。」於是派人勘查，只見岩洞裡遇難的少女已不計其數。許多富貴之家的女子也都被他姦污，由於他的罪行牽連許多達貴家族，君主不願張揚，便將道士祕密處決。

心懷不軌的人常利用幻術來欺騙世人，如果是心念不正，就容易與邪行相應。因此，我們要先觀察自己的心是否秉持正念。

短尺狹度，輕秤小升；以偽雜真，採取姦利。

沒有正當使用買賣度量工具，將假物混於真貨中，只為貪利占便宜，或經營不當事業賺取暴利。

尺、度、升、秤屬於度量工具，為平定物價之用，也象徵著每個人心中都有一把尺，藉以秤度內心的良知。商人應賺取合理的利潤，但以不誠實的方式，如「短尺狹度」而大入小出，或是「輕秤小升」而重入輕出，這是指暗地裡想占別人小便宜，但缺乏誠信，則會失去了顧客的信任。

所謂「以偽雜真」，如在鹽攙沙、酒攙水、米攙糠等，或是建築的水泥混攙雜物，而使得不牢靠；或治病的藥材混些假物。這種想以偷工減料方式，來提高利潤，也是屬於欺偽造假，小則品質低劣或使用無效，大則可能攸關人命，如因為不良建材導致坍塌，而死喪人命；或假藥材使人病情不癒，甚至加重。所以，表面看似微小，卻可能引發重罪，這樣的事業經營真的可以長久嗎？

「姦利」包括了買賣政府禁止之物，以求厚利。如走私貨品，或是一些不正當的行業，如賭場、人口販賣、非法器官買賣、性交易、囤積糧食、哄抬物價、炒房等等，都是屬於非正當的姦利。表面看似錢財滾滾入袋，卻不知背後所隱藏的災禍。

總之，交易往來，要能做到正直不欺，心中坦坦蕩蕩，工作與事業才能長長久久。

《論語》：「謹權量。」這是整頓稱錘斗斛等度量工具。《禮記》：「日夜分，則同度量，鈞衡石，角鬥甬，正權概。」就像日夜平分，各種度、量、衡也要正確。這些都是在強調交易的公平性。

讓買者自己秤重

唐朝廣陵江陽縣人李玨，家中以販賣糧食為業。他十五歲時，父親將事業托付給他。李玨做事謹慎，作法也與一般人不同，李玨把度量器都交給買者，讓他們自己來秤，一斗糧只賺兩文錢的小利，以此贍養父母。但日子久了，他們家衣食依然豐足。

他的父親很疑惑地問他原因，李玨便如實的說了。

父親說：「我做生意時，出的時候用小斗，入的時候用大斗，好賺取厚利。官吏始終不能制止這種弊病。而你現在竟然可以這樣做，我實在不如你啊！而且即使這樣，你還是能夠衣食富足，這難道是有神明的眷顧嗎？」

李玨到了八十歲時，有一位同姓同名的宰相李玨出任淮南節度使，為了避諱，他便改名為李寬。宰相李玨任職後，修路施捨，行很多善事。

某天，宰相李玨夢見一個神仙洞府，景色美好，石壁上有「李玨」二金字。李玨以為是自己當官期間有功德的福報，將來必定升天。此時，有兩個仙童過來告訴他，石壁上的名字並不是指他。

李玨問是誰，仙童說：「此人只是江陽縣的一位百姓。」之後，他多方打聽，終於打聽到江陽縣的李寬，原名是李玨，是位修行人，六十歲學法。

於是宰相李玨前去拜訪。李寬告訴他自己並沒有什麼高深道術，只是告訴他自己買賣糧食的方式。李宰相聽後，慨嘆說：「這是平常人難以做到的，我所積的德行，真的不如你！」他這才明白，人世間一切言語行事皆有報應。如果能夠積德，即使再貧賤，神明也會護佑。李玨再三懇請李寬教他一些修真養性之法。

李寬之後活到一百多歲，身體仍健朗。某日夜裡，安然而逝。三日後，人們聽到棺材裂開的聲音，打開一看，他衣帶並未解開，人卻消失了。據說他已解脫飛升成仙而去。

修真養性之法，有時就是落實在日常生活當中，在工作中，常常秉持一顆真誠無欺，坦然無貪之心。

藏了水銀的秤

明朝萬曆年間，揚州有一南北貨店，店主臨終時，吩咐兒子說：「我平生全靠這個秤，這個秤，中間空處藏有水銀，秤出時，水銀倒在秤頭，秤入時，水銀倒在秤尾，這樣入重出輕，是我致富原因。」

兒子一聽，心中責怪不公，但不敢說，父親死後，兒子將秤燒燬，燒秤的煙中，化出一條龍升天。但後來無緣無故，他的兒子都死了，他便埋怨說：「父親用心不平，反獲得平安，我今出入公平，不欺騙別人，反死兩兒子，天理難道是這樣嗎？」

之後他就睡去，恍忽間，到了一處官府，府內的官員告訴他：「你父親做生意，輕出重入，欺人自肥，所獲利益雖多，都是他命中本來的財祿，但因為他欺心造業，獲罪於天，上天派遣做你的兒子，長大成人，要耗費你的財產，你家會遭火燒，財產散盡，兒子皆死，作為你父親的報應。今天你改掉父親的惡習，事事公平，對人和善，上天不久之後將換給你兩個好兒子，好光耀你家，你更應當要勉力為善，不要妄自埋怨責怪。」

他醒了之後，一一記下了夢中天官所說的話，努力行善，此後三年連生二子，長大後都考中進士，多子多孫，家族興旺。

有些人疑惑：為什麼我行善事，卻無好報，他人行惡事，卻無惡報呢？以凡人所見，總是有極限，或以為不公平，但行善遠離禍端，行惡削減福報。

壓良為賤，謾蓦愚人。

壓迫善良的人去從事卑賤工作，使用詭計欺騙愚人。

過去古代一些富有的人家，都有奴僕伺候，於是就有人掠買貧戶的子女為奴婢。或是有人欠債而無力償還時，某些黑勢力便會上門討債，以逼良為娼的方式來償債。

現今人類社會也依然存在著這樣的現象，例如貧民窟常有販賣人口為奴僕工或娼妓，仲介者以此進行交易，獲取不當利益。有一些幼童如果從小就被迫於從事這種不當行業，則毀其終身。因此，自古至今，「壓良為賤」的現象依舊是一直存在著。

「謾」是詭詐之意，「蓦」是欺騙之意。凡是利用詭計設局詐騙，讓人墮入了圈套之中，都算謾蓦，「愚人」也不一定是愚痴者，凡是一時不察的平常人也都有可能被騙。

奸狡之人自負自己的小聰明，但這些「世智辯聰」沒有用在正途，反而以陰謀巧計欺騙眾人，讓一般人不知不覺上當，一如現在社會詐騙集團案件的層出不窮，犯案方式時常推陳出新，花招百出，如此費盡心機，卻是錯用了心思，最後也只能自取罪禍。

《詩經》：「民之無辜，并其臣僕。」是說無罪的人，也被牽累囚虜而同為奴僕，何其無辜呢？

《孟子》：「曰天之生斯民也，使先知覺後知，使先覺覺後覺。」上天生孕育人民，會讓先明事理之人，去喚醒後明事理的人，會讓先覺悟者，去喚醒後覺悟者。所以，如何讓人民回到覺醒的正確道路上，是君子任重道遠的責任。

妻兒還債

在浙江省廣濟庫軍，每年都會徵召杭州大戶人家充任公庫的庫役，專門負責出納工作要職。

有一次，一位被徵召充任庫役者，他因為侵占官府的庫錢，金額龐大，無能力償還，於是官府刑判大人王某，就拘拿其妻妾子女到官府，但他還是籌不出錢來。王某就命令人用小船舟，將他妻妾子女載送到西湖，提供給遊覽西湖的人們作為奴僕侍者使用，將其所獲得的工資，全都繳納官府財庫。

然而，後來這位官府王某的後代子孫，有些竟然也淪落成了娼妓。

「罪不及孥」是主張治罪止於本人，不累及妻兒，盡量不要牽連到罪者身旁無辜的親人。在生活中，我們也是要盡量留給別人一條生路，不要趕盡殺絕。

黃精之井

有一僧平時無賴，聽到黃精（中醫藥材）能駐年益壽，想要嘗試驗證效用，於是將黃精放入枯井中，並引誘一人入井，然後以磨盤覆蓋住井口。

那人在井中惶恐無計可施，突然有一隻狐狸來到井邊，對那人說：「你不要擔心，我會教你法術。我是通天的狐者，我過去因為被獵人所擒獲，有賴您為我贖命，所以我今天特地來報恩。這個井穴剛好位在一個墳塚之上，你只要躺臥在穴中，專注地看著磨盤上的洞孔，久了自然就能飛出，這是仙經中所謂神能飛形之術。」那個人採用這個方法，過幾日果然從井中飛出。

那僧人知道後大喜，以為是黃精有這種效用。於是告別眾人，進入到黃精井中，大約一個月後，眾人打開一看，那僧人竟然已經死了。這位僧人其實不知道之前那人能飛出，是狐仙的幫助呀！

利用人性一念的貪婪或愚痴，甚至是恐懼，以種種詭計設局，使人一時不察而落入了陷阱之中。所以，我們要常保持覺醒的心。

貪婪無厭，咒詛求直。

貪求無度無法滿足，假借對神明天地發誓來證明自己。

貪婪的心，就如同是嘴之於食物一般，喜愛吃東西的欲望，永遠都沒有厭止，也沒有窮盡。

《老子》上說：「罪莫大於多欲，禍莫大於不知足。咎莫大於欲得。故知足之足，常足矣。」這是說能知足的人，就算貧賤，也會很快樂；而無法知足的人，就算很富貴，也是成天憂愁。

世人所貪求的一切有形物質，終歸是有消耗散盡的時候，這些都無法永恆存在，如果人因為太過於貪婪，而做了傷天害理、欺心犯法的事，即如同是以虛妄的物，換來了自己的災禍。

「咒詛」就是對神明發誓；「求直」是指因想借著咒詛的方式，來表明自己的清白無辜。有些人在迫不得已的時侯，明明知道自己不對，還是要借著對天地神明發誓，來掩飾自己的過失，但他們卻不知道自己的「咒詛求直」，就像是傷害自己的意念，將陷自己於不利，甚至因此慘遭橫禍，這些言語的力量來自於自己內在的心念，所以要謹言慎行。

《孟子》：「萬取千焉，千取百焉，不為不多矣。苟為後義而先利，不奪不饜。」能在一萬輛的戰車中，擁有一千輛的戰車，能在一千輛戰車中，擁有一百輛的戰車，不能算不多了，但是如果有人把道義放在後面，把利益放在前面，就會處處爭奪而不滿足。這是比喻人心的貪婪，是失去了道義，唯利是圖。

《周書‧呂刑》：「民興胥漸，泯泯棼棼，罔中於信，以覆詛盟。」是說大家互相欺詐，整個社會秩序大亂，不遵守信用，任何盟誓都可以推翻，這樣就會不斷產生糾紛和訟事。

自私的窮鬼

江北有某位監司，他年老辭官退休，但苦於當官時所餘的積蓄不足，便延請了一位丹士，並相信他如神仙一般。

他的夫人便問：「如果你練丹有成，要如何來答謝方士？」

這位監司說：「他自能點化，不須答謝。」

夫人說：「你沒有答謝，憑什麼要人傳丹法給你？」

監司說：「他說我有仙風道骨。」夫人說：「你渴望被點化，其實是想得到財富，難道蓬萊仙島有貪財神仙嗎？」

之後夫人說：「你丹練成，可分些錢財給他。」監司臉上有難色。夫人便說：「你不肯以誠心來分利，別人怎麼會相授技法給你呢？」但監司始終不悟。

於是一日，方士拿著丹鼎夜裡遁逃。夫人笑著說：「夜來方士赴蟠桃會，未知是否乘黃鶴而去？」

監司默然長嘆：「別說了，我的命就是該貧困呀！」

古人煉丹，多以濟世爲用，修練者也要累積到一定的福德才能修。這所謂的「福德」是什麼呢？就是要秉除私欲，真心無私，才能功果圓滿。

對天詛咒沒有的事

過去有位名叫楊長的人，出入一寡婦家，兩人頗似親密，所以背後被許多人所非議。那寡婦非常的強悍，於是非常氣憤腦怒，乃告天祀鬼，對天詛咒來表明自己的清白，又詛咒他人。

但不到一年，寡婦與楊長兩人都相繼而死。人們認為他們如果真沒有此事，何必刻意對天詛咒發誓，來證明自己呢？因此村人都認為這是天報。

對天發誓，詛咒自己，就好像在心中種下了咒怨的種子，如果是自欺欺人那就等於是先加重了對自己懲罰，這豈不是跟自己過不去嗎？

嗜酒悖亂，骨肉忿爭。

因過度飲酒而擾亂心性，親人之間忿怒地互相爭奪。

「嗜」是習慣喜好，「悖」是違反常理，「亂」是失序。「酒、色、財、氣」都容易讓人迷亂心性，五戒之一，就是遠離酒的危害，這裡的「酒」是一種象徵物，泛指一切讓人容易迷惑心性的事物，例如毒品、迷幻藥之類的物品，都包括在其中。

「嗜酒悖亂」是指因為習慣沉迷於飲酒所引發的為害，例如酒醉駕車所引發的車禍人亡事件，或喝酒後昏暈神亂而迷亂心狂，導致酒後暴力的非理性行為，或是醉臥街頭，或凌辱惡罵冒犯他人，種種惡行敗壞了名聲。而酗酒過度也會損壞身體，招致疾病。但有時候，如果因為生病的需要，要飲用「藥酒」，這情況就不一樣了，因治病的需求是可以的，佛陀時代，就有比丘因生病而飲用藥酒，這是被允許的。可見，真正的問題是在內心，而不是在外物。

古云：「和氣致祥，乖氣致異。」凡事都應平心靜氣對待，尤其是骨肉兄弟之間的紛爭相殘，古代人為爭奪王位而骨肉殘殺，現在人則多因為爭財產而有訴訟爭議，要消弭「骨肉忿爭」，首先不要有占便宜的想法，退一步想海闊天空，不輕易聽信讒言，多一份謙讓，則多一分和氣與福德。

《論語》：「不為酒困，何有於我哉？」這是說如果到外頭去應酬，回到家中侍奉長輩，替人辦喪事等，即使喝酒也應有所節制。「不為酒困」，就是不因酒而「亂」。

《禮記》：「父之篤，兄弟睦，夫妻和，家之肥也。」父子兄弟和睦同心，夫妻恩愛，家人齊心，財富自然聚集。所謂「家和萬事興」，自古以來，家庭和睦就是興盛的根本。

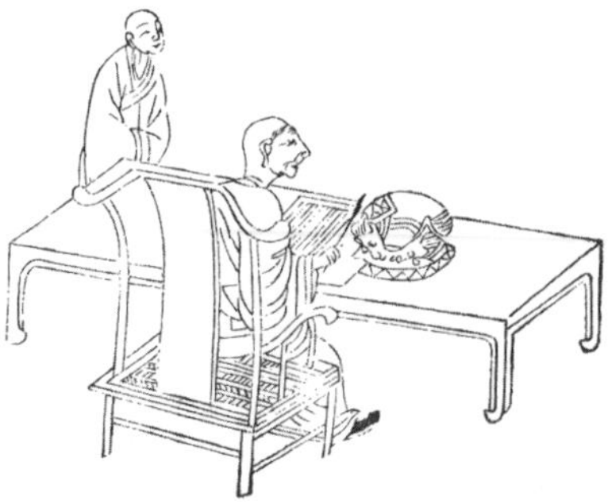

一口酒氣，前功盡棄

在明朝萬曆年間，鷲峰寺住持濟舟法師，他為人樸實，敬奉佛也很真誠，唯獨還有飲酒的習氣，對酒戒沒有嚴格遵守。

某天，有地府的鬼卒來對他說：「有個老太太因生前沒行善積德，在地獄中無法超度。但她過去每月初一、十五都會來寺院禮佛，帶來果品供養你，請你替她念一部《法華經》回向功德。」

濟舟法師心中疑惑，就對他說：「既然你是鬼，難得來佛地，何不去頂禮呢？」鬼說：「現在有都城隍在此，我不能進去。」濟舟這才想起來，當天五更時，有人做佛事，大殿旁設了城隍牌位，於是就答應了。

之後某日，濟舟法師在佛前跪誦《法華經》，念到一半，因為天熱口乾找不茶水，見到桌子上有酒壺，還有剩酒，就喝了一口，繼續把經念完。

隔天，無常鬼又來說：「老太太蒙法師念完經，整個地獄都放射金光。正當要去投生時，忽然一陣酒氣吹入冥府，因此沒辦法投生了。」

濟舟聽後，毛骨悚然，發至誠心，重念一次。從此嚴持酒戒，永不再犯。

即使一口酒氣，都有如此過失，更何況嗜酒悖亂了。人在迷亂之中，如何產生恭敬清淨的正念功德呢？

兄弟爭罪

明朝洪武年間，有人誣告了鄭氏家族與胡惟庸有不當的勾結，官府便去鄭家捉拿人，弟弟鄭湜便說：「有我在，怎麼可以忍心讓哥哥去罹難受刑罰呢？」鄭濂便說：「我是一家之長，應該由我去頂罪，與弟弟無關。」兄弟二人爭著去入獄。

皇上聽了之後，就對臣子們說：「世間有這樣忠義的人，怎麼會盲從他人為非作歹呢？」於是就寬恕了他們，還提拔任用。

兄弟之間有情有義，願意為彼此犧牲，有這樣的心胸，家族自然和睦興旺，也免除了外界的謠言陷害。

男不忠良，女不柔順；不和其室，不敬其夫。

男不忠厚善良，女不溫柔順從；家中不得和睦，對伴侶不懂得尊重。

忠良，就是誠實良善。但這裡的忠良，除了前面所指「擾亂國政」、「貶正排賢」等奸臣亂國之外，主要是指夫婦居室之事。

因此，「男不忠良，女不柔順」整體的意思，是說一個家庭要和睦，丈夫要對家庭盡心盡力，要有擔當，要善良、有情義、恩義、道義，而妻子應當柔順地輔佐丈夫，以補其不足，女子表坤卦，有坤德，順從謙卑即表女子之德，又像大地一樣包容萬物。

所以，男女陰陽合和則「和其室」，「室」是指家庭，使家庭和睦、家業興旺。「敬其夫」以現代的意思來說是尊重你的伴侶或你的另一半，而能彼此相敬。

古代女人多半把家庭當成自己終身的歸宿和依靠，而男人多半要承擔家業，養家活口負擔家計，彼此分工。然而，時代有所變遷，現代男女或伴侶，大部分都各有事業工作，所以就更要學習彼此的尊重體諒，彼此發揮分工配合的陰陽調和特質，才能「和其室」。

《中庸》：「詩曰：妻子好合，如鼓瑟琴；兄弟既翕，和樂且耽。宜爾室家，樂爾妻帑。」是指與妻兒相處都非常融洽，如同彈奏琴瑟一般協調，自然奏出美妙樂章；也唯有兄弟和睦，家族才能歡樂。這是君子中庸之道的順序，從自身家庭、夫婦、兄弟、父母開始做起。

清廉儉樸的顏真卿

唐朝安祿山造反，河朔一帶全都陷落了，只有平原城守住了，太守顏真卿派司兵參軍李平回報朝廷。

唐玄宗聽聞河朔陷落，嘆氣說：「河北有二十四郡，難道就沒一個忠臣？」直到李平到長安奏報，唐玄宗才大喜說：「朕不知顏真卿是如何的人，竟能為國守住平原城！」

當時，顏真卿擔任平原太守，又稱「顏平原」，「顏常山」則是他任常山太守的堂兄顏杲卿。

安史之亂的初期，安祿山叛軍所向披靡，顏杲卿、顏真卿聯手，才暫時止住叛軍的氣焰。但安祿山回兵攻打常山城時，顏杲卿只餘兵士數百，友軍卻在旁不救。叛軍以顏杲卿之子顏季明要脅，但顏杲卿不投降，於是顏季明被殺。

常山城陷落，顏杲卿依然不降。兩年後，顏真卿派人尋覓，只尋得顏杲卿一條腿、姪兒顏季明一頭顱，不得全屍。

唐肅宗乾元元年，顏真卿在弔祭顏季明的〈祭姪文稿〉寫著：杲卿、季明父子殉國，孤城傾倒，百姓遭殃。蒼天啊！是誰讓這樣的事情發生？想到季明受到的殘害，叔叔用百個身也換不回啊！

傳說顏真卿過去曾臥病在床，醫師無法救治。有一「北山君」的道士到他家，取米粒丹砂讓他服下，頃刻痊癒。

道士說：「你清廉儉樸，記錄在黃金台上，可以到天上做仙官，不要沉淪於名宦大海中。如果不能擺脫塵世的羈絆，你可以在離世時，用你的形骸煉神，得道成仙。」隨後交給他一粒丹藥，並告誡說：「堅持節操輔佐君主，勤儉致身。百年之後，在伊水和洛水之間等候。」後來傳說他已成仙道而去。

一家人忠義不屈，丹心照天心，自然心性正直，能通達天地而無礙，所謂修道者，秉持著不也是一顆正直的真心嗎？

啞女有歸

有位鄭叔通，小時候就與夏氏女兒訂了婚。之後，他進入太學學習，直到科舉及第。回來之後，夏氏女卻變成了啞巴，他的家人便想另為他選親，但叔通堅決不允許，他說：「如果這個女子我不娶她，她將會終身沒有歸宿。而且在最好的時機訂婚，卻因為有了病，就立即拋棄，這還有良心嗎？」最後叔通娶了她，夫妻之間也和睦無間。後來叔通官升至朝奉大夫，那啞女所生的一子，也科舉登第了。

你會因為嫌棄他人的缺失，而放棄原本要信守的承諾嗎？能誠信包容，自然能處處圓融，人生的路自然越走越寬廣、越長遠。

每好矜誇，常行妒忌；無行於妻子，失禮於舅姑。

喜好自誇，時常忌妒他人；丈夫對妻子無禮，媳婦對待公婆不恭敬孝順。

《老子》上說：「自伐者無功，自矜者不長。」這是說再怎樣誇讚自己，也不能立功勞，又說：「敦兮其若朴，曠兮其若谷。」後人就用「虛懷若谷」來比喻一個人的胸懷像山谷一樣深廣，能謙虛為懷，廣納別人的意見。

「妒忌」是一種不善的煩惱心，因為嫉羨他人的成就，而生起一種瞋恨厭惡的心，如見到別人有功名、富貴、地位或才能勝過自己，就心起妒忌，這都是因為心胸狹窄所造成的。

所以，佛陀教導以「隨喜功德」與「隨喜讚嘆」來消弭我們的嫉妒心，就是發自內心歡喜讚嘆他人的善行、成就及功德。佛陀說：「隨喜讚嘆別人的功德，與行善之人的功德是相等的。」隨喜功德能使我們心量廣大，讓自己時時歡喜，不因妒忌，而生起瞋恨的煩惱。

夫妻或伴侶之間應該要和氣尊敬，若是不能夠以禮相待，這就是「無行」，便失去了相伴相隨的意義，而古人在婦女出嫁之後，以公婆為父母，侍奉公婆要如自己父母，公婆離世也要如禮供奉，現代配偶雙方也都要關懷彼此父母，男方也應孝敬岳父岳母如自己的父母，也就是要能多為對方著想。

孟子曰：「身不行道，不行於妻子。使人不以道，不能行於妻子。」是說一個人如果要差使別人來行正道，自己卻不做，而一味要別人遵從，如此，即使是自己的妻子兒女，也一樣不會奉行的。因此，要求他人，必須先要求自己做好，才能說服別人去做。

馬妾冤魂

宋朝時，四川有一常氏嫁給湖南益陽秀才楚椿卿。之後楚椿卿又納了寵妾馬氏，與常氏爭風吃醋，彼此爭鬧。某日，常氏趁丈夫外出，找藉口責罰馬妾，命令婢女亂棍將她活活打死。楚秀才不久後也因病去世。

常氏改嫁鄱陽人程選，後來懷孕即將生產時，躺在床上三天痛苦異常，孩子生不下來。白天裡她竟然恍惚地看到馬氏手裡拿著棍棒往自己肚子猛打。常氏告訴了丈夫，程選便請了一位徐道士來辦法事，畫符籙焚化製成法水，讓常氏飲服。沒過多久，常氏就產下一已死的女嬰。

但程家的怪現象並沒有斷絕，常氏仍然常痛苦到日夜呼喊，並且常哭著說死鬼馬氏拿著棍子打她。她痛到受不了，就對馬氏的冤魂說：「我原本不想殺你，只是婢女責打用力過猛，才傷了你的性命！」那冤魂說：「她們都是聽你命令行事，你有什麼話可說？」

程選無奈，又請來了徐道士畫符召神將，要擒捉冤鬼。但那馬氏冤魂絲毫不畏懼，並對神將道：「我是蒙冤送命，難道不該對那個歹毒的婦人討回公道？道師法力雖強，可是我理直復仇，又能拿我如何？」

常氏在迷迷糊糊中隱約看到一切。程選與家人看著常氏躺在床上，絮叨地向人辯解。徐道士暗自思量：女鬼確實沒有罪過，無法用刑罰來懲治她，於是好言好語地開導：「你確實蒙冤，遭遇令人心酸。我讓他們家做齋事，為你念經誦咒，讓你早日托生。如何？」冤鬼才點頭離開。

五天後，馬氏又來。常氏驚訝問：「我們家已經替你做了大水陸法會，你怎麼還不滿呢？」馬氏回說：「念經誦咒，只能讓我早日托生；但殺人得償命，這是公道。你難道不懂麼？」

常氏說：「既然如此，我必死無疑了。雖然萬分悔恨，卻也無可奈何。」便喚丈夫說：「那馬氏死時，銀釵、耳環、手鐲、衣裙等，約價值一百貫，現在應全部償還給她，免得我下輩子還要為這筆債遭受禍殃。」

常氏又問馬氏說：「你生前的衣服首飾也準備要還給你。你是要銅錢，還是紙錢？」馬妾笑說：「我已經是鬼，又不是人，銅錢於我何用？」常氏便讓程選用一百貫錢買大批冥票、紙錢和金銀元寶等，禱告拜祝後，焚化給馬氏。當焚化到最後一縷青煙漸散時，常氏也咽了氣。

兩人的恩怨都來自於彼此忌妒，因忌妒而傷害他人時，那些瞋怨並未消失，而緊緊跟隨著一顆想報復的心，以致於成了一種惡循環。怨怨相報何時了，劫劫相纏豈偶然？

被活埋的妾室

有一位富翁到臨清經商時，娶了一位妾室，回鄉後卻被善妒的原妻幽禁關閉，想餓死她，之後又拿繩索勒緊她脖子，致使昏迷，但尚未死去，原妻就將她放入棺中，命令四個人抬去曠野埋葬。

不想，那小妾從棺中發聲對抬棺人說：「在我衣帶中有金銀，你們將我放了，金銀就給你們。」於是四人將金銀取出，但因擔心那妒婦，竟然將小妾再推入棺中掩埋。不久後，這四人竟莫名都死去。

那忌妒的婦人之後也患了喉結塞，延請金淮、丁洋兩位醫生前來醫治。忽然有天白日兩位醫生看見一婦人臉色慘淡，進門就坐後說：「兩位不用害怕，我是富翁的妾室，被那妒婦所逼，讓四個抬棺的人掩埋而死，我是冤鬼。這四個人我都殺了。其中一人在河邊洗手時，我勒住他脖子使他溺水而亡，另外三人也都殺了。那妒婦因為想餓死我，所以今日得病喉結塞，是我扼住她的脖子所致。你們難道還要治療她嗎？這是不是過分了？」

兩人點點頭，又問她冥間的事，那怨婦說：「凡人世間的善惡報應，及冥官府賞罰與地獄輪迴等事，與世間所傳聞的都一樣，並非荒謬之事。」

醫生金淮又問：「為什麼我年老無子？」婦人說：「你少年時與一壯士角力，你因為不能勝，便以計謀殺死了對方。」金淮一聽十分震撼恐懼，不敢仰視。

丁洋又問：「我也無子，何故？」怨婦說：「你子孫很多，怎會無後呢？」

後來金淮無後，而丁洋果然子孫滿堂。

「妒忌」他人是一種惡心，因為「妒忌」所引發的瞋恨或惱怒，而去傷害別人，將與人結下惡的因緣。因此，我們要常常以「隨喜讚嘆」來消除嫉妒心與瞋恨。

輕慢先靈，違逆上命。

祭祀祖先不可輕忽怠慢，長官命令不可違逆。

「先靈」是指已過世的祖宗或親人，「輕慢」是指態度不真誠，未勤於拜祭掃墓等。古禮入土為安，有些人為了爭家產，甚至多年未葬親人也是有的事，而有些人則長年不到祖墳掃墓，也不祭祀祖宗，這都是輕忽怠慢祖先的作為，孝者愛護親人，一如生前的禮敬，對於祖先也應表達內心的虔敬，才能將此行為傳承給後代子女，以作為傳家的典範。

「上命」包括君主、主人、將領、官員的命令等，代表上級交付的旨意。大臣、奴僕、士兵和吏役等都應該遵從，如果違逆，便是背叛，將使國家或團體管理秩序紊亂，將是嚴重罪過。在家庭中的子女，也一樣要順從父母的心意，不可固執己見，悖逆而行將有其過失。

《論語》：「慎終追遠，民德歸厚矣。」慎終是指慎重的對待親人的喪事，追遠是對已故祖先和親人的祭祀，仍須誠敬追念。如此，人民自然受到感化，風俗道德也會歸向於敦厚。

停喪不葬的罪責

宋大觀年間，梓潼縣有一位秀才羅鞏游太學，他聽聞有一間神廟非常靈驗，就常常去祈禱，卜問自己未來的前程。某天晚上，夢見神明告訴他說：「你已經獲罪於天庭冥府，

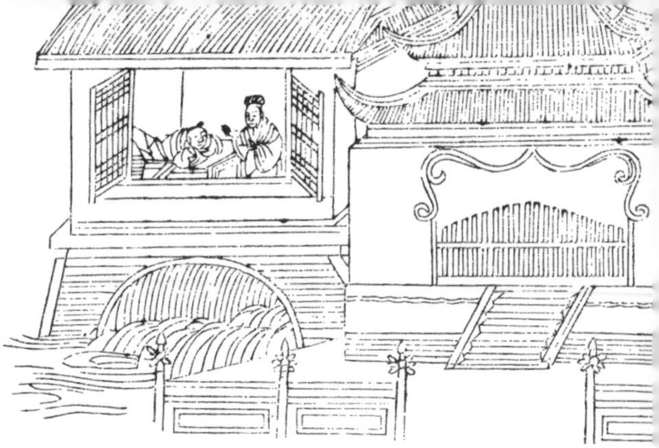

你趕緊回去吧。」羅鞏便說：「我生平並沒有重大過錯，能否告訴我，我的罪過是什麼？」

神君對他說：「你生平是沒有什麼大過錯，但是你將父母棺柩放置太久，而沒有埋葬，所以有罪過。」羅鞏又說：「我尚有一位兄長，為什麼卻只有我受罰呢？」神君說：「你既然是儒生，又有讀書明白其中理義，而你兄長只是庸碌凡者，還不足以責罰。」羅鞏醒來後非常驚恐，不久便離世。

「慎終」是古禮，表現出我們對已故親人的虔誠追思，即使雙親已亡故，也要如同在世時一樣的恭敬，不可輕忽怠慢，這代表著一份「心意」。

知道祕密的下場

隋文帝最初立太子時，原本不是立楊廣，但隋朝的大臣楊素出於自己將來仕途的考慮，他與楊廣祕密接觸，籌劃著廢立之事。楊素多次向文帝進讒言誣告太子楊勇，並多次誇讚晉王廣仁孝節儉，成功將楊廣推上了太子之位，也就是後來的隋煬帝。

當時文帝病重臥床，楊素等隨身侍駕，楊廣心想文帝時日不多，與楊素商量後事，但信件卻被誤送到文帝手中，文帝讀後大怒，文帝的寵妃陳夫人又到文帝床前，哭訴太子非禮她。文帝看清楊廣真面目，捶胸頓足，大罵說：「無論如何，不可把江山交給楊廣！」他緊急詔楊勇進宮，楊素心急如焚，為保全自己的性命及地位，楊素一不做二不休，假傳聖旨，並將知情者逮捕入獄，並緊急布防，皇宮宿衛也都換成自己的人馬。

隋煬帝登基後，楊素可以說是盡心盡力為其效力，但他知道太多不可告人的祕密，隋煬帝也有所防衛，他甚至希望楊素早死，把知道的宮中祕密帶入墳墓中，這樣心中的憂慮才能解除。

楊素也因為違逆隋文帝的命令，假造聖旨，強立煬帝，又荒淫無度，據說他曾在朝中看見文帝拿著刀斧追逐他，砍中了他的頭，於是患了風頭痛。楊素重病在床時，隋煬帝派宮中的御醫前去看診，並送了許多名貴藥材，但楊素就是不喝，他語重心長地對家人說：「你們是真沒看出陛下希望我早點死嗎？只有我死，他才安心。如果我照御醫的藥方喝，我還能活下去嗎？」楊府家人驚愕又悲傷。但是楊素病情也未好轉，不久，便死於家中。

如果我們以違逆、造假等非正當手段，來幫助一個人攀上高位，因而鞏固自己的利益。試想對方是否也會對我們真心信任，而毫無防禦的戒心嗎？還是也擔心我們會背叛他呢？

作為無益，懷挾外心。

一切作為對自己或社會都毫無益處，暗地裡懷著勾結外人的心，而不忠誠。

什麼是「無益」之事呢？所謂無益之事，是指做對社會、對自己都沒有幫助的事，而白白浪費寶貴的時間，例如賭博、酗酒抽菸、昏睡、嫖妓淫樂、沉溺放逸、作淫詞艷曲等。

「作為無益」四字反過，就是要「作為有益」，古代賢德都在提醒我們，生命時間有限，應該把有限的人生，創造出生命的價值。

而什麼才是真正有價值，又值得我們去力行的事呢？即此書中所告訴我們積極積德行善、利己利他之事，同時還要避免種種惡心惡行，免除災難禍端，如此，才不會枉費珍貴人身。

「懷挾外心」，簡單的說就是不忠，臣子有外心則會欺君王，子女有外心則違逆父母，奴僕有外心則出賣主人，伴侶有外心則背叛情感，兄弟朋友有外心則互相賊害。

凡是對我們自己有恩的人，或至親的人，都應該忠誠對待這樣的緣分。如果老想著去攀緣、巴結、奉承外面的人，這樣吃裡扒外或勾結外人，終究會失去別人的信任。

《尚書》：「不作無益害有益，功乃成。」是指不做無益之事，而去妨害有益的事，這樣就能有所成就。

《詩經》：「上帝臨汝，無貳爾心。」是指事奉上天不要有二心。

七十萬兩的玉釵

唐代大臣王涯當宰相時，將女兒嫁給了竇家，女兒某次回娘家時，便對父親說：「聽說有一個玉匠想要賣一個玉釵，他的做工非常精細，一支要價七十萬兩錢。」王涯說：「才一個玉釵就要價七十萬兩，這種珍玩奇貨，必然會帶來災禍相隨。」女兒一聽，再也不敢多說什麼。

才過幾個月，那女兒便告知王涯說：「那個玉釵已經被賈相公的下屬員外郎馮球給買去了。」

王涯嘆著氣說：「區區一個小吏官的妻子，竟然可以擁有這麼值錢的首飾，如此奢華鋪張，還能長久嗎？」

果然不過百天，馮球一早去拜見賈相公時，兩個奴婢捧出地黃酒，讓馮球飲下。酒才剛喝完，便倒地而亡。原來是馮球與賈府的奴僕彼此有仇恨，奴僕便以藥酒毒死他。

一個人對所擁有的能力和財力都該節制量力，過於奢華炫耀，反而會帶來危機，故事中的王涯只是見微知著，從一個人所表現的行為去推測他的未來禍福。

烏龍救主

晉朝的會稽人張然，家中養了一條狗，叫作「烏龍」。張然對烏龍這隻狗非常好，烏

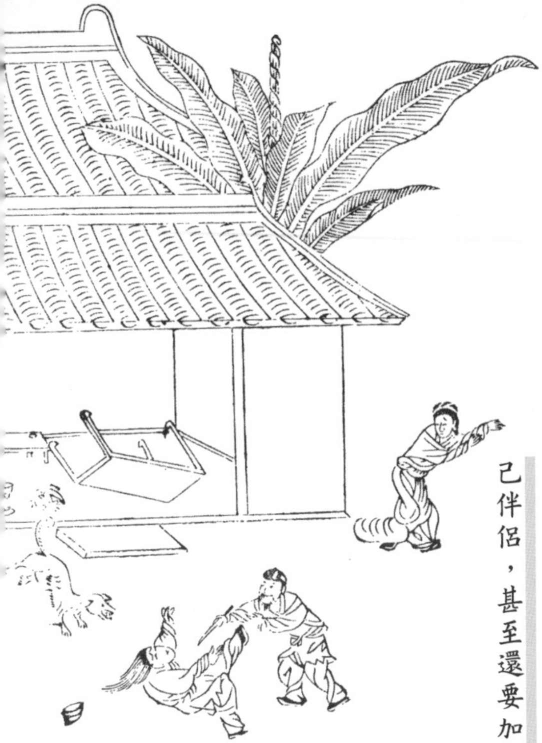

龍也對主人非常的忠誠。某年，張然公事外出，他的妻子因為耐不住寂寞，而與家中的僕人私通。張然在外地，並不知道妻子紅杏出牆的事，但這一切卻被烏龍全看在眼裡。當張然辦完公事，回到家之後，也漸漸發覺僕人和妻子之間的關係似乎不太正常。這僕人心一狠，想要先下手為強，便與張然的妻子合謀，要殺害張然。

某天，那僕人趁張然酒後熟睡，便持刀進入張然的臥室，那僕人正要舉刀刺殺他時，忠誠的烏龍突然闖了進來，蹲在張然床榻旁邊盯著那僕人。當僕人持刀劈下，那烏龍大聲狂吠，如同旋風般撲了上去，一陣狂咬，將那僕人咬到傷痕累累。

被驚醒的張然，目睹僕人與犬相搏的情景，心中了然一切。這件事後來呈報到官府，當事人受了到制裁，「烏龍救主」的故事也被傳為佳話。

一隻狗都能忠於自己的主人，如果做人不能回報對自己有恩的人，或忠誠於自己伴侶，甚至還要加以謀害，就連一隻狗也不如了。

自咒咒他，偏憎偏愛。

一遇到不順，就詛咒自己或他人，因為偏私，而對某些人特別憎惡，或特別偏愛。

關於「詛咒」，前面所說的「干求不遂，便生咒恨」，是索求不如自己的願望，而心懷怨恨，詛咒他人；「詛咒求直」是因為羞憤惱怒，透過詛咒發誓來證明自己清白。

而「自咒咒他」，則是自己遇到了不順心或挫折，受了委曲，就自暴自棄，除了詛咒自己之外，還要詛咒別人，把別人一起拖下水，等於是抱著同歸於盡的心態。

從健康醫學的角度來看，「詛咒」是一種負面情緒，可能隱含著憤怒、焦慮、沮喪、恐懼不安的心態或行為，一些科學研究指出，太多負面情緒會對人體內部進行「攻擊」，對人體細胞造成直接或間接的傷害，如癌症或文明病等都與長時間累積的負面情緒有關。古人勸戒我們不要常生詛咒憎恨心，是很有道理的，因為內心的詛咒怨恨，其實就是一種自我傷害的行為。

此外，也不要因為自己的主觀意識，甚至是偏見私心，去偏恨或偏愛一個人。君子應平心靜氣來接人待物，保持一種「平常心」，平等慈心的對待眾人，即使不喜歡一個人，也不去抹殺他的優點，喜歡一個人時，也不會掩飾他的缺點。例如對待子女、學生、部屬，不以私心來分別好惡，這樣才能公平公正。

《禮記．大學》：「人之其所親愛而辟焉，之其所賤惡而辟焉。」人們容易對於自己所親近愛護的人，有親愛心而偏袒護短，心就已經偏辟不公正；人們對於自己輕賤厭惡的人，常不給予敬重或提攜，這也是偏辟不公正。所以君子應該觀察自己的偏好，不落入到個人的喜惡中，能以平等的態度來對待人事物。

愛罵人的下場

宋朝紹興己卯年，有一位郭引鳳，魂魄被攝入到冥司。她看見一位婦人，還有鬼卒拿著大小如同蒸餅的鐵丸塞到她的嘴中，然後又用燒紅的銅汁灌進她的嘴巴裡，反反覆覆，苦不堪言。

郭引鳳便問：「她倒底是犯了什麼罪行？」

鬼卒說：「此婦人生前非常喜歡咒罵人，所以召感這種有苦難言的罪行。」

詛咒自己，甚至惡言詛咒他人，這樣的人內心會快樂嗎？其實詛咒的當下，就像吞了熱鐵丸一樣，內心充滿了痛苦。所以，我們能讓自己陷入這樣的苦嗎？

亡母題詩

宋朝張開的妻子孔氏生病而死，留下五個孩子。之後，張開又娶了李氏，但李氏性格狠惡，常虐待逼迫這五個孩子。

於是這五個孩子跑到母親的墳上哭訴，恍惚之間，他們的母親出來撫慰孩子，她悲痛至極，咬破了指頭，在孩子的衣襟上題了一首詩：

「新人間舊人，暗涕幾盈巾。

同衾今已隔，對面永無因。

有恨牽遺子，無情只任君。
欲知斷腸處，明月造孤塋。」

孩子們回來後，把詩呈給父親看，張開看了之後，大為驚駭，上報朝廷，李氏因此被判刑，發配到偏遠的嶺南。

能相聚一堂就是一種緣分，應當惜緣修福，慈心博愛，以平等心對待一切眾人，不偏愛、不偏憎，才有好人緣，廣結善緣。

越井越灶，跳食跳人。

跨越水井與爐灶，跳越飲食與身體。

為什麼這裡說不可跨越水井與爐灶？因為在古代「井水」是取水的來源，民間也用這個水供奉神明；「爐灶」是用來燒柴烹煮食物，依照古禮，井、灶都有神明存在。漢朝《白虎通》記載，五祀就是「門、戶、井、灶、土」，人們很早就在祭祀這五種「家神」，所以古人說不可「越井越灶」。「井」也代表現今的「水源保護區」，因為是共同的水源處，有些特別列管為保護禁區，不隨意讓人跨越或活動，若有違規即受罰，這也是對大眾的基本尊重。

「灶」與烹煮食物有關，不僅要供奉神明使用，人也要飲食，所謂「跳食」就是跨越食物，這是一種輕忽怠慢、不敬重的行為。對現今而言，凡是生產食物的工具，都可以視為廣義的「灶」。民以食為天，「飲食安全」為社會大眾所重視，因此，生產食物應以嚴謹恭敬的態度，不可因為是別人要吃的就隨便。

《易經》：「有天道焉，有人道焉，有地道焉，兼三才而兩之。」因為人有參贊天地化育萬物的功德，與天地並稱三才，所以，不隨意跨越過別人的身體，是對他人的尊重。

從「越井、越灶、跳食、跳人」的細微處，可以知道古德對一切人事物，都是如何地慎重與恭敬。

《孟子》：「一簞食，一豆羹，得之則生，弗得則死。呼爾而與之，行道之人弗受；蹴爾而與之，乞人不屑也。」如果以輕蔑、惡劣的態度施捨給人吃食，即使是乞丐，也會因為被輕視而不肯接受施予。這是告訴我們，每個人都需要我們的恭敬布施，而對天地及聖者的供養，更應該以虔敬的心對待。

跳井嬉戲

古代有位張孝先，他每次一喝醉了酒，就喜歡與人玩著跳井的遊戲。有一天，井中出現了一位金甲神，拿了矛刺了他一下，張孝先因此感到肚子痛，且痛到無法忍受，就像一支槍在戳他身體般難受，於是他跪下來虔誠地祈禱，肚子才不痛了。

水井是人們共同飲用的水源，如同水源保護區一樣，也是不可輕易進入的，輕慢踐踏是非常不尊重天地與他人的行為。

鮮血做的酒

唐朝時，有一位官員入到山中，在一處人煙絕跡之處，他忽然見到有一間酒店，就想買酒來喝，那位賣酒的婦人向他收了錢，然後進入屋內打酒。但過了很久，那婦人才把酒提出來，那酒的顏色，就跟人血的顏色一樣殷紅，喝起來卻非常的甘美，官員喝完之後，還想再品嘗一壺。

但這時婦人突然向他哭訴：「其實，我並不是陽世間的人！因為我在生前的時候，非常奢侈浪費，不但飲酒沒有節制，還將吃剩的飯菜用腳踐踏，再給別人吃，現在我受到了這個報應，就是每次遇到有人來買酒的時候，我必須擠出身上的鮮血，供給客人當酒飲用！」這官員聽了驚嚇不已，立刻下山，急忙返回家。

踐踏飲食是對天、對人的不尊重，對飲食的恭敬，就是表現對人、對天的恭敬，現今人們日益重視飲食安全，對於提供的飲食輕率或不衛生，是不會被大眾所接受的。

害人的人頭骨藥

有一次，文欣的母親生了重病，醫生說他的母親需要飲用一種藥材，這藥材要使用人頭骨作藥，才能轉好。

文欣希望能醫治好母親的疾病，就花了重金，募求人的頭骨。適巧鄰居婦人發現了一個奴隸的屍體，便把那屍體的頭割下來，交給了文欣。文欣便把握了這救治母親的大好機會，刮下耳頰骨燉藥讓母親服下。

結果母親在服食之後，竟然遭到了報應，她被骨頭卡住喉嚨，七天後便離世，而那個提供頭顱的鄰居婦人，不久也患了疾病而死。

這提醒我們對他人的身體，無論生或死，都要保持尊重的態度。對於醫療也要有正確的判斷，不要迷信偏方。

損子墮胎，行多隱僻。

損害已生的孩子，墮掉在腹中的胎兒，行事陰暗不光明。

根據《天律聖典》所記載，太上老君說：「子雖父母生，命乃天地賦。一物之微，君子不忍步，而況於人，能無恤慕？」是說子女雖然是由父精母血所生，但原始生命是天地所賦予，因此，要獲得人身是千載難逢，非常難得，當人要出生的時候，是天地間重大之事，其尊貴的確難以形容。而且，就算是極微小的生物，君子也不忍心去踐踏，更何況是人的生命，怎能夠不去愛護呢？

《老君說一百八十戒》中有「不得以藥落去子」的誡律。古今中外，或有種種原因而墮胎或虐殺嬰兒之事，根據世界衛生組織估計，全球每年的墮胎數遠超過五千萬案例，孕育了生命就應該給予生存權利，這是對生命的一種尊重啊！此外，生命既然是由男女淫欲而來，如果還不適合生育子女，就應該在性行為有嚴謹的防護措施，如使用保險套或避孕，以避免造成對生命的傷害。

「行為隱僻」包括奸盜邪淫之類，凡不可公開告訴人的淫穢等事。唐駱賓王《螢火賦》：「類君子之有道，入暗室而不欺。」提醒我們做任何事都要光明坦蕩，不暗室欺人，沒有行為隱穢之事。

《孟子》：「今人乍見孺子，將入於井，皆有怵惕惻隱之心。」是說人人都有不忍別人受害的心，就如有人忽然看見一個孩子即將跌入井中，任何人都會升起恐懼和憐憫傷痛的心情。這並非想藉此博得鄰友們的稱讚，更不是怕落得殘忍的惡名，一切皆出於天性。

誤診殺胎

過去有一位婦人楊阿剩，從小就貧病交加，晚年也狼狽不堪，她在臨死之前曾經對人說：「我前世原本是一位醫生，由於失於詳查，有個婦人自稱自己有蠱病，而我卻沒有分辨清楚，其實她已經懷了身孕，就急用芫花酒打下蠱毒，結果使那婦人和腹中二子都死去，這等於是一舉殺了三人。

冥官將我定罪，我因而轉為此女身，至今已經三世，又常為卑賤奴隸，長久之中都困於饑寒中，大部分都是病痛，身心少安穩。

請告訴這世間上的醫生，要以我為誡，千萬別誤傷了人胎。」

此誤診之事，並非有意墮胎，但仍有其罪責，又何況是有意圖的行為，生命是值得我們尊重。如果我們是腹中的胎兒，會甘心失去生命嗎？

地獄胎兒

以前有位名叫郭印的人，有一女兒名引鳳，她曾被兩個鬼卒攝走魂魄，遍歷十八層地獄。在最後的地獄，有一位冥王在大殿上，殿下則排列著數百位婦人，她們身邊各有小孩抱著她們哭嚎著，並向她們索命。

那些婦人有些是因為生太多女兒，而將她們溺死；有些是因為家境貧困，擔心生下之

後，沒有能力養育；有些是妻子妒忌小妾生了兒子，就想盡辦法將她們的胎兒墮掉；有些則是暗結珠胎，私自將胎兒打掉；有些是因為爭吵鬥毆過程，碰觸或跌倒而損害胎兒；有些則因為氣憤孩子哭鬧之下，將孩子毆打、丟摔導致死亡；有些是看顧孩子不謹慎，使孩子死於非命。

冥王一一審訊，每一個婦人都被腳鐐手銬，身形枯瘦。郭引鳳返回人間後，便將所看到的情景告訴父親，郭印遂將此事，以大字書寫於天寧寺牆上，用以警惕世人。

擁有人身的機會很難得，每一個生命都會保護與愛惜自己。如果是你的生命被他人損傷，你會甘願嗎？

晦臘歌舞，朔旦號怒。

在月底年終歡唱跳舞，每月初一和每日晨間呼號怒罵。

「晦」是每月的最後一日，《彙編》上說：「司命灶君奏言世人功過之日。」「臘」是年終最後一天，「朔」是每月初一，「旦」是每天早晨，這些時刻是最適合勵志進修，提升德行的時候，如果沉溺於歌舞之中，或者隨性恣意，乃至發怒，特別是一大清早就生氣，對自己的身心實在有害而無益。

一般寺院或道場，在初一、十五都會固定齋戒（吃素持戒），或念佛誦經，或禮敬神明，有些宗教則是固定參加禱告禮拜等活動，以淨化心靈，反躬自省，這就是「朝乾夕惕」，終日勤勉，不敢懈怠之意。

即使現在一般的公司企業，也有晨會或月初目標簡報，月底年終也都要結算企業經營成果，一樣都是戰戰兢兢的打拚。因此，隨時要保持最好的精神與狀態。無論工作和修行都是一樣的道理，如果工作沒有紀律，天天歌舞歡樂，如何能有績效成果呢？修行更是要在最佳時機，持續保持精進，這正是「天行健，君子以自強不息」的道理。

《孟子》：「其日夜之所息，平旦之氣，其好惡與人相近也者幾希。則其旦晝之所為，有梏亡之矣。梏之反覆，則其夜氣不足以存；夜氣不足以存，則其違禽獸不遠矣。」這是說人的心性，在日夜之間亦有所生長。清晨未與外物接觸時，清明心性仍然可以見發，但又可能因為白天的作為，而將這點清明心性給攪亂亡失了！這種清晨之氣是天賜予每個人的，每天都可自然生養，如山上的樹木一樣，但為什麼山會變禿呢？因為人們每天不停地砍伐它，而這正是在提醒世人修養身性的時機與原理。

忍受辱罵的有錢人

古代江蘇淮陰地區有一位富人，平時言行謹慎，待人接物謙虛和氣，每逢初一、十五或臘祭的日子，他就會讀誦佛經，禮拜神明，從不間斷。某次，正月初一時，有一個邪惡的小人趁著酒醉來辱罵他，富人關起門戶不理會他，但家人和鄰居都無法忍受。

富人說：「在這種佳節，誰不飲酒呢？酒醉發狂，是凡人常情，與他計較，多麼沒有肚量呀！」

富人忍讓的德行和這一番話，感動了天上神明，當晚睡夢中他走到一處地方，見到一位戴金冠穿紫袍的人對他說：「你平時就有忍德。今天，能在元旦、天臘早晨，忍受一般人所不能忍受的羞辱。上天因此而嘉許你，賜給你福報與長壽。你的子孫將享有代代功名。」後來，他果然享壽八十多歲，二子一孫都受到推薦，子孫飛黃騰達。

一個人能有忍辱的修為是很難得的，更何況是能忍一般人所不能忍，以此修身，即可免除災難，又能以忍辱功夫傳家，這才是世間真寶藏。

對北涕唾及溺，對灶吟詠及哭；又以灶火燒香，穢柴作食。

對北方神明不敬，隨意擤鼻涕、吐口水或小便，面對廚灶高歌哭泣；用不淨的灶火來燒香，以污染的燃料烹煮食物。

北方是北斗星君所在方位，據說北斗星君能決定人的死期，所以有：「南斗註生，北斗註死。」此外，掌管北方的神為真武大帝，又稱玄天大帝，據《道經》所載，為太上老君之化身。

北方既象徵著天上至尊，在這裡主要是表示對神明的恭敬，不對明神做不敬動作，例如隨意擤鼻涕、吐口水、小便等等。古代對於灶神非常的敬重，烹煮也與火有關，因此，不適合在廚房中吟詠與哭泣。

灶下的灰稱為「伏龍屎」，《道經》裡說：「竈下灰火，謂之伏龍屎，不可爇香事神。」古人不用此燒香祭神，以表示對神明之敬意。「穢柴」是指不乾淨的燃料，古人認為柴木如果不乾淨，煙塵容易上升，拿它來燒煮食物，對神明便是不敬。而就現在來說，燃燒有毒之物，所造成的空氣污染，會影響身體健康。

由此，我們可以了解古人敬天的態度，對現代人來說，則是要重視生活禮儀（不隨便鼻涕、吐痰、小便等），小心使用烹煮火具，不造成環境的空氣污染。

《周書．月令》記載：「春取榆柳之火，夏取棗杏之火，季夏取桑柘之火，秋取柞楢之火，冬取槐檀之火。」這是描寫古代春夏秋冬的生活步調，以穀米柴薪的輪替，呈現出天地萬物循環不息。同時，也可以從古人對柴木的使用，了解古代生活與大自然步調的一致性。

誦經用心大不同

宋朝時，周開山常誦讀《華嚴經》，另一位僧人則誦《金剛經》，但這兩人竟在同一時間突然昏死過去。

到冥府時，冥王便請周開山讀誦《華嚴經》，非常禮敬他，又請僧人讀誦《金剛經》，但心裡卻不怎麼敬重。

讀誦完後，冥王說：「你們兩人都因為誦經的功德，可以延壽二十四年。而持誦《華嚴經》的人更應受到敬重，死後便不必到我這裡了！」

那誦《金剛經》的僧人，心中十分慚愧，便詢問周開山住處，以便前往拜訪。僧人甦醒後，前往潞州尋訪周開山，詢問他原因。

周開山便說：「我每次誦經，都必定穿著乾淨衣服，灑掃淨室，然後鑽木取火點香。而祝願時，內心必然十分恭敬，開口時就像是面對佛陀，從不敢有任何怠慢輕忽。如果沒有清淨的火，絕不輕易用其他的火燃香。」

誦讀《金剛經》的僧人則說：「我真是罪過啊！每次誦經時，都用灶火燒香，光是這件事情，就有不敬之罪了！」

一個舉手投足，都有如此大的差別，我們也要注重生活中的禮儀與細節，對一切的人事物，一舉一動都心存恭敬。

菩薩賜藥

宋朝政和七年時，李八羅患了非常嚴重的麻瘋病，經過三年時間，使用了各種藥物治療，卻都沒有任何效果。最初李八尚未生病時，經常讀誦大乘經典，滿滿如三藏寶藏之多。有天忽然走來一位僧人，給了他一顆藥丸讓他服下，只是李八卻漫不經心地留下了藥丸，不想馬上服用。

那天晚上便夢到那位僧人說：「我是觀世音菩薩！因為你平常使用污穢的木柴燒煮食物，觸犯鬼神，所以患麻瘋病；但因為你曾誦三藏經典，所以特別賜給你這一丸救命丹，為何不服用呢？」他醒來後，立刻取藥丸服用，七天後，全身脫皮重生，眉毛和鬍鬚也再生長了出來。

古人用污穢的木柴燒煮食物，就觸犯了鬼神。現代人燃燒了那麼多有毒的物質，造成空氣污染，對人體形成傷害，這罪過又該如何看待呢？

夜起裸露，八節行刑。

夜晚起床時裸著身體，於八節之時執行刑罰。

古人把「正衣冠」當成是一種禮節，孔子說「克己復禮」，後面又說「非禮勿視，非禮勿聽，非禮勿言，非禮勿動」，其中「非禮勿視」，就是不符合禮節的不看，而隨意「裸露」即不合乎禮節。就算是現代，在大街上隨意的裸露身體，也是不被允許的，因為有妨害風化的法律規範。

而夜晚，人心多昏昧迷惑，容易生起欲念，因此不適合太過暴露身體，以免引發非分之想。即使居家時，夜晚起床也應該著衣，不裸露身體，一方面是對無形界的敬畏，一方面也可避免著涼。

「八節」是指立春、春分、立夏、夏至、立秋、秋分、立冬、冬至，這八個時節，在民間習俗上認為，神明會在這八天來到人間巡視。由於神明是慈悲愛護眾生的，所以不喜歡殺害生命之事，自然也希望世人也能發慈悲心對待一切生命，縱使要處決刑犯，也不宜在這八天中執行，延後處置，一方面也是對眾生網開一面，延長審理判決的時間，多給人一些改過自新的機會。

《論語》：「必有寢衣，長一身有半。」大致來說，居家時也應穿睡衣，衣服會較長，除了保暖，也是一種禮節，人以知禮為貴，著衣應端莊，擇取合身、合禮、合時，於日常居處也應注意修養。

半夜裸奔

在江蘇彭城有一位官員的女兒，才出嫁不到一個月，便無緣無故發了瘋，常半夜裸露著身體在城中狂奔，絲毫不感到羞恥，即使請醫生治療配藥，或禱告問卦，也都沒有辦法治療她的問題。

這時，恰好有位張真人要返回京城，官員家人就告訴他此事。張真人即派遣弟子以符咒來治療她，但那些弟子卻完全使不上力，全部敗退下來，官家女兒依然發狂裸奔於城中。

張真人於是親自前往作法，召請神明蒞臨壇場，才請天帝剛剛到場，那位女子竟開口說：「你這個民婦，半夜喜歡裸露身體，因而冒犯天神，本來就應該處罰，竟然還請神明到來，現在赦免你的罪過吧！」話才一說完，女子臉色全變了，立刻倒在地上，發狂病也就痊癒。

古人認為隨意裸露身體，是一種沒有禮貌的行為，即使是在夜半，人心昏昧容易迷惑之時，容易引發遐想，著衣便是一種禮節。

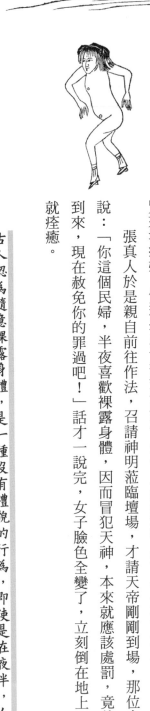

討命人頭

唐朝的竇軌，他是唐高祖大穆皇后的堂兄，當時擔任洛州的都督，由於個性剛烈嚴厲，喜歡處人死刑，常常以刑罰罪及儒生及百姓，一旦遇有案子要判決，縱然是在朝廷明定禁止處刑期間，他也不曾停止過刑罰，還曾害死了一位尚書韋雲起。

就在貞觀二年時，他生病非常嚴重時，忽然傳來，說有人來送瓜，但左右的人都回報說，他們並沒有看到什麼。

所有的一切只有竇軌看到，還說：「這是一盤好瓜呀，你們怎麼說沒有呢？」但仔細一看，又驚恐注視著說：「這……並不是瓜，而是個人頭，莫非是要來向我討命！」他接著又說：「趕快扶我起來，見這位韋尚書！」才說完就命亡。

生命是珍貴的，這是上天對生命的重視，所以八節不行刑的目的，就是不希望世間輕易草率地對待人命。

唾流星，指虹霓，輒指三光，久視日月。

向流星吐口水，手指虹霓、太陽、月亮、星星，久視日月之光。

這些都是古禮保存的觀念，古德教導我們要修持恭敬心，從極微細處擴大到尊敬一切人、事、物，對自然界一切，更要常存恭敬。例如不隨地吐痰或口水，本身就是好習慣，也是個人的修養，而對人指指點點或凝視過久，更是有失禮貌。對人如此，面對天地日月更應如此。

這裡強調人應對大自然一切表達內在的崇敬。「敬」是一種德行，能開發我們的自性，南宋朱熹於《中庸》注說：「君子之心，常存敬畏。」當我們心中懷有敬畏心，才能懂得警惕反自省，有助於規範約束自己的言行舉止。

太陽、月亮、星星，稱作三光，又叫做三辰，這就是指大自然的部分，而我們面對大自然時要心存敬畏，因為敬畏心能促進人與自然形成和諧關係，老子說：「其神不傷人，非其神不傷人，聖人亦不傷人。夫兩不相傷，故德交歸焉。」聖者遵行自然之道，並尊重大自然，如此，大自然不會傷人，聖人更不會傷害大自然，兩者互不相害，互相以德相待。

敬畏大自然，要先從認識自然的浩瀚偉大開始，並體認到人類與大自然和平共處之道，以維持宇宙自然的生態與運作，最重要的就是認識到大自然資源有限，若人類欲望無窮，不懂珍惜，任意破壞，致消耗殆盡，便是地球浩劫的時候。

《禮記‧祭法》：「王宮，祭日也；夜明，祭月也。」依照古制，天子在每年春分之時必須祭日，秋分時則要祭月，古代對祭祀的重視，表達了對天地的尊敬，而現今宗教也有對天地的祭祀，這是承襲了對天地崇敬的傳統。

敬天地的一把傘

在明朝時，金陵大旱，有位郡守曾公祈禱蒼天極為虔誠。某天晚上，他夢見神明告訴他說：「明天會有一位老人，拿著傘進西門，請他祈禱求雨一定可以應驗，他特別的地方就在那支傘。」

隔天清晨，他果然在西門遇見了一位持傘的老者，郡守很慎重的告訴他昨天神明告知求雨一事，而這位老人聽了之後，也不好推辭，便焚香登壇，對天盟誓：「三日不雨，願將身自焚。」並設香壇於四周，也準備了柴火。

直到第三日，整個濃雲密布，天空突然下起大雨，頃刻之間，水深尺許。

大雨之後，郡守問這位持傘的老人：「您這把傘有什麼特異之處呢？」老人便謙虛的說：「我今年八十歲了，生平惟敬天地與日、月、星三光，這把傘是出門路途便溺時打開護身使用，這樣才不會把自己的污穢觸及三光。」郡守聽後，油然起敬，便以厚禮贈與老人，但老人不受而去。

人類在天地之間，何其渺小，所以應如古聖先德所教導：常存敬畏心，兩者互不相害，和平相待。

春月燎獵，對北惡罵，無故殺龜打蛇。

在春天時焚燒林野以獵殺野獸，向北方惡罵神明，無故殺害如龜蛇等動物。

「燎獵」是指焚燒山林來獵取動物。但是，放火燒山獵殺，將導致野獸蟲鳥片甲不留，一個都逃不了，這對森林裡的一切生物，是非常大的傷害。前文所提「射飛逐走」，殺亡之數尚可計算，但「燎獵」的殺傷力，則如同戰爭般殘酷，傷亡是難以評估的。

春天是鳥獸繁殖的時節，俗語說：「勸君莫打三春鳥，子在巢中盼母歸，勸君莫食三月鯽，萬千魚仔在腹中。」這是說，春天母鳥剛孵出幼鳥，不要去打傷母鳥，否則幼鳥將在巢中餓死，看似是傷害一隻鳥，但其實是害死一窩鳥。三月也是魚兒繁殖的季節，肚子有千千萬萬個魚卵等待出生，因此勸告大家莫食三月鯽魚，不要對生靈趕盡殺絕。

《漢書天文志》上說：「玄武，北方之神，龜蛇合體。」道教五方神，掌管北方的神，又稱玄武大帝，傳說是太上老君化身。北方在五行之中屬水，統領所有水族，又龜蛇為其二將，玄帝便示現足踏龜蛇、右手執劍之像。又由於龜能占卜吉凶，蛇象徵蛟龍，都是極有靈性的動物，所以這裡舉龜蛇為例，然而，也泛指對一切生靈都不該輕易虐殺。

《禮記》：「國君春田不圍澤，大夫不掩群，士不取麛卵。」春天萬物生長，狩獵時君王不能把所有的魚都捕撈完，大夫也不能把所有獵物都趕盡殺絕，將士更不能把鳥獸的卵都取走，這裡要說的義理是，人與萬物和諧共生之道。

燒殺動物的報應

唐朝時，汾州孝義縣泉村人劉摩兒，某日，遇病而終，兒子也一同死去。

有位鄰居祁隴威，被車輾過，死後又甦醒過來，說他去過陰間，有看見劉摩兒父子兩人在滾燙的熱湯鍋中，燙到皮肉都不見了，只見一堆白骨，但過了很久，又恢復為原來的樣子，然後又消失，又再恢復，如此反覆不停。

祁隴威便問他兒子受報的原因，那兒子說：「因為過去喜歡放火燒山獵殺動物，所以才受到如此報應！我父親罪重，已經不可見到了。你回去後，告訴家人，請他們修齋祈福。」

而祁隴威被鬼使催促，前至冥府，冥官便問：「你有什麼福業？」

使者說：「他曾布施，又受持五戒不犯。」

於是冥官遣人送還，他得以復活，並告知村人所見一切。

其實有時候，人間就是動物的地獄，我們可以從不同生命的立場來體會牠們所受的痛苦。

九尾神龜

在海寧縣有一位王屠夫，一次他與兒子一同出遊，遇到老漁夫抓到大海龜，就買回去放在家中廚房，準備殺來作羹湯。

這時有位江西商人看到這隻龜，出了一千錢買下，並且說：「這隻九尾神龜，如果買來放生，將有大功德。」

王屠夫一看，果然有九條尾巴，於是不肯將之賣去放生，以為可以有大滋補作用，便將龜烹煮，父子一起吃了那隻九尾神龜。

當天的晚上，忽然從海面湧來大浪潮，把王屠夫和他兒子一起捲走。村子人們傳說是他們害死神龜，被水神抓走了。

有些人以為吃各式的動物肉，可以滋補身體，其實這些來歷不明的生物，可能藏著很多病毒，不但對身體不好，也隱藏了無法預知的危機風險。

放火燒蛇

過去有位富翁住宅旁邊有棵枯木，富翁想將它砍除。當天晚上就夢到一個人，帶著許多人來請求他寬延一些時間，等他們全部搬遷完畢，再任由他砍伐。

那富翁醒來之後，派人爬到樹上查看情況，才發現樹上有一團蛇聚集，便立刻找人放火燒死了牠們。

不久，他家在半夜時，發現有火飛進室內，眾人起來要救火時，卻什麼也沒有看到。這種情形發生了好幾次後，大家便不覺得奇怪。

但某天晚上，一個婢女把火苗掉在木柴上，於是整個屋子燃燒了起來，他的家人以為和過往的情況一樣，便依然熟睡不醒，過了一段時間，想要逃走時，卻已經來不及了，全家因此都被火燒而死。

無論任何生命都是渴望能平安生存的，我們人類自己也不希望有各種災難的痛苦，既然如此，我們為何要破壞其他生物的生存權利呢？

惡報章

一切事情的發生難道是憑空而來？無中生有？沒有任何的原因？只能怪天怨地、責備他人？

從自己的果報，可推知自己過去的行為，從現在所行一切，可以看見自己的未來。每一個對他人、對外界，所做的惡念、惡行、惡語，都將自然形成一種惡的循環互動，其最後的結果，便是反回饋給了自己。

如是等罪，司命隨其輕重，奪其紀算，算盡則死，死有餘責，乃殃及子孫。

司命之神會隨著個人所犯罪過的輕重，減除他的壽命，直到壽命算盡，如果死後仍有剩餘的罪責，便會牽連到子孫。

自「非義而動」以下等事，所有一切的不當惡行，司命之神都會酌其罪之輕重來計算他的福壽，這裡的「司命」是古代的星官名，掌處罰罪過、夭壽或鬼魂的神明，屬於二十八宿的虛宿。「算紀」指人的歲壽命計算方式，「奪算」指減除壽命。

《抱朴子》上也說：「凡有一事，輒有一罪，隨事輕重，司命奪其算紀，算盡則死。」人如果一直造惡則會減壽，甚至後代子孫也會受到連累。相反的，人若行善則可以延壽，據《了凡四訓》，袁了凡受到雲谷禪師的指點後，努力改過修善，命運因而有轉變，原本算命只有五十三歲，他卻活到七十多歲才往生。可見，行善與造惡，對一個人的命運有很大的影響，有時不僅是個人，嚴重的話，甚至會影響家庭或家族親人。

就現代觀點而言，善惡心念與壽命的關係是：

「善」的範疇，包括內心正向情緒與正能量思維，如慈心、喜悅、樂於分享助人、心胸開朗、慷慨、無憂愁等，科學研究發現，這是有益於身心健康與壽命增長；而「惡」的範疇，則包括負向情緒與負面思維，如怨恨、憤怒、殘暴、忌妒、貪婪、斤斤計較等等，這些並無助於身心健康，還可能引發身心種種疾病。因此，無論古今，對於善念善行與惡念惡行，都給了我們同樣的啟示。

《易經》：「積善之家，必有餘慶；積不善之家，必有餘殃。臣弒其君，子弒其父，非一朝一夕之故，其所由來者漸矣，由辯之不早辯也。」凡是累積善行的家庭，必能有多餘的吉慶可以遺留給後代；而那些累積惡行的家庭，則有多餘的災禍遺留給後代。如臣子殺害君王，兒子殺害父親，這些並非短暫時間所形成，而是長期累積漸漸發展的結果，只是由於沒有及早認清分辨，防微杜漸。這主要是說明，不管人們行善或作惡，吉凶果報全都是由自己日積月累的行為所造成的結果。

回魂報復

明朝的楊鐸，嘉興人，庚戌進士，為古安推官（法官），存心陰險，多以密謀陷致人死，又性凶暴，死在他杖下的人非常多。後來他白天坐堂上，見群鬼來索命，之後生病歸鄉，每每為群鬼所纏，病入膏肓，以致死亡，但他死後又復甦，家人非常欣喜，只是楊鐸說：「這只是陰司遣我暫時還陽，以示顯這些報應讓人知道，現在這些冤魂滿滿的在堂上，快在庭中設宴席法事來供奉他們吧！」

這時庭中設了很多酒饌飲食，有位屠兒倪鐸酗酒來到此庭中，也不知道這是要供奉鬼魂的，便隨意取來大吃大喝，這些冤魂非常憤怒的對楊鐸說：「你暫時可以倖免於死，就讓這個倪鐸先送死。」

楊鐸大喜，請人前往去探看倪鐸的情況，發現倪鐸腹痛暴斃而死，但他屍骨未寒。楊鐸便以十金銀交代家人，要他們將他放入棺材焚燒。但倪鐸只是被群鬼攝魂，本不應當死的，陽壽也未盡，當他的魂要回到屍身時，那屍體已化為灰燼。

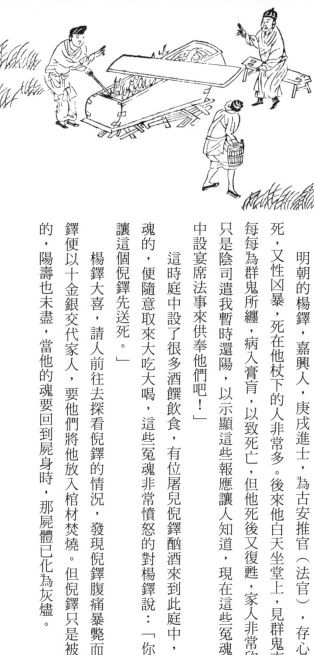

那時鄰居有人剛剛死去，倪鐸便附其身，起來奔到楊家，大喊：「我要殺死你們的孩子，作為抵償你們將我的屍體焚燒的報復。」於是就殺了他們的孩子。鄰居看了都非常驚怖。

有奪取別人性命的方式，來延長自己的壽命的道理嗎？被奪取性命的人又會甘心嗎？

失蹤的賈充

西晉大臣賈充在攻打孫吳時，曾屯兵項城，但賈充突然失蹤了，軍營裡到處看不見他的影子。賈充帳下有個都督周勒，當時雖是白天，他卻在睡覺，睡夢中，他看見有一百多人在追捕賈充，抓住他後便押他進入一條小道。

周勒驚醒後，聽說賈充失蹤的事，便去尋找可能的線索。他發現夢中的小道，隨即沿路尋找，果然看到賈充走進一座官府，那裡有很多侍衛，府中長官坐著，嚴厲地對賈充說：「你壞了我們的大事，你與荀勖勾結，迷惑我的兒子，迷亂我的孫子。我派任愷要罷免你，你卻不離開；我又派庾純譴責你，你也不曾改過。今日，孫吳應當掃平，你卻上表斬了張華。你如此愚蠢，如果再不悔改謹慎，早晚我加刑罪責給你。」

賈充連連磕頭，都磕出了血。那府官說：「之所以讓你延長壽命，使你保有地位和名氣，是因為你保衛朝廷有功績。但你要記住，最後你孫子將死於懸鐘兩側，大女兒死於藥酒之毒，而你的小女兒會壓於枯木下。荀勖也與你一樣，他雖有才華並積陰德，卻將死於你之後。

數年後，就會改朝換代。」說完後，便讓賈充離去。

賈充回到軍營，臉色憔悴不已，神志恍惚，好幾天才恢復。後來，他的孫子果然死於鐘下，女兒賈后服鴆酒而亡，賈午被杖斃而亡。賈家遭報，西晉國運終結，一切如府官所說，改朝換代。

縱使一家族能一時權傾天下，但也可能瞬間翻雲覆雨。無論人的心中有多少算計，老天也會隨人善惡紀算，到底誰能把命運算得準？

又諸橫取人財者，乃計其妻子家口以當之，漸至死喪；若不死喪，則有水火盜賊，遺亡器物，疾病口舌諸事，以當妄取之值。

用各種蠻橫的方式奪取他人財物，他所犯的罪，將使妻子與家人會受到連累，嚴重的甚至死喪；如果不是以此種方式償還，就可能遭遇水災、火災，強盜、小偷、財物遺失、疾病、口舌是非等各種災禍，以作為妄取財物的等量報酬。

「橫取」就是以蠻橫霸道、威權凌逼之力而取得，例如「乘威迫脅」逼迫他人交出財物，不是他人甘心情願，而是被逼不得已；或是「殺人取財」、「擄掠致富」、「破人之家，取其財寶」等等，都算是「橫取人財」，這本非自己該有的財物而橫強奪取，所以是不義之財。因此這裡指出，人們一旦貪取這種不義之財，就要付出等同的代價，「以當妄取之值」，就是以剛好符合原來橫取所得的數目作為報償。

有些人橫取他人錢財，是為妻子和家人的生活盤算，卻不知神明也會計算他的善惡禍福，來回報他的惡行，那麼原來是想要利益家人的，卻反過來害了他們。罪惡比較輕微的，還不至於死喪，卻又可能感召到水災、火災、盜賊、遺失器物、疾病、口舌等災殃。

《昨非庵日纂》上說：「余觀錢之為物，人所共愛，勢所必爭，骨肉緣之啟釁，縉紳因以敗名，商賈為此捐軀，市井乘而鬥戮。」金錢是人人都喜歡的，但它往往使骨肉相爭、讓人敗壞了聲名，或丟了性命，甚至打鬥相殺。如果只見當頭利益，而貪求非義之財，最後終究是一場空，沒有辦法累積真正的福祿。

《大學》：「言悖而出者，亦悖而入。貨悖而入者，亦悖而出。」對人說違背良心的話，也會遭受別人對你的譴責；昧著良心以不正當方式所取的財貨，將來也會遭受不正當的方式而損失。相反的，說著良心的話，將來受到別人的肯定稱讚；本著良心正當賺取財貨，將來也會自然而然累積該得的財富。

冤魂的控訴

漢朝九江人何敞，擔任交州刺史時，到各地巡視。某一天，他巡到蒼梧郡高要縣，夜晚住在鵠奔亭。

到半夜時，見一位女子從樓下走出來，對何敞說：「我姓蘇，名娥，字始珠，原住廣信縣，修里人。自幼父母雙亡，沒有兄妹，嫁給同縣施家公子。命不好，婚後不久丈夫便去世，僅留下一百二十疋絲織品和一個婢女。我孤苦無依，身又瘦弱，無法謀生，想賣絲織品用以維持生計。我花了一萬二千文錢租了鄰居王伯的牛車，讓婢女趕著車，前年四月十日來到了鵠奔亭。天色已晚，路上又無人，我兩個弱女子便停了下來。

不巧，婢女突然肚子疼痛，以為她著涼，便到亭長家去討些熱水火種，沒想到亭長龔壽拿著刀，問我說：『夫人從哪裡來?車上裝什麼?你的丈夫呢?為何獨自出門?』我說：『你何必問這些呢?』龔壽見我不回答，又不見我丈夫，就抓住我的手說：『我喜歡漂亮的女人，希望得到點樂趣。』我抵死不從，他惱羞成怒，拿起刀把我捅死了，接著又殺死婢女。他在樓下挖了坑，把我們埋葬。隨後，取走了我的財物，把牛殺死，車也燒了，車釭和牛骨藏在亭東邊的枯井裡。我含冤而死，無處申告，只能向您這公正賢明的官吏訴說。」

何敞便說：「我如果挖出你的屍體，可是憑什麼證明那是你呢？」

蘇娥說：「我穿白色衣裙，青絲鞋，還沒腐爛。您挖出我的屍骨，尋訪我的家鄉，把我的屍骨與丈夫合葬一處。」

何敞答應了，派人挖掘，果然挖到兩女屍體，衣著也如她所說。

何敞急馳回州衙，派遣役吏捕捉龔壽。龔壽也坦白地承認自己所犯的罪行。查問的結果與蘇娥所說相符合。何敞因此把龔壽謀財害命的案子上奏皇帝，因為冤魂控訴，古今罕有，龔壽的重罪，後來也連累了全家人都入獄。

以「殺人取財」、「擄掠致富」等，不義方式取得之財，難道可以不用償還嗎？恐怕最後要付出的代價，遠遠都超過當初所得到的，何苦來哉？

裝滿貪婪的船隻

韋公幹曾任愛州刺史，州屬境內有一尊馬拉銅柱塑像，他想要推倒熔煉，賣給經商城外的胡人，當地人並不知這是漢朝時一個伏波將軍所鑄造，以為它是神物，哭著說：「如果你把它毀壞，我們家族將被神明賜死啊！」

韋公幹不聽，百姓去向都護韓約申訴，才制止了他。他當上瓊州刺史後，見生長著很多珍奇木種，韋公幹便派遣役木工沿海砍伐，這過程中有些人因為沒有完成任務或沒伐到合格的木頭，因而自殺。

而後，韋公幹的官職被韓約女婿所替代時，韋公幹便命令開啟一艘大船，裝滿呿陀木做成的器具，命令強壯士兵為他護航。但是，由於船上的器具木質堅硬，金子過重，船駛行不到幾百里，就全覆沒於海中。

為了自己的欲望，榨盡了他人而養肥了自己，心中如果只是利益薰心，還能看得到背後所隱藏的災禍嗎？

又枉殺人者，是易刀兵而相殺也。

隨意冤枉，害死無辜生命，自己也將遭遇刀兵殺害。

「枉殺」是指將無罪與無辜的人置死，或以威勢、刑獄、計謀等陷害殺人。《彙編》註解舉了七個例子。一、斷獄：受賄枉法、誣陷罪刑或誤判等而屈殺無辜；二、行師：作戰時，放縱士兵擄掠殺害良民；三、用藥：醫者將輕病拖成重病，使用無效藥，導致人死；四、破孕：墮胎殺人；五、衙蠹：不肖的衙門官吏，謀財害命；六、風水：因為貪圖錢財，破壞大自然風水，如砍伐、挖土石等，干擾鬼神，就會惹禍招致災難；七、庸師：庸師誤導子弟去造作致人於死的惡業。

由此來看，冤枉他人致死，可能是因為不仁、貪、瞋、惡、庸、訟鬥、愚痴等所致。這樣的過失，也可能在生活中發生，如因為誤解而毀謗他人，使人自殺而死；餐飲中常用不安全食物給人吃，讓人病死。諸如此類，不斷累積的結果，果報也是相當可觀的。

《孟子》：「吾今而後知殺人親之重也。殺人之父，人亦殺其父；殺人之兄，人亦殺其兄。然則非自殺之也，一間耳！」是說殺害人家的親人，為禍是如此重大，一如殺害人家的父親，別人也會報復，來殺害自己的父親；殺害人家的兄長，別人也一樣會殺害自己兄長。雖然不是自己殺害自己的父兄，也等於是自己所殺的，這只不過是一「指間」的差別而已！這是在告訴我們，冤冤相報，不可小看仇恨力量的反撲，這種反撲的力量，就是惡業力量的一種循環。

十四名百姓與親人

清朝順治四年，許某舉大兵進入廣粵之區，統治初步，強令人民施行剃髮的制度，新附之民在城中者皆遵守新制度，但山鄉村民多未剃髮，於是派兵抓拿十四名百姓，但這些人只是一般平民百姓，並不是什麼強盜惡人。這個許某卻以強盜的罪名誣告他們，要連同一些強盜罪犯一起處死。

要處死的時候，正是正午的時刻，那時許某家族眷屬，也正在往官署的路途上，就在離城百餘里時，遇到了真的強盜，擄掠財貨而殺人，同樣也殺了十四名男女，那時間也都恰好是在午時這個時刻。這是由許某親自敘述的事。

枉殺的情況很多，有時候自己的無知也可能害死人，更何況是有意圖地陷害無辜的人致死？殺害人的罪報是極重的。

取非義之財者，譬如漏脯救飢，鴆酒止渴，非不暫飽，死亦及之。

取不當錢財的人，就像吃有毒的肉止飢，喝有毒的酒止渴，非但無法獲得暫時溫飽，死期卻已逼近。

葛洪《抱朴子‧嘉遯》：「咀漏脯以充飢，酣鴆酒以止渴也。」是指非分貪求財物，被欲望操弄得暗昧無知，卻不知危險將至，這樣的人如同吃變質有毒的肉來充飢，飲毒酒來止渴一樣。「漏脯」是被屋漏水所浸染的肉，會產生毒素，食後上吐下瀉，腸腹如刀割，甚致死亡，所以古人認為「漏脯」是一種毒肉；「鴆酒」則是一種以蛇為食的毒鳥，其羽入酒，飲之即死。這裡將「漏脯充飢」與「鴆酒止渴」比喻擁有非義之財，災禍不遠。

所謂「非義之財」，如前面提及的「殺人取財」、「破人之家，取其財寶」、「擄掠致富」、「貪冒於財，欺罔其上」、「以偽雜真，採取姦利」等等，為獲取財物而不擇手段，或設計坑人、或假借神意斂財、作假帳以獲利、買賣假貨圖利等等，此外也包括製造販賣污染有毒飲食而獲暴利，或接受賄賂中飽私囊，或偷工減料罔顧安全的工程弊案等。

總之，凡是以非合情理或非法得來的財富，皆屬凶財，獲得後災禍也將接踵而來。

《論語》：「君子有九思。視思明，聽思聰，色思溫，貌思恭，言思忠，事思敬，疑思問，忿思難，見得思義。」這裡指出了有九件我們應當留心思考的事：觀察事物時，要力求分明；聽取言論時，要聽清楚明白；臉色要表現溫和、柔順；待人接物要謙恭有禮；說話要誠實；做事要謹慎；有了疑惑要追問明白；忿怒時要想到事後禍患；遇到可得的財利時，要想想是否合乎於義理，應不應該取得。

咬斷手指的小偷

在漢水源頭，有位孝婦楊靚中，嫁給了窮秀才雍有章，但不久丈夫就死了，楊靚中不願再另嫁。但家中沒有財產，只有她和婆婆二人，婆婆年老體弱，有次媒婆來到家中對靚中說：「人活著所求的不就是要漂亮和錢財嗎？你們太窮了，你丈夫死了，現在有人看上了你，你趁現在還年輕，姿色好，就快改嫁了吧。」但靚中不忍心拋棄年老的婆婆，改嫁他人。就靠著做點針線、洗衣服掙點錢維生，甚至將頭髮剪了，不做任何打扮，就這樣過了六年，婆婆走了，靚中依著風俗禮節安葬婆婆，到墳上為婆婆祭奠，村里的人也都來幫她。

但有個賊卻翻牆進到她家裡，把值錢的東西全都偷走。家裡的土地神和邑裡的正神準備要懲治這小偷時，剛好帝君來到此處，要嘉獎靚中的貞潔孝順，土地正神便將此事上報，帝君便派遣陰兵將小偷抓拿到廣場，那小偷拿著所偷的東西說：「這是我偷的物品，我應該還給她的。」然後小偷將手放進自己嘴中，咬掉了自己十根手指而亡。

有德者被人人所敬重，神明更會護佑。而偷盜本身就是罪過，更何況是搶劫有道德的貧苦人，使其無法生活，豈不是罪加一等？

一雷劈死了貪官

清朝時，張奉因為通曉法律訴訟的事，口才和文筆都很好，又對轄內的田賦及戶口瞭

如指掌，他能夠使擁有很多田地的人，一下子就一無所有，無任何立錐之地，因此，張奉擁有很多土地。

然而，在他管轄境內的百姓，都感到十分痛苦，卻不敢說出來，因為他早上發布繳稅，晚上催稅賦的官員就上門了。

張奉非常懂得剝削百姓，長官蒞臨視察時，經常都會召請他詢問，但過不多久，長官就和他握手言歡，最後全聽他使喚，他就是教上級長官如何奪取人民的錢財，而取得錢財之後，長官只能分二成，八成則歸他所有。

當時巡撫大人唐公，操守廉潔，知道之後，派了一位武功高強之士，將他綑綁押到巡撫衙審訊。押解的途中，張奉用重金企圖賄賂壯士，但壯士不肯收受，他便設計逃亡，讓壯士也追不到他。那時四野空曠，萬里無雲，卻突然間響起了一陣大巨雷，張奉則被擊斃在西邊。沒有人願意為他收屍掩埋，甚至連野狗也都嫌他的肉臭，不願吃！

老子說：「罪莫大於多欲，禍莫大於不知足。」世人的貪求，多半是因為不知足，所以在非義求取時，往往埋下了自己無法預知的災禍。

心應章

這一切善惡的造作源頭是什麼呢？為什麼一個善念、或一個惡念，便能召感善神與兇神的相隨呢？
宇宙的法則或許就在這一念心的頻率，這也告訴了我們萬法唯心，「心念」所思，成了一切善惡造作，最初的源頭。

夫心起於善，善雖未為，而吉神已隨之；或心起於惡，惡雖未為，而凶神已隨之。

心起善念，雖然還沒做，吉神便已跟隨；心起惡念，雖未做，凶神卻已緊隨。

明朝陳繼儒在《小窗幽記》上說：「一念之善，吉神隨之；一念之惡，厲鬼隨之。」此語異曲同工，當人們心中生起行善之念，感召善神相助；心中生起惡行之念，降災惡神已跟隨身旁。

同樣的，世間人也是如此，當有人發起善念行善，所感召的也會是願意行善的志趣相同者參與；而當有人發起惡念行惡，也將聚集惡穢相投的人群聚。宇宙天地乃至於世間社會群體，都是物以類聚，這是心所相應的緣故。

《彙編》：「拈出心字，示人以善惡之機，欲人知謹於源頭處也。」是說我們應從根本處修起，轉惡為善須從根源處轉，而起心動念便是根源。

明憨山大師《夢遊集》上說：「念頭起處即看破；事未至時莫妄生。如果於惡念起時，能快刀斬亂麻，業根當下消除，那麼妄念又何處安著？超凡入聖之機，全在於此。」因此，改惡遷善，應當從斷惡念處下手。

《中庸》：「天命之謂性，率性之謂道，修道之謂教。」人的自然稟賦為「性」，順著本性行事為「道」，依著「道」的原則修養為「教」。又說：「是故君子戒慎乎其所不睹，恐懼乎其所不聞。莫見乎隱，莫顯乎微，故君子慎其獨也。」是說每起一念，皆歷歷在心，無論惡念妄心，都將心性污染。所以真正的戒慎恐懼，不在他人或鬼神，而在維護自心，不受污染。

身後跟從的鬼魅

元自實因痛恨繆某忘恩負義，在清晨之時，帶著刀前往繆家，準備殺人。路上經過一庵堂，堂主軒轅翁，早起誦經，見到有許多奇形怪狀的鬼魅尾隨在元自實之後，而且每個鬼都拿著刀斧，面露凶惡之相。沒多久，元自實就回來了，軒轅翁這時卻看到跟隨他的靈魅，都是頭戴金冠，身有玉珮，成群香花旛幢簇擁，神情露出祥和喜悅。

軒轅翁便召請元自實入堂，問其原因，元自實於說：「由於姓繆的忘恩負義，我剛才正要前去殺他；但到了他家門口，想到他雖然對不起我，但他的妻女卻是無辜的，況且還有老母，我如果殺了他，等於殺了他一家人啊！於心不忍，於是念頭一轉，就作罷而歸！」

軒轅翁於是將所見到的情形告訴他，向他說：「你的一切，神明都已經明瞭了，你將來會享有豐厚官祿！」元自實聽了，便精進認真的行善，後來果然考取功名，做了宰相。

惡念善念，念頭才這麼一轉，整個世界就全變得不一樣了，人生的格局與命運也產生了變化，這一方面是自己心境的改變，另一方面則是所召感的外物也不同了。

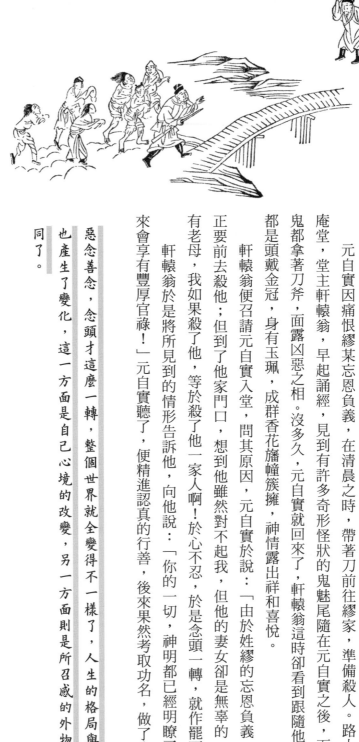

心有靈犀入夢中

明朝時，龔仲和與李長蘅非常友善。某一天，長蘅路過了仲和家，晚上住在他家。仲和並沒有入睡，在庭院散步賞月。不一會，長蘅從夢中醒來，聽見庭院腳步聲，一看是仲和，便告訴他：「我剛才做了一個夢，夢見與你一同坐在庭中，忽然幾個戴黃帽子的人進來。一進門就毆打你，我努力勸解。但散去之後，他們又回來，我又勸解他們離去。」

仲和聽了吃驚說：「怪了，剛想入睡，見月色迷人，便到庭中散步，一時覺得亭子太小，此外便是黃庭閒地，便想準備資金向外拓展。不料念頭一動，就入你夢中。這事如果做了，難道會成為未來的爭端嗎？」兩人於是相對嘆息，放棄此念頭。

當心有靈犀，起心動念，乃微細之念，皆可感應，若有引發種種禍害的疑慮，君子都會謹慎行事，再三思量評估，不盲目倉促而行。

懺悔章

命運是註定的宿命嗎？

其實，一念之間就可以轉變很多的事，既然如此，命運也是在每一念之間不停的轉動著。

這一切改變的源頭，當然就在這一念心，「心」成為了一個啟動與創造命運的根源，而改造命運的方法就是「斷惡修善」，也就是諸惡莫作，眾善奉行。

其有曾行惡事，後自悔改，諸惡莫作，眾善奉行，久久必獲吉慶，所謂轉禍為福也。

如果有人曾經做過惡事，後來懺悔改過，斷除一切的惡行，奉行一切善行，久而久之，必能獲得吉祥喜慶，這便是所謂的轉禍為福的道理。

有一次，白居易想要去參訪仰慕的鳥窠禪師，幾次登門請益，都不得其門而入。終於有一次如願以償，鳥窠禪師見了他。

白居易見到禪師，首先就問：「請問禪師，佛法宗要為何？請道一語開示。」

禪師毫不思索地說：「諸惡莫作，眾善奉行！」

禪師說完後，白居易卻十分失望，心想：如此高深的禪師，竟然只是回了這麼一句「諸惡莫作，眾善奉行」，他頗不以為然，便說：「只這麼簡單的一句話嗎？『諸惡莫作，眾善奉行』，這連三歲的孩童也懂啊！」

禪師聽後，便回他說：「三歲孩童雖曉知，八十老翁行不得！」這意思是說，如果只是懂得「諸惡莫作，眾善奉行」是沒有用的，最重要的是要能做到。

佛典中教導人們斷惡修善的方法，即「已生惡令永斷，未生惡令不生，未生善令得生，未生善令得生」，這是觀察心中貪瞋癡所產生的煩惱與惡行，已經產生的就讓它斷除，並不再升起，也不再去造作。

心中已經有好的善念與德行就持續維持，同時也積極培養更多善念與善行。這便是佛陀教導的「四正勤」的修行精進方法。

《孟子》：「西子蒙不潔，則人皆掩鼻而過之。雖有惡人，齋戒沐浴，則可以祀上帝。」是說西施容貌雖然美麗，如果身上沾染了許多污穢，人人見了也會掩著鼻子避開；反過來說，雖然有人容貌醜惡，如果能齋戒沐浴，也就是能摒除內在私欲，潔身自重，便可以去祭祀上天了。這是警戒人們要心存善念，相貌醜陋除了指外相，也是勉勵人們不要因為過去的惡而自暴自棄，只要能夠懸崖勒馬，洗面革心，還是有重新做人的機會。

酒孽敗財

浙江崇德縣有位姜應兆，平日為人謹慎厚重，一向滴酒不沾。他在鄉里教學，隨他學習的學生很多。某一天，他在路旁遇到一位醉倒的鄰人，便扶他回家。無意中發現那人袖裡有銀子，便趁他昏醉時偷竊占為己有。當天晚上，有位學生在他家讀書，忽然聽見有人推門進來說：「這家主人德行有虧，上天因他平日為人謹慎，不忍這麼快刑處他，便派我來作怪搗亂。」隔天，學生將此事告訴姜應兆，他聽後深感恐懼，從此竟莫名染上嗜酒習慣，常沉溺於酒醉。半年後，他買酒所耗的錢財與他竊取的錢財已相差不遠。因為嗜酒，也無法教學，學生便都散去。他失去了經濟來源，生活變得拮据。家人勸他戒酒，他也聽不進去。

某日，姜應兆來到一家酒館，遇一女子想要和他淫奔。這時他突然覺悟思量：「以前我因一念之差，淪落至今天這樣。人生短暫即逝，怎能一錯再錯呢？」於是他拒絕那女子，不想再做非義之事。夜裡，他夢見神明說：「我就是酒孽，因為你之前竊取別人財物，所以特別來耗損你的錢財。昨天，你拒絕淫女私奔，行了善事。上天命令我回去了。」天亮後，

姜應兆恢復了以往的精神不再嗜酒，學生們也都回來上課，家境便日益好轉，變得富足。

即使是極微細的小惡，也不要觸犯，因為小惡成了習慣，就可能累積而造成重大影響。但只要一念警覺，回頭是岸，人生依然隨時可以翻轉的。

三善延壽

明朝弘治甲寅年間有位呂琪，春日郊遊時遇上一位已故府隸，拿一紙文給他看：「我此刻在冥府作役夫，奉批文提人，你的名字已在批文上。我因與你熟識，不忍相逼，你且回去處理完家中事，等我從各處提拿，約一個月，再來找你。」呂琪回家後，便對孩子交代。又說：「我平生有三件心願未了：其一，某人喪事還未舉行，想代為出殯卻不能成行。其二，某女二十還未出嫁，想幫她找個好人家也來不及了；其三，某條道路顛簸多年，想修卻一直沒做。」說完後，便拿出銀錢讓孩子行這三件事情。然後關門謝客等待死期。

但接連著幾個月並沒有事情發生，直到除夕那天，他又遇到之前的府隸說：「上次我在捉拿途中，忽然接到一則免提牌，說你近來有三善行，所以加了二十年壽命。」呂琪後來果然過了二十多年才離世。

人的禍福變化莫測，全是內心的善惡所至，就算心中有許多善念，卻一直都沒有實行，等到臨命終時，一切都來不及了，因此，心中有善願，就要及時實踐。

實踐章

明白事情的原由與道理之後，最重要的就是身體力行，如此這個「行」就成為了創造命運的行為，即為「造命之學」的實踐，也就是如何為自己的生命福田，種下善的種子，成為善的循環。

故吉人，語善，視善，行善，一日有三善，三年天必降之福；凶人，語惡，視惡，行惡，一日有三惡，三年，天必降之禍。胡不勉而行之！

「吉人」即是語善、視善、行善的人，每天行三件善事，滿三年，善行圓滿了，天就賜福給他；「凶人」即是語惡、視惡、行惡的人，每天做三件的惡事，滿三年，惡貫滿盈時，天將降禍於他。所以，為何還不肯力行眾善呢？

這裡對「善」與「惡」指出了三個面向，即「語善、語惡」，「視善、視惡」，「行善、行惡」。

在「語善」方面，就是要說好話，這包括宣揚正道正法，或是鼓勵人心的勵志語、溫和的柔暖語，或是關心父母、家人、長輩等問候語，古人說「良言一句三冬暖」，這就是語善的溫暖力量。相反的「語惡」，有所謂的四種惡語業：妄語、兩舌、惡口和綺語。而在前面也曾提及了惡語罪過：如「誑諸無識、謗諸同學、虛誣詐偽、攻訐宗親、訕謗聖賢、訐人之私、造作惡語、讒毀平人」等，皆有其言語過失的罪業。

在「視善」的部分，例如讀聖賢經書、讀誦佛經、勵志文章等等，使心性保持正向與善念；或是觀看美好的事物，以大自然山水來調養心靈，孔子說：「智者樂水，仁者樂山。」為何仁者樂於見山呢？又為什麼智者樂於見到水呢？這是因為山水都有其性德，值得我們學習。山，高大巍峨，能使草木繁茂、鳥獸成群，慷慨給予人們一切所需；水，滋潤萬物、恩澤生靈，謙卑包容，能納百川。自古至今，人們從天地自然體悟真理，達到天人合一的境界。相反的，「視惡」

的部分，例如閱讀淫詞艷曲、或觀看性猥褻裸露、殘暴鬥爭或邪惡詭詐等影片，這些都容易染惡心性。此外，「視善」也包括以心存善念的念頭去看待一切人事物，不存邪念、惡心、滿懷仇恨的心去看。心美，所見一切都美；心惡，則見一切皆惡。

「行善」就是實踐具體的善行，努力去做有益於自己或他人的善事，如孝順父母、善待一切眾生（包括人與動物）、宣傳善道鼓勵人行善事、勸人改過遷善、捐印經書善書、擔任有益社會的義工活動、照顧病老無依者、幫助窮困有急難的人、捐血救人、修路架橋、救助失學、保護動物、放生、施食、推動環保、淨灘等等，乃至於時時心存慈悲、面帶笑容，讓人感到溫馨喜樂也是一種行善。

善與惡，由內心的發起，表現在生活的一切言語、行為，不斷形成一種人與人、與一切生命，乃至與大自然、天地鬼神之間的互動與召感，而累積成一個因與果，綿密相連的網絡。

當善積惡盈之時，便如雨下，降福或禍，都不是無緣無故，皆有其端由，無須怨懟，只需要立刻改過遷善即可，因為命運都是由自己所創造出來的，所以古往今來，聖賢皆以道德勸勉。《資世通訓》上說：「陰法遲而不漏，陽憲速而有。陽網疏而易漏，陰網密而難。」是說陰間律法的執行，雖遲卻不會有任何遺漏，陽世的法律執行得快，卻有機會脫逃。陽世法網粗疏而容易有疏漏，但陰間法網是密集而難逃的。

《易經》：「善不積，不足以成名；惡不積，不足以滅身。小人以小善為無益，而弗為也，以小惡為無傷，而弗去也，故惡積而不可掩，罪大而不可解。」這是說善行不去積累，便不足以樹立名望；惡行不去積累，也不足以身敗名裂。小人以為小小的善行得不到什麼好處，便不願去做，以為那些小惡，無傷大體，便不去改過，如此，日積月累，惡行積累到不可掩蓋，罪責將大到無法化解。這裡強調了習慣累積的影響力，就像是一畝田地，不斷播下善種子或惡種子，總有一天，都會成長成木成林。因此，點點滴滴都要去耕耘與防範。

善惡成績單

明朝萬曆年間，安徽休寧有位程學聖，拜洪甲為師，他為人操行都不諂媚曲全，在雷部擔任判官。他時常神遊冥府，預言也非常準確靈驗。而洪甲的兩友潘雪松和祝石林雖滿腹經綸，卻沒考中科舉。

某次，洪甲向程學聖詢問：「這兩人學識淵博，為什麼卻沒有考中？」程學聖便去調查，過了幾天，他告訴洪甲：「潘雪松在癸未年可以考取，但是榜上沒有祝石林。」到了癸未年，潘雪松果然考中科舉。程學聖對洪甲說：「明年科考天榜未定案，等定案後就可以告訴您。」到了乙酉年十月，程學聖稟告洪甲：「我已看了兩個榜，己丑年的榜上才有他的名字。但榜的名冊還有變數，必須等到放榜，才能定案與揭曉。」

洪甲詢問原因，程學聖說：「神明評斷人的善惡，不會只在某月或某朝夕之間。平生雖為善，但忽然產生了惡念，神明便立刻厭惡他的惡穢。平生雖做惡，只要痛改前非，神明也會立即看見他的善德芳香。科舉功名有專門負責的帝君，凡是有學問會寫文章的人，都會登載名冊，他本人的心念和行為卻無法隱瞞，連父母、祖先的善惡也都在名冊上。他本人的善惡都不會遺漏，連非常微細的心念或語言細行，都會清楚列著。善惡的輕重，絲毫沒有差池，人心單純，心地良善，才能錄取。有的人外表善良，內心不忠厚，常有心機，就被刪除了。有的人雖上榜，忽然被除名，是因為發起了不善念頭；有的人原本榜上無名，忽然登榜，是因為近來有善念。天庭考察人間善惡，是沒有片刻鬆懈的。現在榜名都在移動，祝石林雖已經有分，卻不能知是哪一年的榜單。」

後來，祝石林果然到了己丑年才考取功名。

這裡雖然以功名榜來說明，人的善惡回報時時刻刻都有神明鑑察。然而，一個人的一生也有一張人生的成績單，一舉一念，所有善、所有惡，都點點滴滴烙印在我們心田的記憶中。當人生走到最終，你希望是怎樣的一張成績單呢？

頓悟真理

宋朝時的范儼，壯年時考取了進士，擔任地方官，升到卿佐官位。他每日都想著要如何忠於君王？怎樣福澤百姓？言行舉止不敢苟且；即使在暗室獨處時，也都戰戰兢兢自我惕勵。

兒子長大後，他辭官歸隱，儉樸蔬食，不再涉入世緣，靜心修道，每天念持大乘經典，依教奉行。有時禪定觀想，世俗雜事絲毫不染，修行順乎自然。大觀年間，已經九十多歲，忽然開悟，便囑咐身旁的侍者說：「人生在世，如同一場戲；鑼鼓響起時，劇中的各種角色各自表現，等到蠟燭燒盡，燈火熄滅時，又有何樂趣呢？就像我來此世間，一轉眼九十年，如夢如幻，如電如露，迅速無常！幸而我悟得本性，這本性無邊無際，無方圓大小，沒有赤白青黃，沒有長短上下，無瞋、無喜、並無是非，也非善惡；所謂萬物皆空，卻包羅萬象，這是最無上奧妙的真理啊！它的關鍵，只在人能不能夠至誠精進、心念相續而不間斷。三世諸佛從這裡而出，這道理，如同《金剛經》所說的真實不虛，你們每個人都要勉而行之啊！」

說完後，便靜坐合掌坐化。一時，室內異香充滿，祥雲滿空中，種種光明照耀著，瑞相久久不散；附近民眾聽到之後，都前來瞻仰。

人生有生必然有死，在生死無常的生命中，我們到底該如何來面對呢？有人積極行善，有人無知造惡，有人至誠精進的修道，頓悟了無上真理。這一切不都出自我們內心的抉擇。而你選擇了什麼樣的態度來經營自己的生命呢？